마음학습

일러두기

- 쉽다. 문해력이 뛰어난 사람은 뜨거운 아메리카노 한 잔이 식기 전에 독파할 수 있다. 보통 수준의 문해력을 가진 분도 하룻밤에 읽을 수 있다.

- 따뜻하다. 저자의 마음이 독자를 정서적으로 따뜻하게 하는 글쓰기를 하고 있다.

- 정의롭다. 다양한 직업, 다양한 세대, 다양한 문제가 있는 혼탁한 사회 속에서도 저자는 정의롭게 문제에 대한 조언을 하고 있다.

- 객관적이다. 한쪽에 치우치지 않고 균형 잡힌 시각으로 삶의 문제를 바라보고 중립적인 조언을 하고 있다.

- 누구나 읽을 수 있다. 남녀노소 인생의 어느 시기에 있더라도 현재 삶을 바꾸고자 한다면 쉽게 읽을 수 있다.

- 저자의 인생 경륜이 녹아 있다. 산업화 시대를 거쳐 역동적인 대한민국 혼돈의 시대를 헤쳐 나온 저자의 인생이 녹아 있는 삶의 지침서이다.

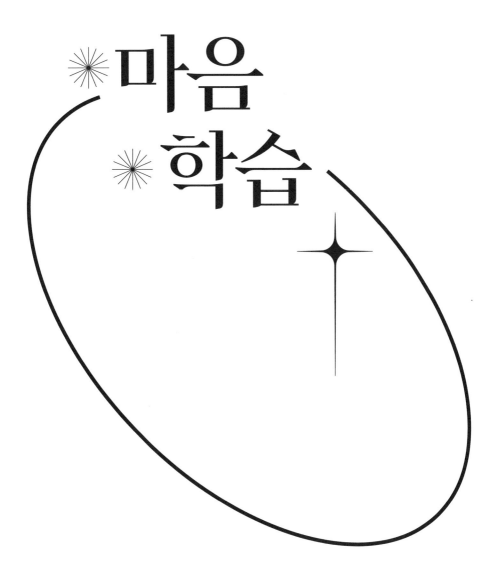

마음 학습

아들러 학습 70가지 방법

김종호 지음

책과나무

자존감이 없고 목표가 없는 젊은 영혼들에게

"나는 다른 사람들보다 상당히 열등하다.", "미움받을까 봐 두렵다.", "다른 사람들이 나를 어떻게 생각할까 걱정돼요."라는 생각을 한 번쯤은 한 적이 있을 것입니다. 이 책은 아들러 마음학습을 통해 열등감과 콤플렉스를 받아들이고 행복해질 용기를 얻을 수 있도록 돕기 위해 집필하였습니다. 아들러 마음학습은 세계 3대 심리학의 거장으로도 알려진 알프레드 아들러(Alfred Adler)가 주창한 아이디어입니다.

아들러는 지금은 유명하지만 과거에는 프로이트(Sigmund Freud)와 융(Carl Jung) 등 3대 심리학자 중 가장 잘 알려지지 않았다고 합니다. 요즘은 인터넷과 SNS의 발달로 타자와의 비교가 가속화되고 있습니다. 아들러 마음학습은 사람들과 어울리는 방법과 자신을 정면으로 대면하는 방법을 가르치는 심리학입니다. 이러한 이유로 아들러 마음학습이 대중화된 것입니다.

법학을 연구하는 사람이 무슨 심리학이냐고 의문을 가질 수 있을 것입니다. 나는 대학에서 매년 학생 상담을 진행해 왔습니다. 한 학기에 나에게 배정된 약 45명의 학생들을 대상으로 개인 면담과 집단 면담을 실시해야 합니다. 상담을 진행할 때마다 자존감이 없고 목표가 없는 젊은 영혼들을 목도했습니다. 이 청춘들에게 어떻게 하면 자존감을 키워 줄 수 있을까 고민하다가 이 책을 기획하게 되었습니다.

　사람들은 그저 안락함을 추구하고, 인생 본래의 의의나 목적을 생각하는 골치 아픈 "철학함" 같은 것은 애초부터 싫어하는 것 같습니다. 공부도 엑기스만 찾는 '효율적인' 방법을 목표로 하고, 가능한 한 힘들지 않고 '편하게' '대접을 받으면서' 하고자 합니다. 그러나 공부는 도(道)를 닦는 것과 진배없습니다. 고통스러워야 얻는 게 있기 때문입니다.

　공부는 시험에 합격하거나 자격 취득만을 위해 하는 것이 아니라, 평생 도움이 되는 지혜를 익히기 위해 하는 것입니다. 인생 백년 시대라고 불리는 지금이야말로, '백년 무적'의 공부를 하는 것이야말로 진시황제가 찾던 불로장생이 아닐까 생각합니다. 『대학(大學)』의 제2장에 나오는 탕왕(湯王)의 이야기, 즉 구일신(苟日新) 일일신(日日新) 우일신(又日新)은 오늘날 우리에게 많은 교훈을 주고 있습니다.

　"진실로 새로워지기 위해서는 날마다 새로워야 하고 또 새로워져야 합니다." 그런데 새로워지는 방법은 무엇일까요? 몸을 새롭게 하기 위해서는 세수나 목욕을 하면 되지만, 역시 정신이 새로워지기 위해서는 공부하는 방법밖에 없습니다. 이 책을 통해 아들러의 가르침에 따라 마음을 새롭게 하는 공부를 하여 평생 도움이 되는 지혜를 익히길 바랍니다.

2024년 11월

김종호

아들러 마음학습의 5가지 이론과 용어 정리

아들러 마음학습은 현재의 목표와 가치가 개인의 행동과 성격 발달에 큰 영향을 미친다고 믿습니다. 프로이트 심리학은 과거의 트라우마와 무의식적 욕망이 개인의 행동과 감정에 중대한 영향을 미친다고 가르칩니다. 여기에서 아들러(Adler)와 융(Jung)의 차이점을 찾을 수 있습니다. 아들러 마음학습은 개인이 자아실현과 목표 달성을 위해 행동하는 과정에 초점을 맞춥니다. 반면에 융 심리학은 아치 유형(보편적인 심리적 요소)과 개인의 내면세계에서의 집단무의식에 대한 연구에 중점을 둡니다.

아들러 마음학습은 세계 3대 심리학의 거장으로도 알려진 알프레드 아들러(Alfred Adler)가 주창한 아이디어입니다. 용기는 자신을 변화시키는 데 가장 필요한 것입니다. 싫어하는 것에 대한 두려움 없이 '과제 분리'를 채택하고 일, 사랑, 삶의 모든 측면에서 이상에 더 가까이 다가가고 싶다면 아들러 마음학습으로 행복에 대한 아이디어를 얻으십시오.

이 책을 읽기 전에 알아야 할 아들러 마음학습의 5가지 이론을 설명하겠습니다.

- **인식**

아들러 마음학습의 다섯 가지 이론 중 첫 번째는 '인지이론'입니다. 인지이론은 현실을 있는 그대로 보는 것이 아니라, 자신의 경험을 토대로 의미를 부여해 해석한다는 것을 의미합니다. 사람들은 사실 자체를 경험하는 것이 아니라 사실의 '해석'을 경험합니다. 인생에서 일어난 일을 어떻게 해석하느냐에 따라 경험과 현실을 크게 바꿀 수 있습니다.

예를 들어 설명해 보겠습니다. 물이 반쯤 찬 물 컵을 보면 어떻게 이해가 되나요? "물이 반쯤 찼습니다." "물이 반쯤 사라졌습니다." "물이 반밖에 안 찼습니다." 같은 컵(같은 현실)을 보더라도 사람에 따라 해석의 방식이 달라집니다. 즉, 당신이 해석하는 방식이 당신의 삶(현실)을 바꾼다는 것입니다.

- **목적론**

아들러 마음학습의 두 번째 이론은 '목적론'입니다. 목적론은 인간이 목표를 달성하기 위해 행동한다는 생각을 말합니다. 아들러는 "자신이 처한 환경은 목표를 달성하기 위한 자신의 선택의 결과"라고 말합니다. 개인의 고민은 과거에 기인하는 것이 아니라 미래에 무엇을 하고 싶은지에 대한 목적에서 비롯된다고 합니다. 아들러 마음학습은 "그래서 ○○가 된다."고 말하지 않고, "인간은 자신의 목적을 달성하고 자신의 길을 선택하기 위해 산다."고 설명합니다.

예를 들어, "어렸을 때 부모님에게 학대를 받았기 때문에 회사의 모든 사람과 잘 이야기할 수 없습니다."처럼 '과거의 원인 → 결과'로 말하는 대신 "회사에 입사하고 다른 사람들과 관계를 맺고 싶지 않아서 (목적) 어린 시절의 학대(자기선택)의 기억을 불러일으킨다."와 같이 분석합니다. 아들러 마음학습의 대표적인 아이디어는 "우리는 우리의 목적을 달성하기 위해 우리 자신의 길을 선택한다."고 생각하는 것입니다.

좀 더 쉬운 예시를 들어 설명해 보겠습니다. 잠자리에 들기 전에 불을 끄면 아이가 울게 됩니다. 많은 사람들이 어둠(원인)을 두려워하기 때문에 울고 있다(결과)고 생각할 수 있습니다. 그러나 아들러의 목적론으로 해석하면 다음과 같습니다. "그들은 어둠을 사용하여 어머니의 관심을 끌기 위해(목적) '두려움'의 느낌을 만듭니다." 이처럼 우리가 목적을 달성하기 위해 행동한다는 생각이 바로 목적론입니다.

- **전체론**

아들러 마음학습의 세 번째 이론은 '전체론'입니다. 전체론은 인간이 마음, 의식, 무의식, 육체에서 '분리할 수 없는 존재'라는 생각입니다.

정신건강을 강화하고 싶은 경우 예를 들어, 프레젠테이션을 자신 있게 수행하기 위해 '정신력 강화'를 원한다면 개선을 위해 어떤 요소에 집중할 수 있을까요? '마음'만 향상시키는 것으로는 최고의 성과를 내는 데 한계가 있습니다. 테크닉(말하기 능력)의 향상을 위한 공부나 신체(체력)의 향상을 위한 근육 트레이닝 등 다양한 요소에 집중할 필요가 있습니다. 이렇듯 복잡한 방식으로 다른 요소와 상호작용하는 '통일된 몸'의 개념을 '전체론'이라고 합니다.

• 대인관계

아들러 마음학습의 다섯 가지 이론 중 네 번째는 '대인관계 이론'입니다. 대인관계 이론은 사회에서 개인들 사이는 항상 연결되어 있기 때문에 어떤 어려움에도 항상 다른 사람들의 그림자가 있다는 것입니다. 사람들은 삶의 어떤 상황에서도 항상 '사람'과 관련되어 있기 때문에 모든 걱정은 '대인관계'에 대한 걱정이라고 아들러는 설명합니다.

새로운 직장에서 좋은 관계를 구축하려는 사람들은 "다른 사람들을 관찰하고 내가 그들을 위해 할 수 있는 일을 해야지."라고 생각할 가능성이 큽니다. 이런 식으로, '나의 걱정'은 내가 다른 사람들의 영향을 받기 때문에 발생합니다. 그래서 내부 문제로 보이는 걱정조차도 모두 다른 사람의 영향을 받습니다.

예를 들어, 외로움과 공허감이 습격하면 어떤 행동도 할 수가 없습니다. 이때 나는 가치 있는 것이 아무것도 없다고 생각합니다. 스스로 콤플렉스가 있다고 생각하는 것입니다. 자리에서 후퇴해서 방으로 들어가야 한다는 느낌이 듭니다. 이처럼 자신의 문제로 간주되기 쉬운 걱정도 근본적으로 자신을 다른 사람과 비교함으로써 발생하는 '열등감 콤플렉스'의 영향을 받는다는 것이 바로 대인관계설입니다.

• 자기결정

아들러 마음학습의 다섯 번째 이론은 '자기결정'입니다. 자기결정은 모든 행동을 스스로 결정할 수 있다는 것입니다. 모든 고민이 대인관계를 가지고 있다고 해도, 인생이 임의로 결정되는 것이 아니라,

"나는 스스로 행동하고 결정을 내릴 수 있다."는 개인의 독창성과 현실관에 관한 이론입니다. 자기결정은 통제할 수 없는 대인관계의 문제가 있어도 용기를 가지고 자신을 바꾸자고 생각하고 행동하면 서서히 고민을 해소할 수 있다는 긍정적인 시선입니다.

아울러, 아들러 마음학습에서 사용되는 대표적인 용어 중 일부를 아래에 소개합니다.

• 열등감

열등감 콤플렉스는 자신을 다른 사람과 비교하여 '열등하다'고 느끼는 것을 말합니다. 아들러 마음학습에서 열등감 콤플렉스를 갖는 것은 나쁜 것이 아닙니다. 열등감 콤플렉스는 이상적인 자아를 묘사하기 때문에 발전하는 감정입니다. 이 '열등감 콤플렉스'를 사용하면 이상적인 자신에게 더 가까이 다가갈 수 있기 때문입니다.

예를 들어, "나는 돈을 벌 수 없기 때문에 나쁜 사람이다.", "연봉이 ○○○○만 원이었다면 퇴직하지 않았을 텐데….."와 같은 우울증이 있다고 가정해 보겠습니다. 이를 "더 효율적으로 벌기 위해 사업을 배우자.", "연간 수입을 늘리기 위해 마케팅을 배우자."와 같은 적극적인 동기부여를 하고 진심으로 실현하고 싶은 소망으로 바꿀 수 있습니다.

• 과제 분리

과제 분리는 자신의 문제와 다른 사람의 문제를 별도로 생각하는 것입니다. 아들러는 우리가 우리 자신의 문제를 해결하기 위해 살아야 하며 다른 사람들의 문제에 임의로 개입해서는 안 된다고 가르칩니다.

아들러에 따르면, 타인이 어떠한 행동을 하는지, 타인이 나를 어떻게 생각하는지조차 모두 타인에게 달려 있으므로, 나는 타인을 통제할 수 없습니다. "내 문제인가, 다른 사람의 문제인가?" 문제를 따로 생각하면 걱정이 줄어들고 살기가 쉬워집니다.

• 격려

용기는 자기 도전을 극복하는 데 필요한 에너지입니다. 아들러 마음학습에서 '용기'가 가장 중요한 포인트이기 때문에 '용기의 심리학'이라는 별명이 붙었습니다. 격려는 어려움을 극복할 수 있는 에너지를 주고 어려움에 직면할 수 있는 정신적 능력을 개발하는 것입니다. 격려를 통해 용기를 얻을 수 있습니다. 용기가 없는 사람들은 열등감 때문에 행동하지 않거나 책임에서 벗어나 변화와 성장을 멈추고 미래로 나아가지 않습니다. 용기는 삶을 변화시키는 길입니다.

• 공동체 의식

공동체 의식은 자신이 '공동체의 일부'(주변 환경과 연결되어 있다는 느낌)를 주관적으로 느끼고 다른 사람에게 관심을 갖는다는 생각을 말합니다. 아들러는 인간은 항상 '학교', '직장', '가족'과 같은 사회 어딘가에 속한다고 주장합니다. 공동체 의식을 가지면서 타인을 존중하고 행복하게 하는 것이 자신의 행복으로 이어집니다.

공동체 의식을 갖기 위해서는 무조건적으로 타인을 신뢰하고, 있는 그대로의 자신을 받아들이며, 남에게 도움이 되는 일을 해야 합니다. 무조건적으로 신뢰하고 동료에게 도움이 됨으로써 자신의 가치를 느낄 수 있습니다.

목차

◇◇◇◇◇◇◇◇◇◇◇◇◇◇◇ 1부 ◇◇◇◇◇◇◇◇◇◇◇◇◇◇◇
내 안의 나

열등감을 딛고 미래를 바꾸는 법

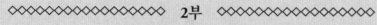

2부

싫어하는 지혜

관계로부터 얻는 자유와 행복의 가치

3부

지금 이 순간

우리 앞에 놓인 수많은 기회들

◇◇◇◇◇◇◇◇◇◇◇◇◇◇◇◇◇ 4부 ◇◇◇◇◇◇◇◇◇◇◇◇◇◇◇◇◇

변화와 성장

힘들지만 희망찬 길, 그 위에서

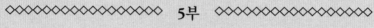

5부
삶의 주인공
나에게 건네는 위로와 격려

6부
진정한 가치
행복에 이르는 다양한 방법

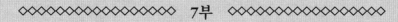

7부

더큰자유

넓은 세상을 향해 나아가기

1부

내 안의 나

열등감을 딛고
미래를 바꾸는 법

내 힘으로
미래를 바꾸는 방법

지금까지의 삶에 대해 책임지기
....

아들러에 따르면, 사람은 언제나 바뀔 수 있습니다. 또한 사람의 변심은 사망 2~3일 전까지도 가능하다고 합니다. 그렇다면 우리 자신의 힘으로 미래의 삶을 바꾸기 위해서는 어떻게 해야 할까요? 첫 번째는 지금까지의 삶에 대한 책임을 지는 것입니다.

프로이트의 인과이론에 따르면, 우리는 과거의 무언가 때문에 지금의 내가 된 것이라고 생각합니다. 예를 들어, 당신이 당신의 방에서 은둔하게 된 이유는 과거의 실패로 인해 트라우마가 생겼기 때문입니다. 그러나 주위를 둘러보면, 같은 실수를 저지르고 외상을 입지 않으려는 사람들이 많이 있습니다.

아들러의 목적론에 따르면, 과거의 사건은 중요하지 않습니다.

그보다는 당신이 그것에 어떤 의미를 부여했는지에 달려 있다고 말합니다. 어떤 사람들은 같은 사건을 경험하고 그것에 좋은 의미를 부여하는 반면, 나쁜 의미를 부여하는 이들도 있습니다. 중요한 것은 "무슨 일이 일어났는지"가 아니라 "어떻게 해석했는가"입니다.

또한 아들러에 따르면, 이러한 의미 부여는 어떤 목적을 달성하기 위해 그 사람 자신에 의해 수행되었습니다. 과거의 사건에 나쁜 의미를 부여한 것은 내가 설정해 둔 어떤 목적을 위한 선택의 결과일 뿐입니다. 따라서 우선 지금 자신에게 만족하지 않더라도 과거나 다른 사람들을 비난할 필요는 없습니다. 목적론에 따르면, 그것은 선택의 결과로 인정되어야 합니다.

이러한 방식으로 당신이 누구인지에 대한 책임을 스스로 진다면, 당신은 자신의 삶에 대한 독립을 되찾고 이를 통해 자신의 의지에 따라 미래의 삶을 바꿀 수 있습니다. 남에게 속아 고난을 당하더라도 내 일이라고 생각하려고 노력하게 됩니다. 또 힘든 시기 속에서도 "나는 너무 멍청해."라며 내 어리석음을 비웃을 수 있습니다. 만일 내가 현명했다면, 그런 실수를 하지 않았을 것입니다. 자신을 향상시키고 싶다면 먼저 정말로 자신이 원인임을 인정하는 자세가 필요합니다.

강한 결의와 행복할 용기

사람은 10세가 되면 자신의 생활 방식(life style)을 결정한다고 합니다. 만일 지금 당신이 행복하다면 10세 때 정했던 첫 번째 라이프

스타일로 인생을 살 수 있습니다. 그러나 행복하지 않다면, 지금까지의 생활 방식을 바꿔야 합니다. 목적론에 따라 사실의 의미를 바꾸면, 생활 방식을 바꿀 수 있습니다.

목적론에 따르면, 모든 미성숙은 자신에 의해 발생합니다. 이 미성숙한 사고과정을 재사용하더라도 새로운 의미를 찾을 수 없기 때문에 우리는 사고과정 자체, 즉 사고방식과 가치를 개선해야 합니다. 그러기 위해서는 자신보다 나은 사람들의 마음가짐과 가치관에 노출될 필요가 있습니다. 나는 그 방법으로 독서가 가장 효과적이라고 생각하고, 시간이 있을 때마다 책을 읽습니다. 책은 원할 때마다 읽을 수 있고, 효율적으로 저자의 생각을 흡수할 수 있으며, 비용 측면에서 저렴합니다. 비즈니스 서적은 보통 한 권에 15,000원이지만 10,000배 이상 더 많은 지식과 깨달음으로 돌아올 수 있습니다.

아들러는 "미래의 삶을 어떻게 살 것인지에 관해서는 과거가 중요하지 않다."고 말합니다. 당신의 인생을 결정하는 유일한 사람은 지금 여기에 있는 당신 자신입니다. 그러므로 이 순간에는 확실히 자신을 바꾸겠다는 강한 결의를 갖는 것이 중요합니다. 그렇지 않으면 어제의 모습으로 계속 남게 될 것입니다.

어떤 사람들은 자신과 가족을 위해 곤경에 처해 있지만 생활 방식을 바꾸지 않습니다. 아들러에 따르면, 그것은 그가 변하지 않기로 결심했기 때문입니다. 담배를 끊어야 함을 인식하면서도 금연을 하지 못하는 사람들을 많이 보게 됩니다. 그들은 스스로 변하고자 하는 대신 "그냥 이대로가 좋다."고 말합니다. 자기합리화입니다. 그러는 사이 건강은 계속 악화됩니다.

물론 생활 방식의 변화는 알려지지 않은 불안과 좌절로 가득 차 있습니다. 행복할 용기가 없기 때문에 자기합리화하며 행복하지 않은 지금 상태 그대로를 유지하게 됩니다. 그러면 여전히 현재의 상태를 답보할 수밖에 없습니다.

내 안의 열등감을
딛고 일어서라

객관적인 사실은 열등감을 만들지 않는다

인간은 무력감의 상태에서 태어납니다. 보호자가 없으면 며칠 안에 죽을 것입니다. 우리는 본능적으로 가능한 한 빨리 이 상태에서 벗어나고 싶은 강한 열망을 가지고 있습니다. 그러나 즉시 본격적인 변화를 실천하는 사람이 될 수 있는 것은 아닙니다. 100m를 뛸 생각인데 80m만 뛰고 넘어져 웅덩이에 빠지게 됩니다. 이렇듯 우리가 이상적인(목표) 자아에 도달하지 못할 때, 우리는 마치 우리가 열등한 것처럼 느낍니다.

이것이 '열등감 콤플렉스'의 진정한 본질입니다. 이상(목표)은 당신이 야망이 있다는 신호입니다. 또한 현재의 처지를 개선하려는 욕구가 있는 한, 모든 사람은 열등감을 갖게 됩니다. 아들러는 열등감 콤플렉스 자체가 건강한 것이라고 말합니다. 즉, 열등감 콤플렉스는 오히려 좋은 것입니다. 열등감 콤플렉스는 객관적인 사실이 아닌 주관적인 해석에서 비롯됩니다.

예를 들어, 키가 160㎝인 경우 객관적인 사실은 열등감을 만들지 않습니다. 같은 160㎝라도 '키가 꽤 크다'고 생각하는 사람도 있고 '키가 너무 작다'고 생각하는 사람도 있습니다. 자신이 어떠한 의미를 부여하느냐에 따라 열등감이 될 수도, 그렇지 않을 수도 있다는 것입니다.

키가 160㎝라는 객관적인 사실 자체는 움직일 수 없습니다. 그러니 "왜 키가 160㎝밖에 안 되지?"라고 계속 고민하면 인생에서 아무것도 나아지지 않을 것입니다. 등소평은 157㎝, 나폴레옹은 155㎝의 작은 키를 가졌지만 역사에 한 획을 긋는 삶을 살다 갔습니다.

당신의 가정환경, 교육, 고향을 비롯하여 이미 과거에 일어났던 사건 등에 대해서도 마찬가지입니다. 즉, 스스로 바꿀 수 없는 것에 대해 걱정하는 것은 쓸모가 없습니다. 부모와 고향과 이미 졸업한 학교의 학적은 바꿀 수 없습니다. 반면에 주관적인 해석은 스스로 선택할 수 있습니다. 자신만의 독립적인 삶을 되찾고 싶다면, 앞으로 나아가고 개선되고 행복해질 수 있도록 객관적인 사실에 의미를 부여해야 합니다.

성장을 위해 진짜 비교해야 할 대상

사람들은 누구나 다른 삶을 살고 있습니다. 정확히 같은 조건에서 사는 사람은 세상 어디에도 없습니다. 심지어 가족 구성원도 모두 다른 삶을 살고 있습니다. 그러므로 각자의 삶은 누구와도 비교할 수 없으며, 비교에는 의미가 없습니다. 사람마다 자신의 삶이 있다는 것이 전부입니다. 그럼에도 불구하고 많은 사람들이 다른 사람들에 비해 열등감으로 고통받고 있습니다.

아들러는 그것을 건강에 해롭다고 설명합니다. 원래 비교할 수 없기 때문에 해결책을 찾을 수도 없습니다. 다른 사람과 자신을 비교하는 것은 불행을 경험하기 위해 고의적으로 걱정을 늘리는 것과 같습니다. 셀 수 없이 많은 다른 사람들이 있으며, 당신은 끝없는 소모전에서 벗어날 수 없을 것입니다. 그 결과, 정신적으로 지쳐서 자신의 성장과 중요한 문제를 해결하는 도전을 포기하고 무기력한 삶을 살게 될지도 모릅니다. 그러니 절대로 자신을 다른 사람과 비교해서는 안 됩니다.

그러나 인간은 자신을 무언가와 비교하지 않는 한 성장(성숙)하지 않는다고 변명할 수도 있습니다. 성장(성숙)이 멈추면 결국 인생은 지루해지고, 자신의 일에 대한 열정이나 야망을 갖지 않게 될 것입니다. 그렇다면 우리는 누구와 무엇을 비교해야 할까요? 그것은 바로 당신의 이상적인 자아입니다. 아들러는 이상적인(목표) 자아와 실제 자아의 비교에서 발생하는 열등감 콤플렉스가 건강하다고 말합니다. 우리가 노력을 통해 이 건강한 열등감을 극복한다면, 우리는 성장(성숙)을 이룰 수 있습니다.

건강한 열등감
콤플렉스를 위하여

열등감 콤플렉스의 본질

열등감 콤플렉스는 다른 사람이나 이상적인 자신에 비해 현재의 자신보다 열등감을 느끼는 감정입니다. 외모, 성적, 체력, 성격, 관계, 사회적 지위 등 열등감이 발생하는 지점은 사람마다 다릅니다. 열등감 콤플렉스는 또한 모든 사람이 성장 과정에서 어느 정도 경험하는 느낌입니다. 열등감이 너무 많으면 자기혐오와 우울감에 빠질 위험이 있지만, 열등감에 잘 대처할 수 있다면 성장과 변화의 방아쇠가 될 수 있습니다.

'열등감'은 현재의 자신이 타인이나 이상적인 자아보다 열등하다는 주관적인 느낌이고, '콤플렉스'는 특정 감정을 중심으로 연결된 '기억과 생각의 집합체'를 의미합니다. 콤플렉스의 핵심에는 그 사람에 대한 고통스러움, 슬픔과 같은 참을 수 없는 경험이 있기 때문에 상당히 주관적인 것이 특징입니다. 그렇다면 어떤 종류의 사람들이 열등감에 빠지기 쉬울까요?

• 낮은 자존감

우선 열등감에 걸리기 쉬운 사람들은 자존감이 낮은 경향이 있습니다. 열등감이 당신을 향할 때, 당신은 자기혐오를 느끼고 자기부정을 반복하기 때문에 자존감을 지켜 내기 어렵습니다. 열등감 콤플렉스가 너무 복잡하거나 오래 지속되면 우울증으로 이어질 수 있으므로 주의가 필요합니다.

• 많은 자랑과 자가당착

열등감에 빠지기 쉬운 사람들은 학력·외모·가족 구조 등을 자랑하거나 다른 사람을 부정하고 자신이 더 나은 것처럼 느끼게 하는 말과 행동을 합니다. 언뜻 보기에 낙관적이고 자신감 있는 사람처럼 보일 수 있지만 마음 한구석에 '열등감'이 숨겨져 있습니다. 지나치게 강한 열등감 콤플렉스를 보완하기 위해, '우월한 사람으로 생각되고 싶다'라는 마음이 태어나, 자랑과 과시로 나타난 것입니다.

• 사람들과 자신을 과도하게 비교

열등감 콤플렉스에 빠지기 쉬운 사람들은 외모, 학력, 사회적 지위, 가족 환경 등 타인을 바라볼 때 열등감이 있는 지점에 집중하는 경향이 있습니다. 예를 들어, SNS를 보면서 '저 사람은 미인이니 행복하겠다.', '친구가 많아서 부럽다.'라고 느끼는 지점을 발견하면 우울함을 느끼게 됩니다. 그런가 하면 "나는 그 사람보다 교육을 더 잘 받았다."와 같이 다른 사람들에 비해 우월감을 느끼게 하는 점을 찾아 만족하려고 합니다. 이러한 자신에 대한 평가는 다른 사람에 따라 달라지므로 감정이 불안정해질 수 있습니다.

- **완벽주의의 추구**

완벽주의자의 열등감은 현재의 이상적인 자아보다 열등감을 느끼는 데서 비롯됩니다. 예를 들어 직장에서 실수를 저질렀을 때, 완벽하게 했어야 할 때 실수를 저질렀다는 우울함을 느낄 수 있습니다. 같은 실수를 해도 "이 정도의 실수는 내가 커버할 수 있으니까 큰 문제는 없다.", "오늘은 피곤하니까 몸을 원래대로 되돌려 휴식을 하고 내일도 열심히 하자."라고 생각하는 사람은 열등감으로 이어질 가능성이 적습니다. 완벽한 자아가 되고 싶다는 생각이 열등감으로 이어집니다.

열등감 뒤에는 다양한 요인이 있으며, 각각의 인자는 복잡하게 얽혀 있을 수 있습니다. 특히 열등감이 강한 사람들이 가지고 있는 몇 가지 요인을 살펴보면 다음과 같습니다.

- **콤플렉스**

열등감 콤플렉스와 쉽게 혼동되는 '콤플렉스'도 열등감 콤플렉스의 요인이 되기 쉽습니다. 콤플렉스는 비교할 대상이나 사람 없이 발생하는 감정으로 '객관적인 사실'로 인해 발생합니다. 예를 들어, 외모나 운동능력과 같은 신체적 특성으로 인해 사회생활에 장애가 될 수 있으며, 국적 및 성 정체성과 같은 사회적 가치에서 소수자로 간주되기 쉬운 특성으로 인해 콤플렉스가 발생합니다. 타고난 것이 반드시 열등감 콤플렉스로 이어지는 것은 아니지만, 사회생활에서 큰 어려움을 느낀다면 열등감 콤플렉스를 가질 가능성이 높아집니다.

• 내가 자란 환경

주위의 어른들에게 형제자매나 동급생과 비교되고 부정적인 대우를 받으며 자란 아이들은 자신이 남보다 열등하다고 생각하는 습관이 생길 수 있습니다. 또는 아무리 노력해도 "이것으로 충분하지 않다.", "이것은 좋지 않다."와 같은 부정적인 측면에만 집중하면서 자란 사람들은 "완벽 외에는 가치가 없다."고 생각하게 될 수 있습니다. 열등감 콤플렉스는 당신이 자연스럽게 뿌리를 내린 환경의 영향을 받았을 수 있음을 인식하는 것이 중요합니다.

• 높은 이상

높은 이상을 가진 사람들은 현재의 자아에 대해 가혹한 평가를 받는 경향이 있습니다. 또한 완벽이 이상이라고 믿는 완벽주의자라면 조금만 실패해도 자기혐오로 이어질 수 있습니다. 어떤 사람들은 열등감으로 인한 고통에서 벗어나기 위해 실패 위험이 조금이라도 있는 직업을 계속 피합니다. 열등감 콤플렉스로 계속 고통받고 있다면 직장이나 인간관계에서 자신에 대해 너무 높은 기준을 설정하고 있는 것은 아닌지 검토하고 장애물을 낮추는 방법에 대해 생각하는 것도 중요합니다.

- **경쟁적인 성격**

    지는 것을 싫어하는 사람들은 다른 사람을 라이벌로 여기고 상대가 누구이든 어떤 상황에서도 항상 우위를 점하려고 노력합니다. 당신이 이기고 있다고 느끼는 한 당신은 우월감으로 가득 차겠지만, 일단 패배감을 느끼면 당신은 열등감에 시달리고 끊임없이 고통을 겪을 것입니다. 항상 다른 사람들보다 앞서 나가고 싶어 하는 패자는 그가 직면하고 싶지 않은 '큰 열등감을 가진 사람'일 수 있습니다.

열등감 콤플렉스를 극복하는 방법
···

열등감 콤플렉스를 극복하려면 어떻게 해야 할까요?

- **자기 속에 내재된 열등감 인정하기**

    우선, 열등감을 부정하는 대신 열등감을 가진 자신을 용서하는 것이 중요합니다. 신뢰하는 사람과 '열등감 콤플렉스를 갖기 쉬운 이유'와 같은 자신의 감정과 강점과 약점을 객관적으로 이해하는 시간을 가지는 것도 좋습니다. 이러한 과정에서 자신이 열등하다고 생각했던 것이 환경에 따라 활용할 수 있는 장점일 수도 있고, 전혀 문제로 간주되지 않는 약점이 될 수도 있습니다. 열등감 콤플렉스에서 벗어나기 위해서는 열등감 콤플렉스를 포함한 '다양한 자기 자신이 되는 방식'을 인정하는 것이 필요함을 인식하는 것이 중요합니다.

• 열등감 콤플렉스의 원인 이해하기

열등감 콤플렉스의 원인을 자신의 방식으로 이해하는 것이 잘 대처하는 방법 중 하나입니다. "언제, 어떤 상황에서, 어떤 사람에게, 어떤 점에서" 열등감을 느꼈는지 생각해 보기 바랍니다. 반면에 열등감을 느끼지 않는 상황이 있다면, 그 이유에 대해 생각하는 것도 힌트입니다. 예를 들어, "주위에 사람이 있으면 비난을 받고 힘이 없지만 차분한 환경에서 힘을 발휘할 수 있습니다.", "외모에 대한 말을 들으면 우울해지는 경향이 있지만, 취미 커뮤니티에 있을 때는 외모가 덜 거슬립니다." 등 다양한 상황에서 콤플렉스의 열등감 상태를 구체적으로 되돌아보는 것은 원인을 밝히는 데 도움이 됩니다.

열등감 콤플렉스의 원인을 알게 되면 '가능한 한 차분한 장소와 시간에 일을 한다.' 혹은 '열등감보다 소중히 할 수 있는 것을 찾아 몰두한다.' 등의 대책을 생각할 수 있을 것입니다. 열등감 콤플렉스를 일으키는 원인을 이해하는 것이 열등감에 성공적으로 대처하는 첫 번째 단계입니다.

• 사람들 사이의 차이점 이해하기

열등감 콤플렉스에 빠지기 쉬운 사람은 자신을 다른 사람과 비교하면서 자신을 평가하기 때문에 고민하는 경향이 있지만, 사람마다 특성과 사고방식이 다르기 때문에 같은 기준으로 비교하기는 어렵습니다. 한 가지 기준에 의해 당신의 이상이나 다른 사람들보다 열등한 것이, 다른 기준에서는 큰 문제가 아닐 수도 있고 심지어 이점이 될 수도 있습니다.

예를 들어, 분위기를 잘 조성하는 성향이 있는 사람의 성격은 성과가 숫자로만 평가되는 직장에서 열등감에 시달릴 수 있지만, 분위기 조성 성격이 팀을 지탱하는 힘으로 평가하는 직장에서는 번창할 수 있습니다. 이렇게 시야를 넓히고 다양한 시선을 가질 수 있다면, 열등감에서 자유로워질 가능성이 높아집니다.

- **자신이 완벽하지 않음을 받아들이기**

열등감에서 벗어나기 위해서는 자신이 완벽하지 않다는 것을 받아들이는 것도 중요합니다. 완벽해지려고 노력할수록, 작은 일을 실수로 인식할수록 열등감이 생길 가능성이 높아집니다. 자신이 할 수 없는 일과 완벽하지 않다는 사실을 직시하는 것은 고통스러울 수 있지만, 객관적으로 자신을 바라보고, 자신의 강점과 약점을 이해한다면 장애물을 낮출 수 있습니다. '완벽하지 않아도 괜찮다.'라고 진심으로 생각할 수 있다면 열등감이 진정됩니다.

건강한 열등감 콤플렉스를 위하여

어떤 상황이든 경쟁을 앞에 두고는 항상 승자와 패자가 있습니다. 패자가 되지 않는 유일한 방법은 계속 이기는 것입니다. 더군다

나 계속 이기더라도 언제 지게 될까 전전긍긍하는 동안 마음속에서는 쉴 틈 없이 괴롭습니다. 그런가 하면, 어떤 사람들은 가까운 사람들이 행복해할 때 자신은 불행하다고 느낍니다. 반대로, 누군가가 불행할 때 행복해졌다고 느낍니다.

아들러는 다른 사람들과 경쟁하는 사람들은 결국 다른 사람들을 적으로 보게 된다고 주장한 바 있습니다. 그는 자신이 아무리 성공하더라도 세상은 적들로 가득 찬 위험한 곳이라고 느낀다고 말합니다. 만일 자신을 다른 사람과 비교하지 않으면 다른 사람보다 우월하다거나 열등하다고 느끼지 않을 것입니다. 다른 사람들과 경쟁한다는 개념은 더 이상 존재하지 않습니다.

건강한 열등감 콤플렉스는 이상적인(목표) 자아와의 비교에서 비롯됩니다. 그러므로 우리는 다른 사람들과 경쟁하는 대신 자신과 싸우는 것에 노력을 집중해야 합니다. 당신의 이상적인 자아가 세상에서 가장 힘든 사람이 된다면, 다른 사람들은 친절하게 느낄 것입니다. 자신과 열심히 싸우고 있으면, 주위 사람들에게 최선을 다하고 있다고 격려해 줄 수 있습니다. 그 결과 세상은 친절한 사람들로 가득 찬 평화로운 곳이 됩니다.

인간사회는 실제로 치열한 경쟁 사회입니다. 그러나 다른 사람들과 경쟁하는 데 모든 시간을 보낸다면, 인생이 끝날 때까지 진정 자신을 위해 시간을 쓸 겨를도, 열정도 없을 수 있습니다. 그러므로 나는 다른 사람들과의 경쟁에 참여하지 않고 미성숙한 자아와 진지하게 싸운다고 생각해 보면 의외로 쉬운 답을 찾을 수 있습니다. 이것이 성공과 행복을 모두 얻는 방법이 아닐까요?

인내와 회피,
선택의 기로에서

○
●

권력 투쟁보다는 협력 관계로

야당 당 대표, 대선 후보, 도시자, 시장이었던 분은 현재 수많은 범죄행위로 고초를 겪고 있습니다. 진즉 직위를 잃고 형사 처벌을 받아야 할 처지에 있는 사람이지만, 자신의 권력을 이용해서 잔꾀를 부리며 인신구속과 처벌을 피하기 위해 발버둥 치고 있습니다. 이러한 사건이 수면 위로 드러나기 전에 그는 매우 유능한 정치인으로서 많은 사람들에게 지지를 받고 있었습니다. 그는 이상적인 사회를 만들겠다며 변호사로서 정치인이 되었습니다.

왜 그런 사람이 돈과 관련된 범죄를 저질렀습니까? 지금 진행 중인 수사 사건만도 10여 건이 훌쩍 넘습니다. 권력을 가진 모든 사람들이 범죄에 연루된 것은 아닙니다. 그러나 이 사건은 명예나 권력에 대한 욕망만큼 사람을 잘못된 방향으로 이끌 수 있는 것은 없다는 것을 재확인시켜 주었습니다.

아인슈타인 박사의 유명한 일화가 있습니다. 그가 이스라엘의 두 번째 대통령으로 지명되었을 때, 그는 "정치는 나에게 너무 복잡하다."고 말하면서 거절했습니다. 물론, 내가 돈과 권력을 완전히 부정하는 것은 아닙니다. 권력을 행사하지 않으면 조직의 질서를 유지할 수 없는 경우도 있기 때문입니다. 정치와 경영의 정상에 권력이 없다면 지상의 혼란은 계속될 것입니다. 그러나 권력은 정상적인 범위 내에서 구성원 전원을 위해 돈과 권력을 올바르게 사용함을 전제로 해야 합니다.

아들러는 권력투쟁에 대해 이기고 굴복함으로써 내 힘을 증명하고 싶기 때문이며, 권력투쟁에서 패배한 사람들은 복수의 전쟁에 돌입할 것이라고 말합니다. 결국 당사자들이 문제를 해결하는 것은 불가능할 것입니다. 그러므로 권력투쟁에 참여해서는 안 됩니다.

다른 사람의 도발을 이용해서도 안 됩니다. 그는 다음과 같이 말했습니다. "다행히도 우리는 이제 선진국에 살고 있습니다. 정치인이 아니더라도 명예도 권력도 없지만 행복하게 살 수 있습니다. 따라서 의식적으로 명예와 권력에서 거리를 두는 것이 좋습니다." 이것이 권력투쟁에 얽매이지 않고 행복하게 사는 열쇠가 아니겠습니까?

일상의 생활에서도 권력투쟁이 발생합니다. 갈등이 발생하는지 여부는 관계에서 발생하는 화난 감정의 유무에 따라 결정될 수 있습니다. 권력투쟁은 특히 가족관계에서 일어나기 쉽습니다. 내가 아이들에게 "놀지 말고 숙제해."라고 말하고 배우자에게 "빨래 좀 도와

줘.", "왜 저녁 먹을 준비가 안 됐어?"라고 말했을 때 상대방이 당신이 원하는 대로 행동하지 않는다면 어떤가요? 마음속에는 크고 작은 분노가 일어납니다.

즉, 사람은 자신이 그린 이상적인 이미지를 가지고 있으며, 현실을 이상에 더 가깝게 만들기 위해 분노를 사용하여 다른 사람들을 움직입니다. 이때 권력을 사용하려는 마음의 움직임이 있습니다. 권력은 일반적으로 다른 사람에게 바람직하지 않은 행동을 강요하는 실체상의 능력입니다.

대인관계에서 권력투쟁으로 인해 분노가 발생하면 문제 해결의 첫 번째 단계는 전투와 방어에서 철수하는 것입니다. 다른 사람을 움직이려고 하는 것이 아니라 자신으로부터 변화하려는 독립심을 갖는 것입니다. 아이가 숙제를 하지 않는 것은 아이의 잘못이 아니라 부모의 꾸짖음 자체가 아이가 숙제를 하지 못하게 하는 것이라고 생각해 보는 것은 어떨까요? 사실이 그런 것은 아니지만 그렇게 생각해 보는 것입니다.

"나쁜 너, 불쌍한 나"라는 사고에서 벗어나 결과를 선택하고 있다고 생각하는 것으로 새로운 상황을 시작하십시오. 권력을 위해 싸우지 않고 협력 관계를 추구하는 것은 개인의 독립성을 발견하는 것에서 시작됩니다.

인내심의 미덕

　유명한 사람들의 자기계발서 책을 읽을 때, 나는 때때로 스스로를 한없이 초라한 사람이라고 생각했습니다. 책의 저자들은 전지전능한 조물주와 같은 사람들이었습니다. 그들은 인내의 필요성을 역설하였지만, 정작 필요한 자아는 스스로의 힘에 의한 자아의 성숙입니다. 사람이 강할수록 더 참을성이 있습니다. 사람은 자신의 이기심을 극복하는 힘이 많을수록 이기심을 견디지 않고도 더 잘 살 수 있다는 뜻입니다.

　세상에는 복종적인 태도를 가진 두 가지 유형의 사람들이 있습니다. 실수를 지적할 때, 반성하는 사람과 그렇지 않은 사람입니다. 반성하는 사람들은 같은 실수를 다시 반복하지 않도록 조심합니다. 반면에 표면적으로는 고개만 숙이는 사람들이 있습니다. 내부적으로는 자신이 옳다고 생각하지만 참을 수밖에 없기 때문에 반성하지 않습니다. 그들은 자신의 생각을 표현하고 제대로 토론할 용기가 없기 때문에 자신의 실수를 깨닫지 못합니다. 그런 사람은 순종하는 것처럼 보일지 모르지만 실제로는 매우 강한 사람이라고 생각합니다.

　반대로 순종하지 않는 두 가지 유형의 사람들이 있습니다. 같은 방식으로, 반성하는 사람들과 그렇지 않은 사람들입니다. 순종하지 않고 반성하는 사람들이 가장 빨리 성장합니다. 실수가 압도적으로 자주 지적되기 때문입니다.

　아들러는 인내심에 대해 다음과 같이 말했습니다. 인내심은 분노를 조절하는 방법이며, 바로 그 생각은 당신이 권력투쟁에 갇혀 있다는 증거라는 것입니다. 분노 자체를 통제하더라도 양심의 가책이나 진전을 볼 수 없습니다. 대신 분노를 피하고 언어적·논리적 의사소통을 위해 노력하고 상대의 입장을 이해하고자 시도할 필요가 있습니다.

한국에서는 흔히 인내가 중요하다고 말합니다. 그러나 정말로 중요한 것은 비굴한 인내심이 아니라 제대로 반성을 한 인내심입니다. 인내는 고대부터 서양에 전해 내려온 네 가지 미덕 중 하나입니다. 힘들더라도 견뎌 내고, 반성의 요소를 찾고, 잘못을 개선할 의지력을 키우는 것이 중요합니다.

싫어하는 상대에 대응하는 세 가지 선택지

우리는 싫어하는 상대에 대해 어떻게 대응해야 할까요? 세 가지 선택지가 있습니다. 첫째, 인내하는 것입니다. 둘째, 공격하는 것입니다. 셋째, 피하는 것입니다. 어떤 선택을 할지는 자신의 마음의 태도에 달려 있습니다.

우선 인내하는 경우를 생각해 봅시다. 상대방의 사고방식, 삶의 방식은 자신에게는 민폐이자 방해입니다. 그래서 "상대에게도 그런 성격으로 살 권리가 있습니다. 단지 내 성격에 맞지 않을 뿐이고, 상대의 권리를 빼앗아 상대를 방해하지 말아야 합니다."라고 생각합니다. "상대방은 자신의 삶을 살고 있고, 나는 그것을 방해라고 생각하지 않고 담담하게 내 방식으로 살아 보겠습니다. 이렇게 해야 서로 자유롭지 않습니까?"라고 자신의 울타리를 지키는 사람이기도 합니다. 그래서 침착하게 행동합니다. 주위는 조금 시끄럽지만 침착한 것은 인내의 수행이 되기 때문입니다.

다음으로 공격하는 경우를 생각해 봅시다. 싫은 사람에 대해 쉽게 공격한다면 분노만의 감정으로 사는 인간입니다. 정신적으로는 결코 건강하다고 말할 수 없습니다. 그렇다고 해서 세상에서 하지 말아야 할 것을 아무렇게 내버려 두면 그것이 증폭되어 위험한 상태가 될 가능성도 있습니다. 상대에게 화내고 "당장 그만하라"라고 하면, 상대도 화내고, 멈추지 않으면 사태는 악화될 것입니다. 자신으로부터 생각하면 상대방의 삶의 방식은 쉽게 무시될 수 있습니다. 그러한 삶의 방식은 상대방에게 좋지 않습니다. 가르쳐 주는 것이 좋습니다. 분노 대신 자비로 공격하면 싸움이 되지 않습니다. 그래서 상대도 싫은 기분을 맛보지 않고 온화한 기분으로 자신의 성격을 바꾸는 것입니다.

마지막으로 상대를 피하는 경우를 생각해 봅시다. 그것은 더 이상 마주치지 않는 것입니다. 하지만 분노로 싸우고 이별한다면 헤어져도 상대와 함께 있을 때의 싫은 감정이나 분노가 쏟아지기도 합니다. 그것이 언젠가는 자신의 다리를 묶을지도 모릅니다. 그렇지만 자신과 맞지 않는 사람과 여러 가지 조건으로 조정하려 든다면, 자신의 감정 상태도 나빠지고, 상대방도 매우 나쁜 상황이 될 것입니다. 그러므로 "서로 부딪히지 않는 편이 서로 좋기 때문에 떠나자."라고 사이좋게 악수하고 떠나는 것이 좋습니다.

또 하나, 자신에게 악영향을 주는 사람이 있고, 자신은 약하고 상대방이 힘 있고 어쩔 수 없는 상황이라면, 그 경우는 상대를 피할 수밖에 없지요. 상대에게 끌려 고생하게 되는 것보다는 포기가 좋은 선택일 수도 있습니다. 인내도 할 수 없고 가만히 있을 수도 없다면 회피가 좋은 선택입니다.

삶의 과제와
용기 있게 마주하라

인생의 일에서 도망치지 말라

앞서 자신을 다른 사람과 비교하지 말고, 이상적인 자신을 현재의 자신과 비교해야 한다고 이야기했습니다. 그런데 이상적인 자아를 생각해 내기란 쉽지 않습니다. 자, 먼저 목표를 설정해 봅시다. 아들러는 다음과 같이 목표를 행동과 심리의 두 부분으로 나누고, 이를 또 각각 두 가지로 나누었습니다.

> • **행동 측면**: 독립성, 사회와 조화로운 생활
> • **심리적 측면**: 나는 능력이 있다는 인식, 다른 사람은 친구라는 인식

아들러는 이러한 목표를 달성하기 위해서는 인생의 과제에서 벗어나서는 안 된다고 말합니다. 인생의 과제란, 사회에서 잘 살기 위해 직면해야 하는 인간관계로서 개인 과제, 동반자 과제 및 사랑이라는 과제의 세 가지 범주로 나뉩니다. 일, 우정, 사랑(연인, 부부, 부모와 자식)이 필요한 상황에서 우리가 각각 직면해야 하는 대인관계의 거리와 깊은 관계가 있습니다. 이러한 인생의 과제에서 사람들은 자신의 성장으로 이어지는 문제에 직면할 수 있습니다. 이 과정에서 당신은 살아가는 데 필요한 교훈을 배우게 될 것입니다.

이러한 작업을 반복하면 위에서 언급한 행동과 심리적 측면의 네 가지 목표가 달성됩니다. 그렇기 때문에 인생의 일을 진지하게 받아들여야 합니다. 그러나 우리 주변에는 인생의 과제에서 눈을 돌리는 사람들이 너무나도 많습니다. 예를 들어, 항상 다른 사람들을 비판하기도 하고, 미움받기를 원하지 않기 때문에 자신과 타인에 대한 이상 또는 목표가 없습니다. 결과적으로 무엇이 중요한지를 모른 채 인생을 낭비할 수 있습니다.

인생의 과제에 직면하기 위해 필요한 것은 다름 아닌 용기입니다. 당신이 책임져야 할 중요한 일들을 외면하지 않는 용기 말입니다. 삶을 개선하는 데 필요하다고 생각하고 행동을 취하는 것은 용기입니다. 자신에게 용기가 있다면 자신감을 잃은 다른 사람들을 격려할 수도 있습니다.

세 가지 중요한 인생 과제

아들러는 대인관계를 중심으로 인생의 과제를 일 과제, 우정 과제, 사랑 과제의 세 가지로 나눕니다.

• 일과 업무

이 세상에 한 사람이 완성할 수 있는 일은 없습니다. 당신은 항상 누군가와 관계를 맺어야 합니다. 또한, 우리 삶의 대부분의 시간은 일에 소비됩니다. 그러나 업무는 결과라는 공통의 목표가 있기 때문에 마음에 들지 않아도 그때에만 협업할 수 있습니다. 근무 시간이 끝나면 서로 보이지 않고, 다른 회사로 전직하면 전혀 관계가 없습니다. 따라서 필요에 따라 마음의 스위치를 켜고 끄면 관계가 막힐 가능성이 줄어듭니다. 취미, 친구, 스포츠 등 기분을 전환할 수 있는 일거리를 확보하는 것이 좋습니다.

• 우정 과제

친구가 많을수록 좋다고 생각하는 사람들이 있습니다. 그러나 그들이 피상적인 관계만 갖는 것은 드문 일이 아닙니다. 반면에 제한된 수의 사람들에게 너무 많은 것을 요구하여 그들에게서 도망쳐 외로움에 빠지는 사람들이 있습니다. 또한 학교나 직장과 같은 지정된 장소 없이는 관계를 구축할 수 없는 사람도 있습니다.

그런 사람이 이 책을 끝까지 읽고 나면 그런 걱정은 사라질 것입니다. 이 책은 다른 사람을 변화시키는 심리학이 아니라 자신을 변화시키는 심리학입니다. 자신을 바꾸면 친구를 그리워할 필요가 없습니다. 당신이 진정으로 원하는 것 또는 하고 싶은 일 그리고 장차 되고자 할 것에 더 초점을 맞추게 될 테니까요.

• 사랑의 과제

아들러는 상대방을 제지하는 것을 인정하지 않습니다. 또한 진정한 사랑은 열등감이나 우월감을 과시할 필요를 느끼지 않는 사랑이라고 설명하고 있습니다. 사이좋게 지내고 싶다면 서로를 독립적인 인격체로 평등한 사람으로 대해야 합니다. 낭만적이거나 결혼한 관계를 원하는 경우에는 헤어지는 옵션이 있습니다. 그러나 부모와 자식 관계는 해소할 수 없기 때문에 예로부터 천륜이라고 하며 가장 어려운 관계라고 할 수 있습니다. 혈연으로 맺어진 친밀한 관계이고 애착(attachment)이라는 정서적 유대를 갖기 때문입니다. 아들러는 어려운 관계가 발생하더라도 우리는 그것을 직면하려고 노력해야 한다고 말합니다. 과용하지 않는 것이 좋다고 생각합니다.

용감한 사람들의
여섯 가지 공통점

앞서 인생의 과제에 직면하기 위해 필요한 것은 다름 아닌 용기라고 언급한 바 있습니다. 그렇다면 용감한 사람은 어떤 특징을 갖고 있을까요? 용감한 사람은 두려움이 없는 사람이 아니라 자신 안에 확고한 핵심을 가진 사람입니다. 용감한 사람들의 여섯 가지 공통점을 살펴보고 배움으로써 우리는 장애물을 극복하고 행복과 성공의 기회를 잡을 수 있을 것입니다.

불안과 두려움을 정확하게 알아본다

'용감하다'는 것은 위험하거나 어려운 일에도 두려움 없이 앞으로 나아갈 수 있는 용기를 의미하며, 이런 힘으로 삶이 추진될 때 더욱 행복해집니다. 용감한 삶을 의식하기 위해서는 먼저 우리 안에 있는 불안과 두려움의 대상을 정확히 알아야 합니다.

누구에게나 자신이 잘하지 못하거나 피하고 싶은 것이 있는 것은 당연합니다. 그들을 무시하기보다 자신의 일부로 이해하는 것이 더 중요합니다. 약점을 밀어내는 것은 일시적이며, 그럴 때마다 불안감이 점점 커지고 약점이 점차 커집니다. 내향적인 사람들이 다른 사람들과 이야기할 때 주저할 수 있는 것처럼, 두려움을 무시하지 말고 자신을 있는 그대로 이해하십시오.

최악의 상황을 가정한다

갑작스런 사건으로 화가 난다면 정신적으로 준비되지 않았기 때문입니다. 용감하게 삶을 살기 위해서는 모든 어려움을 예상하고 그 자리에서 원활하게 대처할 필요가 있습니다. 예를 들어, 일이 잘 진행되고 있을 때, 우리는 편안함을 느낄 수 있으며 위기를 관리하지 못할 수도 있습니다.

어려움에 부딪히면 쾌적한 환경에서 벗어나야 한다는 압박감이 들기 때문에 모든 가정을 하면 미래를 준비하는 데 도움이 됩니다. 예를 들어, 자신이 현재 하는 일이 무엇이든 그 일을 열심히 하십시오. 예기치 않은 상황에 대해 생각하는 것은 용감한 사람들의 공통점입니다.

스스로 결정한다

다른 사람의 평가에 대해 걱정하면서 생활하는 것은 스트레스가 될 수 있으며, 중요한 결정을 내릴 때 다른 사람의 생각을 우선시하게 될 수 있습니다. 용감한 삶을 살기 위해서는 자기 책임이 중요합니다. 당신이 자신의 실패에 대해 다른 사람들을 비난한다면, 그것은 실제로 당신이 다른 사람들의 시선에 관심이 있기 때문입니다. 이런 사고방식을 사용하면 결국 다른 사람에게 영원히 의존하고 의사결정에 이의를 제기할 수 없게 될 수 있습니다. 용감한 사람들은 결단력을 발휘하고 그에 따른 책임을 지는 용기를 가지고 있습니다. 결단력은 모든 종류의 위험을 수반하지만 성취감을 주기도 합니다.

자신만의 무기를 준비한다

적이 올 때 용감하게 싸우는 전사들처럼, 우리는 불안감 없이 용감하게 살아갈 수 있는 자신만의 '무기'를 가져야 합니다. 그래서 당신의 무기는 무엇입니까? 다른 사람들이 이해할 수 있는 무기를 갖기 위해서는 경험을 쌓고 지속적으로 업그레이드하는 것이 중요합니다. 수시로 공부하는 것이 방책입니다.

하지만 자신의 강점과 단점을 모르는 사람들이 너무 많아서 잘못된 접근을 하는 경우도 있습니다. 관계가 잘 풀리지 않을 때는 환경이나 다른 사람에게 불만을 갖지 말고, 무기가 될 수 있는 매력을 찾으십시오. 그것은 또한 자기긍정으로 이어지고, 당신이 강점을 가지고 있다는 자신감은 또한 마음의 평화를 줄 수 있습니다.

적절한 조치를 취한다

인생에 실패하고 싶지 않다는 이유로 어떠한 행동을 취할 수 없는 상황이 많이 있을 것입니다. 이는 좋아하는 사람에게 고백하지 않고 항상 무대 뒤에서 지켜보는 것과 같습니다. 내면의 목소리를 알아차리려면 먼저 행동을 취하는 것이 중요합니다. 불안과 두려움은 머릿속에서 태어나는데, 이를 극복하기 위해서는 행동을 취해야 합니다. 이 일련의 사건은 점차 용기로 이어지고 용감한 삶을 영위할 수 있게 합니다.

예를 들어, 미래에 가게를 여는 꿈이 있다고 가정해 봅시다. 희망과 꿈은 매우 중요한 첫걸음이지만, 그것에 대해 생각만 하고 아무것도 하지 않으면 앞으로 나아갈 수 없습니다. 가게를 열고 싶은 장소를 물색하고, 사업에 대해서 연구하고, 자금을 마련하며, 같이 일할 사람을 찾는 등 구체적이고 적절한 조치를 취하는 단계로 나가는 것이 매우 중요합니다.

나 자신이 된다

용감한 사람이 되려면 특별할 필요가 없습니다. 용기를 내는 사람들의 특징은 우선 자기 자신이 되는 것입니다. 주체적으로 자신을 바라보고 생각하고 행동한다는 뜻입니다. 모든 나쁜 것과 좋은 것을 받아들이고 자신에게 편안함을 느끼는 것이 행복한 삶의 원동력이 되어야 합니다. 특별해지고 싶다면 한계를 뛰어넘으세요. 그러기 위해서는 자신에 대한 확고한 기초를 갖고 다른 사람을 모방하지 않고 독창적인 사람이 되는 것이 중요합니다.

주위에는 다른 사람들을 돕고, 일에 적극적으로 참여하며, 최선을 다하는 사람들이 많이 있습니다. 이렇게 용감한 사람만이 행복과 성공의 기회를 잡을 수 있습니다. 실수를 하고 귀중한 경험을 흡수하는 것은 다른 어떤 방법보다 자신을 향상시키는 더 좋은 방법입니다. 용감한 삶을 보내는 멋진 사람을 목표로, 오늘부터 삶의 에너지 절약을 시작하지 않겠습니까?

다른 누구도 아닌
'나'의 의지로

다른 사람들의 기대에 부응하는 것처럼 살지 마라

아들러는 다른 사람들에게 승인을 구하지 말라고 말합니다. 승인은 일반적으로 동의, 부여, 수락 등을 의미합니다. 그러나 『미움받는 용기』에서 주인공 청년은 부모에게 인정받고 싶었다고 말합니다. 따라서 다른 사람에게 인정받는 것, 심지어 다른 사람으로부터 평가를 얻는다는 의미로도 사용됩니다.

그렇다면 왜 아들러는 다른 사람들에게 승인을 구하지 말라고 말하는 걸까요? 우리가 다른 사람들에게 평가를 요구하기 시작할 때, 우리는 그들의 기대에 부응하려고 노력하기 때문입니다. 예를 들어, 부모의 기대에 부응하려고 노력하다가 독립이나 결혼의 기회를 놓치는 사람이 있습니다. 다른 사람들의 기대에 부응하기 위해 지루한 상담에 너무 많은 시간을 할애하여 자신을 소홀히 하는 사람들도 있습니다.

우리는 다른 사람들의 기대에 부응하기 위해 살지 않습니다. 당신이 당신 자신을 위해 살지 않는다면 누가 당신을 위해 살아가겠습니까? 타인의 기대에 부응하는 삶을 살다 보면, 결국 타인의 삶을 살게 되어 자신의 삶이 공허해집니다. 인생의 궁극적인 목표는 자아실현과 사회 공헌입니다. 자신의 강점을 발휘하기 위해 인생을 최대한 성실하게 살지 않으면 자아실현을 이룰 수 없습니다. 이런 식으로 자신의 삶의 방식을 만족시켜야만 사회에 기여할 수 있습니다.

물론 가정, 직장 및 사회에서 정한 규칙을 따라야 합니다. 공동체의 규범을 무시하고 자기 이익만 추구하라는 뜻이 아닙니다. 이타주의를 거부하고 이기심이 미덕이라며 자신만의 생존을 추구한다면 다른 사람을 소중히 여길 수 없습니다. 이런 사람들은 신(神), 국가, 공동체를 신뢰하지 않고, 자신의 이기심만 극대화하게 되므로 자아실현은 할 수 있을지언정 사회 공헌이라는 목표를 달성할 수 없게 됩니다.

자신의 의지에 따라 행동해야 하는 이유

우리는 흔히 보상과 처벌을 교육에 활용합니다. 그러나 아들러는 보상과 처벌 교육에 대해 경고합니다. 보상과 처벌이 지나간 후, 만일 칭찬할 사람이 없다면 칭찬받을 만한 행동을 하지 않게 됩니다. 반대로, 처벌할 사람이 없다면, 그들은 부적절하게 행동할 것입니다.

이와 같이 보상과 처벌 교육은 양면성을 가진 사람들을 양성할 위험이 있다는 것입니다.

여러분은 다른 사람들의 기대에 부응하기 위해서가 아니라 자신의 자유의지에 따라 행동해야 합니다. 시간이 흘러가는 것과 같은 자연의 사건은 자연법칙에 따라 불가피합니다. 마찬가지로 사람도 늙고 병들고 죽는 것은 불가피합니다. 그러나 인간에게는 자유의지가 있습니다. 아무리 배가 고프더라도 누군가가 당신보다 음식이 더 필요하다면 그에게 줄 수 있습니다. 오직 자유의지가 있어야만 고통 속에서도 삶의 가치를 찾을 수 있습니다. 어려운 상황을 받아들이면 그것은 자신의 선택이 됩니다.

일을 위임할 때도 칭찬받고자 하는 욕구가 강하면 조심해야 합니다. 우리는 다른 사람들에게 칭찬받기를 원하는 만큼 때로는 여분의 일을 하고 원래의 일을 소홀히 합니다. 또한, 칭찬을 받지 못하면 불안정감을 느끼거나, 책임을 포기하거나, 아무도 당신을 알지 못하는 곳에서는 다르게 행동할 수 있습니다. 따라서 자신의 성장을 위한다면 칭찬받을 필요가 없다는 말을 새겨듣고 그에 맞게 행동해야 합니다.

다른 사람들에 의해 칭찬받기를 원하기 때문에, 다른 사람들이 그들을 보고 있기 때문에, 또는 다른 사람들에 의해 보상받기 위해 무언가를 하는 사람들은 자신을 깊이 신뢰하지 않습니다. 이는 나의 자아가 타인에 의해 쉽게 흔들리는 것을 알고 있기 때문입니다. 그럼에도 불구하고 타인의 말에 쉽게 흔들리는 당신의 약점에 혐오감을 느낄지도 모릅니다.

인간은 질병, 늙음, 죽음 등 온갖 고통에서 벗어날 수 없습니다. 그러나 그러한 고통 속에서도 자신이 무엇을 할지는 마음대로 결정할 수 있습니다. 저는 그것이 인간의 존엄성이라고 말합니다. 당신의 인생을 훌륭하게 변화시키고자 이 책을 읽는 독자님도 존엄한 존재입니다. 당신이 어떤 삶을 살았든, 지금 어떤 곤경에 처해 있든, 모든 사람은 스스로 자신의 삶을 이해할 수 있습니다. 그리고 내 인생을 선택할 자유가 있습니다.

우리는 주변 사람들을 신뢰하지 않고, 우리를 신뢰하지 않는 사람들에게 평가를 요구하는 모순을 가지고 있습니다. 자신의 의지로 이 악순환을 끊어 내는 것은 자신감을 향한 첫걸음으로 이어질 것입니다. 자신이나 타인을 신뢰할 수 없는 근본 원인은 자신의 삶과 타인의 삶 사이에 구별이 없기 때문입니다. 이를 수행하는 방법을 '문제의 분리'라고 하며, 아들러는 이 '과제의 분리'를 중요하게 생각합니다.

내 문제와 다른 사람의 문제를 구분하는 방법
···

보통 대인관계 문제는 남의 문제와 고민에 발을 들여놓으면서 발생합니다. 이렇게 발생하는 대인관계 문제는 과연 누구의 탓이라고 할 수 있을까요? 문제 해결을 위해서는 나의 문제와 다른 사람의 문제를 철저하게 분리할 줄 알아야 합니다. 이에 대해 아들러는 매우 간단한 물음으로 내 문제와 다른 사람의 문제를 구분하는 방법을 제시합니다.

"그 선택의 결과에 대한 책임을 누가 지게 되나요?"

이러한 물음에 답해 보면 나와 타인의 문제를 분리할 수 있습니다. 이때 만일 다른 사람의 문제로 판명되면 자신의 문제가 아님을 알아야 합니다. 다른 사람의 상황에 개입하거나 과도한 관심을 기울이지 마십시오. 만일 다른 사람이 곤경에 처해 있다면 '도와드리겠습니다'라는 메시지를 보내십시오. 그것으로 충분합니다. 우리는 또한 다른 사람들로부터 과도한 간섭이나 과도한 도움을 받는 것을 피해야 합니다.

각 사람에게 주어진 과제는 그 사람이 성장할 수 있는 길입니다. 문제를 해결하는 데 주도권을 잡으면 자신을 향상시킬 수 있으며, 그 후에 같은 과제에 대해 걱정할 가능성이 줄어듭니다. 학습을 통해 이미 그 답을 알고 있기 때문에 미리 감지하고 피할 수 있게 됩니다.

결과에 따라 다른 사람들의 문제를 나 자신과 분리하고 내 자신의 문제를 해결하기 위해 최선을 다해야 합니다. 이 일을 하는 것만으로도 인생이 바뀌기 시작할 것 같지 않습니까? 당신은 다른 사람들의 문제를 해결해 주어야 한다는 무거운 삶에서 해방될 것이고, 이제 매우 단순한 새로운 삶의 장을 열 수 있을 것입니다.

중요한 순간에
용기를 낼 수 없다면

용기를 내어 마음이 풍성한 사람이 되라

당신은 매일 식사 후 설거지와 청소를 해야 하는 주부입니다. 그러나 아이들은 식사를 마치면 곧바로 방으로 돌아가 남편과 소파에서 느긋하게 TV를 봅니다. 이것을 본 당신은 짜증을 내는 것과 행복해 보이는 것 중에서 선택할 수 있습니다.

먼저, 어느 것이 옳은가에서 벗어나 목적론에 따라 목적을 결정하십시오. "서로 감사할 수 있는 가족이 되고 싶다"가 목적이라면, "서로 감사하는 가족", "단란한 가족", "행복해 보이는 가족"이 되기 위해서는 어떤 행동을 선택해야 할지 생각해 보세요.

만약 당신이 좌절을 선택한다면, 그것은 당신이 가족의 행복을 즐기지 않는다는 것을 뜻합니다. 이 경우, 당신의 가족은 당신과 가까워지기를 원하지 않을 것입니다. 반면에 "이 장면이 평화롭고 재미 있게 보인다"를 선택하면, 자녀도 당신의 일을 기꺼이 돕고 싶어 할 수 있습니다. 영적인 풍요로움은 우리 주변 사람들에게 전염되기 때문입니다. 중요한 것은 절망적인 상황에서도 가장 먼저 그렇게 하는 것입니다. 어떠한 상황에서도 용기가 필요한 이유입니다.

중요한 순간에 용기를 낼 수 없는 이유

많은 사람들이 용기를 내도 행동을 취하지 못할까 봐 걱정합니다. 나도 용기를 내지 못해 후회하기도 했습니다. 중요한 순간에 용기를 낼 수 없는 이유는 무엇일까요?

자신에 대한 자신감이 없으면 "무엇을 해도 효과가 없을 것"이라고 생각하는 경향이 있습니다. 일, 관계 또는 사랑에서 한 걸음 더 나아갈 수 없으며 기회를 놓치게 됩니다. 또한 자신에 대해 자신감이 없는 사람들은 자신을 다른 사람과 비교하는 경향이 있습니다. 다른 사람보다 조금이라도 열등하면 우울해지고 자신감을 잃게 됩니다. 자신감을 되찾지 못하면 용기를 내기 어려울 수 있습니다.

또 막연한 이미지만 있으면 도전을 주저하게 됩니다. 예를 들어, 새로운 일을 하고 싶은데 그 일이 무엇인지, 얼마나 걸릴지 모른다면 걱정이 될 것입니다. 인간은 자신이 모르거나 불분명한 것에 대해 불안해하는 경향이 있습니다. 우선, 상황을 이해하고 머릿속에 시각화하는 것이 중요합니다.

때로는 주변 사람들의 영향 때문에 용기를 낼 수 없습니다. 미국 기업가 짐 론(Jim Rohn)이 주장한 "주변 5명의 평균이론"을 아십니까? 당신과 가장 많은 시간을 보내는 가까운 다섯 명의 사람들이 당신에게 큰 영향을 미친다는 것입니다. 주변에 비판적이거나 부정적인 사람들이 있다면, 당신은 끌려갈 것이고 당신은 용감하지 않을 것입니다. 부정적인 사람들과 함께 있을 때 정신적으로 우울하고 힘듭니다. 용기가 없다면 관계를 검토하는 것이 좋습니다.

용기를 불어넣는 여러 가지 방법

작은 성공의 축적은 당신에게 자신감을 줄 것입니다. 자신감이 생기면 자연스럽게 용기를 내고 비상시에 힘을 발휘할 수 있습니다. 작은 성공을 축적하십시오. 팔굽혀펴기 20개, 회사에서 가장 먼저 인사하기 등 달성하기 쉬운 것부터 시작합시다. 결과적으로 점차 자신감을 얻고 큰 도전에 나설 수 있게 될 것입니다.

실수할지언정 일단 도전하는 것이 중요합니다. 실수로부터 무엇을 배울 수 있는지 알아보십시오. 우리는 실패에는 단점만 있다고 생각하는 경향이 있습니다. 그러나 성공한 사람들이라고 불리는 사람들은 실패로부터 배우고 성장하고 있습니다. 실수를 했을 때 무엇을 잘못했는지 명확히 하고 다음 도전에 사용할 수 있습니다. 반면에 용기를 낼 수 없는 사람은 자신이 무엇을 개선해야 할지 모르고 혼란스러운 상태에서 시간을 보내게 됩니다. "실패는 성공의 어머니"라는 말이 있듯이 실패로부터 배우려고 노력하십시오.

용감한 척해 보세요. 용기 있는 척만 해도 용기를 낼 수 있을 것입니다. 용기가 없는 사람들은 행동과 표정에 나타나는 경향이 있습니다. 그러면 주변 사람들이 자신감 부족을 알아차리고 실패의 분위기에 빠지게 될 것입니다. 반면에 자신감이 넘치면 사람들이 당신을 신뢰하고 성공 가능성이 높아집니다. 표정과 행동을 바꾸는 것만으로도 자신감이 생길 수 있으니 때가 되면 자신감 있는 척해 보는 것은 어떨까요?

하지 않은 것을 후회하는 것보다 시도해 보고 후회하는 것이 낫습니다. "하고 후회하는 것보다 안 하고 후회하는 것이 더 큰 후회로 남는다."는 말이 있듯, 용기를 내지 못한 경험은 후회로 남을 가능성이 높습니다. 용기가 없다면 성공할지 실패할지 알 수 없습니다. 행동을 취하지 않으면 "그때 성공했을지도 모르는데….."라고 생각하면서 매일 후회하며 살 것입니다.

용기가 나지 않는다면, 일을 벌인 후에 벌어질 최악의 시나리오를 고려해 보는 것도 좋은 방법 중 하나입니다. 용기는 실패를 초래할 수 있습니다. 그런 일이 일어나기 전에 최악의 시나리오를 가정하면 마음을 안정시키는 데 도움이 될 것입니다. 예를 들어, 회사에서 이직을 생각하고 있다고 가정해 보겠습니다. 최악의 시나리오를 가정하면 1년 동안 직업을 바꿀 수 없거나 다시 마음에 안 드는 회사에 입사한다고 생각할 수 있습니다. 이러한 상황을 예상하면 긴급상황 발생시 당황하지 않을 것입니다.

실수하지 않는 유일한 사람들은 아무것도 하지 않는 사람들입니

다. 아무것도 하지 않으니 아무 일도 일어나지 않을 테고, 그렇게 성
장도 성공도 하지 않은 채 미래도 목표도 없이 죽은 듯 살아갈 것입
니다.

비교를 즐기는 당신은
혹시 나르시시스트?

경쟁에서 조심해야 할 사람, 나르시시스트

경쟁을 앞두고 항상 승자와 패자가 있습니다. 당신은 패자가 될 수 없으므로 상대방을 적으로 보기 시작합니다. 또한 상대적 평가에 빠지면 판단력이 저하됩니다. 즉, 자신도 모르게 속기 쉽습니다. 의식은 자신을 적으로 보는 사람에게 집중되어 다른 상황은 볼 수 없기 때문입니다. 이 특성을 남용하는 사람들이 있으므로 조심하십시오. 같은 업계의 특정 회사를 지명하여 경쟁을 조장하는 사람이 있다면 도발에 현혹되지 마십시오. 개인적인 관계에서는 나르시시스트일수록 다른 사람들이 서로 싸우게 만들 가능성이 더 높습니다.

예를 들어, 주위의 모든 사람들은 A를 신뢰하지만 주위의 사람들은 서로를 신뢰하지 않습니다. 그런 관계를 만나면 A 자신이 다른 사람들끼리 싸우게 하고 있는 것이 아닐까 생각해 볼 수 있습니다. 중국 고전 중 하나인『손자병법』에는 전쟁에서 적을 조롱하는 여러 가지 방법이 포함되어 있습니다. 그중에서도 다른 사람들이 서로 싸우게 하는 방법, 소위 어부의 이점을 얻는 것이 가장 기본적인 것입니다. 특정 다른 국가를 가상의 적으로 간주하고 시민을 통제하는 국가도 있습니다. 국민의 시선을 돌리고, 자신에 대한 비판을 피하고, 정부에 편리한 정치를 추진하기 위함입니다.

그렇다면 나르시시스트의 특징은 무엇입니까? 나르시시스트와 잘 지내는 방법 혹은 그들과 관계를 개선하는 방법은 무엇일까요?

나르시시스트는 자존감이 너무 높은 사람입니다. 나르시시스트에는 두 가지 주요 패턴이 있는데, 첫 번째는 무조건 자신을 긍정하고 좋아할 수 있는 긍정적인 사람입니다. 부모의 칭찬을 받으며 자랐거나, 성공적인 경험을 많이 했거나, 성격을 부정하지 않고 성장했다면 긍정적인 의미에서 나르시시스트가 될 것입니다.

두 번째는 열등감을 숨기거나 자신을 보호하기 위해 자신이 우월하다고 믿는 사람입니다. 괴롭힘을 당한 적이 있거나, 좌절을 경험했거나, 다른 사람이나 형제자매와 비교받으며 자랐다면 필요 이상으로 보호받는 느낌을 받을 것입니다. 자신의 약점을 덮기 위해 의식을 "나는 정말 우월하다." 또는 "나는 정말로 할 수 있다."로 바꿉니다. 의식을 바꿔야만 자신을 보호할 수 있는 사람들은 이 패턴의 나르시시스트가 되는 경향이 있습니다.

당신은 얼마나 나르시시스트입니까?

....

나르시시스트의 특징을 나열했으니 아래 체크 리스트를 각자 확인해 보기 바랍니다. 더 많이 체크할수록 더 나르시시스트입니다.

- ☐ SNS 아이콘은 나 자신이다.
- ☐ 셀카를 자주 찍는다(혼자 또는 여러 사람과 함께).
- ☐ 거울을 자주 본다.
- ☐ 패션, 메이크업, 헤어스타일에 자신이 있다.
- ☐ 솔직히, 나는 인기가 있다고 생각한다.
- ☐ 나는 동성에게 지고 싶지 않다.
- ☐ 이성에 대한 요구사항이 더 높다.
- ☐ 나는 다른 사람들보다 더 중요한 사람이다.
- ☐ 나는 아름다움을 위해 돈을 아끼지 않는다.
- ☐ 머리를 많이 만지고 싶다.
- ☐ 사람들의 시선이 걱정된다.
- ☐ 다른 사람의 칭찬을 듣기 위해 나 자신을 자랑하는 것을 선호한다.
- ☐ 나는 내가 우월하다고 생각할 때가 많다.
- ☐ 사람들에게 거부당하는 것을 매우 나쁘게 생각한다.
- ☐ 내가 제대로 판단되지 않을 때 좌절감을 느낀다.
- ☐ 나는 한 사람에 이끌리기보다는 차라리 그 사람을 이끌고 싶다.
- ☐ 지는 사람을 상대하고 싶지 않다.
- ☐ 다른 사람이 내가 원하는 대로 움직여 주기를 바란다.

□ 보이고 싶은 마음이 강하고, 사람들에게 조언을 해 주고 싶다.

□ 브랜드 로고가 있는 상품을 좋아한다.

□ 다른 사람의 눈에 띄고 싶다.

3개 항목 미만을 체크한 사람들은 나르시시스트에 가깝습니다. 당신은 매우 겸손하고 자신에 대해 확신이 없습니다. 어쩌면 당신은 조금 더 자신감을 갖고 자신을 돌볼 필요가 있습니다.

1~5개 항목을 체크한 사람들은 자신이 좋아하는 것이 있지만 자신에 대한 자신감이 없기 때문에 나르시시스트가 아닙니다. 당신은 외모와 내면의 자아에 대해 조금 고집하지만 다른 사람에게 유연하게 적응할 수 있습니다.

6~10개 항목을 체크한 사람은 자신을 좋아하지만 다른 사람에게도 적응할 수 있습니다. 사람들은 당신을 나르시시스트라고 생각하지 않지만, 당신은 스스로를 많이 좋아하고, 여기저기서 그것을 엿볼 수 있습니다.

11~15개 항목을 체크한 사람들은 자신을 좋아합니다. 다른 사람들도 당신을 나르시시스트라고 생각합니다.

16개 이상을 체크한 사람들은 진정한 나르시시스트입니다. 당신은 스스로가 옳다는 것을 의심하지 않습니다.

나르시시스트를 개선하는 방법

자신의 열등감에서 비롯된 나르시시스트라면 더 나은 삶을 위해 자신의 성향을 개선할 필요가 있습니다.

우선 사람들의 좋은 점에 집중하십시오. 나르시시스트는 종종 자신을 다른 사람과 비교하고 다른 사람을 찾는 습관이 있습니다. 사람들의 좋은 점에 집중하십시오. 우리는 모두 다른 사람들이고 달라도 괜찮다는 것을 깨닫기 위해 그리고 당신보다 더 나은 사람들이 많다는 것을 깨닫기 위해 노력해야 합니다.

다음은 내면을 들여다보는 습관을 만드십시오. 학력, 수입, 외모 등으로 사람을 판단하지 말고 내면을 들여다보는 습관을 형성해 보십시오. 나르시시스트는 사물을 정량화하여 판단하는 경향이 있으므로 친절, 연민, 핵심, 항상 침착함과 같이 사람들을 내면적으로 바라보도록 노력하십시오.

그다음은 말하는 것이 아니라 듣는 법을 배우십시오. 나르시시스트는 듣는 것보다 더 많이 말하는 것을 좋아합니다. 그보다는 듣는 법을 배우려고 노력하십시오. 여기에서 듣는 법이란 음악이나 사람의 말을 듣는 것과 같이 의식적으로 또는 집중적으로 듣는 것을 의미합니다.

또한 열등감 콤플렉스를 극복하십시오. 나르시시스트는 종종 자신의 열등감에서 태어납니다. 무엇이 자신을 열등하게 느끼게 하는지 알아내야 하고, 다른 한편으로는 자신이 잘하는 것과 가치 있는 것을 찾는 것이 중요합니다. 그것은 단지 피상적인 것에 관한 것이 아니라 마음을 키우는 것에 관한 것입니다.

이외에도 다른 사람들의 제안과 조언에 감사하십시오. 지적을 받더라도 자신을 부정하는 것이 아니라 내용과 결과를 지적하는 것입니다. 당신이 한 일과 결과에서 당신의 성격을 분리하려고 노력하십시오.

마지막으로 겸손을 기르십시오. 적당한 겸손을 갖도록 노력하십시오. 예를 들어, 누군가 "XX씨는 대단하다."라고 칭찬하면 "모두가 협력했기 때문에" 또는 "A씨도 대단하다."라고 칭찬할 수 있습니다.

나르시시스트와 어울리는 법

당신이 친구이든, 직장 동료이든, 연인이든, 아마도 당신 주변에 나르시시스트가 있을 수 있습니다. 우리는 어떻게 그런 사람들과 잘 지낼 수 있을까요?

첫째, 부정하지 말고 칭찬하십시오. 평가가 아니라 칭찬입니다. 나르시시스트는 자신이 옳다고 생각하기 때문에 거부당하거나 거부되는 것을 좋아하지 않습니다. 인정받고 싶다는 마음이 강하기 때문에, 사이좋게 지내고 싶다면 가능한 한 부정하지 말고 칭찬해 주세요.

둘째, 상대방의 말을 일단 들으십시오. 대부분의 사람들은 듣기보다는 말하기를 선호하므로 귀를 기울이십시오. 기뻐하고 부인하지 않고 경청하는 사람들은 적이 아니라 동맹으로 여겨집니다.

셋째, 많이 반응하십시오. 얼굴을 맞대고 귀를 기울이거나, 외

모의 작은 변화나 직장에서의 성과 등 작은 세세한 부분까지 반응해
주면, 자신이 소중히 여겨진다거나 호감을 가진다고 느껴 매우 기뻐
할 것입니다. 나르시시스트는 트라우마에 걸리기 쉽고 취약합니다.
현실이나 냉정함에 직면했을 때 상처를 받기 쉽습니다. 부드럽게 지
적하거나, 말할 필요가 없는 것을 말하지 않거나, 그냥 내버려 둘 수
있습니다. 그들이 약하다는 것을 이해하는 것이 중요합니다.

특별하지 않아도
괜찮아

○

●

특별해지려고 노력하는 사람들을 조심하라

세상에는 특별해지려고 노력하는 사람들이 있습니다. 사람은 심리적으로 특별해지고 싶을 때 인정받고 싶은 강한 욕구, 특별한 것이 없으면 자신이 무가치하다는 느낌 등 상황에 따라 스트레스를 받거나 고통을 느낄 수 있습니다. 이러한 심리는 사람마다 정도는 다르지만 모든 사람이 가지고 있습니다.

그러나 세기의 위대한 발견을 했다거나 특별한 재능을 가졌다고 선언하는 사람들은 공적으로 인정받지 않는 한 큰 해를 끼칠 것입니다. 그들은 거짓말과 망상의 습관이 있고, 책임감이 부족하며, 그들의 말과 행동은 그들의 행동과 사실과 일치하지 않습니다.

이러한 유형이 악의적(의식적 거짓말)인지 정신병(무의식적 거짓말)

인지는 알 수 없습니다. 성격장애 중 나르시시즘이 가장 공통점으로 간주됩니다. 또 그 원인은 부모-자식 관계로 판단됩니다. 많은 어린 이들이 처음부터 특별해지려고 노력합니다. 첫 번째 시도는 울음입니다. 우리는 누구나 타고난 본성대로 소위 좋은 아이가 되기 위해 노력할 것입니다. 그러나 일이 잘못되면 일부 사람들은 특히 나쁜 사람들이 됩니다.

언뜻 보기에는 그 반대처럼 보일지 모르지만, 목적은 같습니다. 그것은 다른 사람들의 관심을 끌고, 정상적인 상태에서 벗어나 특별한 상태가 되는 것입니다. 화를 내는 것은 아이들 울음의 또 다른 표현 방식입니다. 아들러는 이것을 '우월성의 쉬운 추구'라고 부릅니다. 그럼으로 인해 당신이 그 자리에서 특별할 수 있지만, 그것은 건강에 해로운 태도라고 지적합니다.

거짓말쟁이는 정신병인가? 거짓말의 심리와 특징

이 세상을 살아가면서 몇 가지 거짓말을 하지 않은 사람은 없을 것입니다. 하지만 여러분은 "이 사람은 항상 거짓말을 하고 있다."고 느끼는 사람을 만난 적이 있습니까? 그렇다면 사람들이 거짓말을 하는 이유는 무엇일까요?

사람들은 자신의 실수와 실패를 숨기고 싶기 때문에 거짓말을 합니다. 우리가 실수나 실패를 할 때, 우리는 때때로 그것을 숨기기 위해 거짓말을 합니다. 예를 들어, 직장에서 실수를 하면 "나는 그것을 듣지 못했다." 또는 "나는 그것을 몰랐다."라고 말하면서 거짓말을 하게 될 것입니다. 이것은 자신을 지키기 위한 방어본능 중 하나이며, 자신이 상대방에게 좀 더 긍정적으로 보이기를 원하기 때문입니다.

사람들이 내게 관심을 갖기를 원하기 때문에 거짓말을 할 수도 있습니다. 때때로 우리는 다른 사람들이 우리를 돌봐 주거나 우리에게 관심을 기울이기를 바라는 욕망, 즉 승인에 대한 열망에서 거짓말을 합니다. 가난한 자아 또는 놀라운 자아를 연기하는 것과 같은 다양한 패턴이 있습니다.

장소에 활기를 불어넣기 위해 거짓말을 하기도 합니다. 술자리 등에서 장소를 활기차게 하기 위해 이야기를 더 크게 하거나 거짓말을 할 수 있습니다. 당신이 분위기 메이커라면 아마도 그렇게 하게 될 것입니다. 이 경우 대부분 악의나 해악의 의도가 없습니다.

상대방을 기쁘게 하기 위해 거짓말을 할 수도 있습니다. 예를 들어, 누군가 "몇 살로 보이나요?"라고 물으면 5살 정도 어리다고 대답하거나, 실제로 짜증이 나지만 아무렇지 않다고 대답하기도 합니다. 이러한 거짓말은 반드시 나쁜 것은 아니며 의사소통 기술의 일부이기도 합니다.

상대방을 속이는 행위도 거짓말입니다. 어떤 사람들은 완전한 악의로 상대방을 속이거나 함정에 빠뜨리기 위해 거짓말을 합니다. 완전히 거짓된 이야기를 믿거나 "ㅇㅇ가 당신에 대해 나쁘게 말하고 있었다."와 같은 거짓 정보를 말함으로써 불안을 불러일으키기도 합니다.

거짓말쟁이를 대하는 최선의 방법

거짓말쟁이이거나 거짓말하는 습관이 있는 사람을 대하는 것은 어렵습니다. 상대방의 거짓말에 지칠 수도 있고, 경우에 따라 재정적 어려움에 빠질 수도 있습니다. 그렇다면 "이 사람은 거짓말을 자주 한다." 또는 "이 사람의 이야기는 거짓말로 가득 차 있다."고 느끼는 사람들과는 어떻게 지내야 할까요?

일단 일정한 거리를 유지하세요. 깊이 얽매이지 말아 주세요. 열심히 노력해도 상대를 바꾸는 것은 어렵습니다. 곤경에 빠지지 않기 위해서는 상대방과 거리를 두는 것이 중요합니다. 업무에 참여해야 하는 경우에도 가능한 한 접촉의 정도를 줄이도록 노력하십시오.

혼자가 아니어야 합니다. 일대일 관계를 피하는 것도 중요합니다. 당신이 혼자 있을 때, "나는 그것을 말했다/나는 그것을 말하지 않았다"라는 의미 없는 논쟁의 희생양이 될 수도 있습니다. 예를 들어, 점심에 초대를 받았을 때 거절하거나 "ㅇㅇ씨도 초대하겠습니다."라고 말하고, 가능한 한 둘만의 상황은 피하십시오.

과장된 반응을 보이지 마십시오. 거짓말을 하는 사람들은 인정받고 싶은 욕구가 강합니다. 만일 거짓말을 하는 사람에게 과장된 반응을 보인다면, 당신은 거짓말쟁이의 표적이 될 수 있습니다.

중요한 이야기는 기록에 남기는 것이 좋습니다. 직장에서 중요한 의사소통을 위해서는 구두가 아닌 이메일과 같은 서면으로 남겨 두십시오. 구두로 의사소통해야 하는 경우 "정확성을 위해 녹음하겠습니다."라고 말하고 녹음할 수 있습니다. 실제로 녹음하지 않더라도 그렇게 말하는 것은 상대방이 거짓말을 하려는 데 방해가 될 것입니다.

또한, 거짓말이라고 생각되면 상대방이 말한 것을 반복하고 다시 듣는 것이 효과적입니다. "다른 사람에게 확인하겠습니다."라고 말합니다. "○○씨가 이렇게 말했는데, 이 말이 사실입니까?"라고 확인하는 작업이 필요합니다. 아니면 "그럼 다른 사람에게 확인하겠습니다." 또는 "글쎄, 그렇다면 ○○씨와 공유하겠습니다."라고 대답하는 것도 좋은 방법입니다. 둘만의 관계를 맺지 않고 제3자가 개입하는 것으로, 거짓말하기 어려운 상황을 만들 수 있습니다.

거짓말쟁이와 어울리는 것은 어렵습니다. 거짓말쟁이가 가까이 있으면 문제가 발생할 수 있습니다. 전문가들에 따르면, "말려들지 않기 위해서는 거짓말의 징후를 찾아내는 것이 중요하다."고 합니다. 대화가 현실과 너무 동떨어져 있다면 거리를 두고 조심하는 것이 중요합니다. 다른 사람의 거짓말에 신경을 쓰거나 지쳐서 에너지를 소비하는 것은 낭비이므로 거짓말쟁이가 걱정된다면 동료나 친구, 회사에 이야기하는 것이 좋습니다.

2부

싫어하는 지혜

관계로부터 얻는
자유와 행복의 가치

눈을 감는 사람,
도움을 주는 사람

당신은 혹시 청맹과니 아닌가요?

우리 주변에는 "무슨 일이 있어도 잘 모른다.", "인생은 언제나 방관자이다.", "귀찮은 일에는 얽매이지 않는다."라고 말하는 사람들이 많습니다. 왜 사람들은 눈을 감으려고 할까요? 당신은 어떠세요? 당신도 혹시 청맹과니 아닌가요?

지하철에 앉아 있는데 노인이 탑승한 것을 보았습니다. 양보해야 한다는 생각은 들었지만, 애써 자는 척한 경험이 있지 않으신가요? 또 학교나 직장에서 괴롭힘을 당하고 있는 사람에게 미안하지만 모른 척한 적이 있지 않으신가요? 누구나 한 번쯤은 이런 경험을 한 적이 있을 것입니다.

눈을 멀게 하지 않고 주도권을 잡으려면 에너지가 필요하며, 말하고 행동하는 데에도 많은 용기가 필요합니다. 친절과 보살피겠다는 마음이 있어도 행동으로 옮기지 못하면 다른 사람을 도울 수 없습니다. 그러나 많은 사람들이 도움이 필요한 사람이 도움을 요청했을 때 행동하지 못하면 결과적으로 자기혐오에 빠지게 됩니다. "나는 왜 바보처럼 적극적으로 행동하지 못했을까?"라고 자책합니다. 이러한 결과를 피하기 위해서는 행동을 취하지 못하는 이유와 심리를 제대로 파악하고, 다음에 비슷한 상황에 직면했을 때 두려움 없이 움직일 수 있는 사람이 되어야 합니다.

타인의 곤경에도 눈을 감는 사람들의 공통 심리

"타인에게 맡겨라.", "얽히고 싶지 않다.", "사람에 대해 흥미가 없다."라며 눈을 감는 사람들에게 공통적인 심리는 무엇일까요?

• 자신감이 부족하다
자신에 대한 자신감이 없고 항상 "나는 나 자신을 위해 아무것도 할 수 없다"와 같은 자기 비하의 강한 감정을 가진 사람일 수 있습니다. 자신은 다른 사람들을 도울 수 없다고 생각하기 때문에 또는 도와줬다가 건방진 사람으로 생각될까 봐 두려워, 도움을 주어야 한다는 것을 알면서도 눈을 감습니다.

- **타인에게 맡긴다**

　　사람들이 곤경에 처할 때 도와주거나 이와 같은 일을 더 많이 할 수 있다면 좋겠다는 것을 깨달을 수 있는 사람이지만, 기본적으로는 항상 남에게 맡기는 사람이기 때문에 스스로 움직이려고 하지 않을 수 있습니다. 주변 사람들을 도와주었으면 좋겠다는 생각만 선반에 올려놓고 자신은 정작 아무 일도 하지 않으면서, 도와주지 않은 다른 사람을 비난할 수 있습니다. 그는 결코 친절한 사람이 아닙니다.

- **수줍음을 탄다**

　　수줍음을 많이 타는 성격 때문에 눈에 띄거나 다른 사람과 다르게 행동하는 것을 매우 꺼립니다. 마음속으로는 다른 사람들을 위해 일하기를 원하지만, 자신의 성격 때문에 그러한 행동을 취할 수 없다는 것에 대해 스스로를 비난하고 자기를 혐오하는 유형의 사람입니다.

- **사람에게 관심이 없다**

　　사람들에 대한 관심이 없기 때문에 누군가 곤경에 처해 있거나 처음부터 도움을 요청한다는 사실을 인식하지 못합니다. 또, 눈치채더라도 어떻게 하면 좋을지, 할 수 있는 일에 뭐가 있는지 생각하지 않습니다. "누가 곤경에 처했구나.", "누가 도와주겠지."라고만 생각하는 약간 비인간적인 사람입니다.

- **얽히고 싶지 않다**

　　번거로움을 좋아하지 않고 유익해 보이지 않는 일에 관여하고 싶지 않은 사람입니다. 또는 다른 사람들을 돕는 사람들의 감정을 이해하지 못하는 유형일 수 있습니다. 자기중심적인 사고가 많고 친절이 부족한 사람이라고 할 수 있습니다.

- **타인을 존중한다**

자존감이 높은 성격을 가지고 있기 때문에 도움을 받은 사람의 자존심과 지위를 고려하여 상대방을 존중한 결과, 눈을 감기로 결정합니다. 그것이 진심인지는 모르겠지만, 사람의 기분을 배려하고 존중하는 상냥한 성격이라고 할 수 있습니다.

당신이나 당신과 가까운 사람에게 적용되는 항목이 있다면, 눈을 감아서 잃는 신뢰와 얻을 수 없는 자기 확신에 대해 조금 더 깊이 생각해 보기를 바랍니다.

다른 사람의 기쁨은 나의 기쁨이다

그렇다면 '눈을 감는 사람'이 되지 않기 위해서는 어떠한 태도가 필요할까요?

- **사람에게 관심 갖기**

지금보다 사람들에게 더 많은 관심을 갖도록 노력하십시오. 사람들과의 상호 작용을 더 소중히 여기고 그들과 관계를 맺는 방법을 배우는 것이 좋습니다. 사람들의 표정과 움직임에서 조금 더 민감하게 변화를 알아차릴 수 있어야 합니다. 소통하는 방법에 대한 교육을 받는 것이 좋습니다.

• 연민 기르기

다른 사람을 위해 할 수 있는 긍정적인 일을 찾으십시오. 다른 사람을 위해 행동하고, 배려하고, 인정받는 기쁨을 깨달을 수 있는 자신의 가치를 찾으십시오.

• 도움을 받았던 경험 기억하기

당신의 삶에서 누군가가 당신을 돕고 구해 주었던 많은 경험을 기억하십시오. 가족이든, 친구이든, 선생님이든, 낯선 사람이든 상관없습니다. 한 사람 한 사람을 소중히 기억하고 그때의 기쁨을 떠올려 보십시오. 그 기쁨을 느끼게 하는 말과 행동으로 다른 사람들에게 기쁨을 줍시다.

• 자신감 얻기

자신에 대한 신뢰나 자신감이 없기 때문에 행동을 취할 때 불안하거나 당혹스러울 수 있습니다. 자신감을 키우기 위해 전문 상담사로부터 상담을 받아 일상생활을 개선하고 인지 왜곡을 해소할 수 있습니다.

이렇게 하면 눈을 감는 사람에서 동정심을 가지고 행동할 수 있는 사람으로 바뀔 수 있습니다. 중요한 것은 "자신에 대한 자신감을 갖는 것"과 "후회 없이 옳은 일을 하는 것"입니다. 다른 사람의 기쁨은 자신의 기쁨입니다. 조금 용기를 가지고 행동해 보지 않겠습니까?

사람들은 상호 작용 없이 살아갈 수 없습니다. 당신도 친절한 누군가에게 매일 도움을 받고 있습니다. 다른 사람을 돕고 그들에게 다가갈 수 있도록 조금씩 변화합시다. 그러면 당신의 삶은 지금보다 더 풍요롭고 보람 있게 될 것입니다. 눈을 감거나 돌리지 않고 사람들에게 인정받는 사람이 될 수 있기를 바랍니다.

불쾌한 사람,
피할 수 없다면?

심술궂은 사람을 내버려 두라

당신이 심술궂은 표정을 지으면 누군가 당신에게 주의를 기울일 것입니다. 이러한 습관을 가진 사람들은 버릇이 없습니다. 감정의 문제는 스스로 해결해야 하는 문제이기 때문입니다. 또한 반대로 심술궂은 사람을 보면 화를 내는 사람들도 있습니다. 이들은 나는 기분이 좋아야 한다고 생각하는 사람들입니다. 그러나 상대방의 감정은 상대방 본인이 해결해야 하는 문제이기 때문에 전혀 걱정할 필요가 없습니다.

그렇다 하더라도, 그대로 둘 수 없는 이유는 아마도 과제 분리가 성립되지 않았기 때문일 것입니다. 과제를 분리할 수 없는 사람들은 긴밀한 관계를 형성할 수 있습니다. 자신의 일을 포기하는 사람들과 다른 사람들의 일에 참여하고자 하는 사람들은 긴밀한 관계를 형성할 수 있을 것입니다. 하지만 너무 지나치면 두 사람은 가해자와 피해자가 됩니다.

정서적 문제를 스스로 해결할 수 없는 사람들은 기분을 좋게 해 줄 누군가가 필요합니다. 이것이 습관이 되면 이제 상대방이 없으면 자신의 감정을 스스로 조절할 수 없습니다. 결국 기분이 좋았던 쪽이 주도권을 잡을 수 있습니다. 반대로, 누군가가 당신의 지위를 넘어서서 필요 이상으로 당신을 돌본다면, 당신은 조심해야 합니다. 당신을 칭찬하고 소리를 지르는 사람도 마찬가지입니다. 그들은 당신을 의존하고 지배할 목적으로 접근하는 경우가 꽤 많기 때문입니다.

다른 사람들이 당신을 조종하는 것을 원하지 않는다면 자신의 기분을 스스로 돌봐야 합니다. 인간관계는 상호 합의에 의해 수립됩니다. 그들 중 하나가 과제 분리를 진행한다면, 앞서 언급한 것과 같은 인간관계는 성립되지 않을 것입니다.

불쾌한 사람과의 동거

언제나 인상을 찌푸리고 기분 나쁘게 하고 있거나, 화난 목소리가 일상화되어 있으며, 주위의 분위기를 방해하는 사람은 어느 학교나 직장에도 있을 것입니다. 그렇다면 이런 사람들과 어떻게 관계를 설정하고 접촉하면 좋을까요? 나와 상대방 모두 싫은 기분이 되지 않을 수 있는 대처법은 없는 걸까요? 불쾌한 사람과 어떻게 하면 좋은 관계를 유지할 수 있을까요?

• 대응법 1. 어쨌든 상대방의 뜻대로 움직이지 않는다

우선 중요한 것은 상대가 어떤 유형의 불쾌감을 나타내고 있는 지를 알아야 합니다. 불쾌한 사람은 결코 자신이 나쁘다고는 생각하지 않습니다. 그보다는 오히려 "자신의 생각을 헤아릴 수 없는 상대가 나쁘다."라고 생각합니다. 즉, 심술궂은 사람의 속내에는 "빨리 나의 의도를 간파해라"라는 요구가 있는 것이며, 상대를 좌절시켜 그와 부딪치는 것으로 자신의 요구를 관철시키려고 하고 있다는 것입니다.

만일 자신에게 잘못이 없다면 상대의 요구에 움직이지 않고, 상대의 요구에 따르지 않는 것이 중요합니다. 거기에서 올바른 대응이 시작되는 것입니다. 반대로 상대의 요구대로 움직이거나 상대의 생각대로 흐르게 되어 버리면, 상대가 "이대로 불쾌한 태도를 계속하면, 자신의 요구는 관철시킬 수 있겠다."라는 생각에 오히려 불쾌감만 점점 높아지게 될 뿐입니다. 다른 말로 하자면 기 싸움에서 밀리면 안된다는 것입니다.

상대의 기분을 잡으려고 자신까지 불쾌해지면 지는 것입니다. 이것은 아주 흔한 대응이지만, 대부분 상대의 불편에 감정이 흐트러지는 경우가 많습니다. 물론 기분이 좋지 않은 상대가 직장 상사라면 쉽지 않을 것입니다. 이 경우는 상대방의 흐름에 철저하게 휩쓸리지 않는 태도를 취하는 것도 쉽지 않을지 모릅니다. 그렇지만, 그럴 때도 적어도 상사의 뜻대로 움직이지 않는다는 것을 보여 주고 상사 마음대로 내가 흘러가지 않는다는 것을 보여 주는 것이 좋습니다. 그렇게 함으로써 더 이상 무리한 요구가 통하지 않는다는 것을 관철시킬 수 있게 됩니다.

• 대응법 2. 생각을 분명히 하고 건설적인 의견을 말한다

불쾌한 상대와 일에 대해 이야기할 때 가장 해서는 안 되는 것은 동요하고 허둥대는 것입니다. 명심할 것은 감정으로 부딪치는 상대에게는 절대 감정으로 대응하지 말아야 한다는 것입니다. 예를 들어, 불쾌한 상사에게 지시를 받고 싶을 때, 감정이 혼란스러워 생각이 정리되지 않는 모습을 보이면, 상사는 점점 불쾌해집니다.

다만, 생각의 방향성, 즉 '대응책'이 대략이라도 정해져 있으면, 상대 쪽도 "해결의 눈은 조금이라도 붙어 있구나."라고 생각하며 다소의 안도감을 얻을 수 있게 됩니다. 나름대로의 근거를 가진 가설이나 전망을 제시한다면 더 좋겠지요? 혹은 몇 가지 옵션을 제시해, "어떤 것이 효과적입니까?"라고 대응하면, 감정적으로 되어 있는 상대를, 이성적인 소통의 장으로 끌어들일 수 있습니다.

동시에 필요한 것은 의연한 태도로 불쾌한 상대방에게 나를 쉽게 대할 수 없게 하는 것입니다. 만일 상대방에게 약점을 보이면, "이 녀석에게는 불쾌한 태도를 보여도 괜찮다."라고 생각하고 상대의 불편함이 더욱 늘어나게 될 것입니다. 따라서 "내가 결코 호락호락한 사람이 아니다!"라는 신호를 줄 필요가 있습니다.

덧붙여 이런 경우에 의연한 대응을 취한다면서 한칼로 상대의 요구를 잘라 버리는 것과 같은 분연함을 보인다면, 상대의 감정을 낭비하게 해서 관계를 더욱 해칠 뿐입니다. 결국은 서로의 불편함의 연쇄를 더 크게 해 버리기 때문에 조금 느슨하게, 자신의 약점을 보여 주지 않는 정도의 감정 조절이 중요하다고 생각합니다.

• 대응법 3. 상대방에 관심이 있음을 표시한다

애초에 불쾌감은 "자신의 요구를 누군가에게 알리고 싶다"는 표현 방법입니다. 그러므로 불쾌한 사람을 상대로 하는 경우는, "상대에 관심이 있다는 태도"를 취하는 것이 중요합니다. 불쾌한 사람의 근처에 있으면서 상대를 대응해야 할 때는 더욱더 관심의 표명이 필요합니다.

마음속에서 생각하고 있는 것은 아무리 숨겼다고 해도, 무의식 중에 얼굴 표정이나 목소리 등으로 외부에 표출되고 맙니다. 그렇다면 마음속에서 상대에게 어떠한 공감을 나타내는 것만으로도, 그 공감이 상대에게도 전해질 수도 있습니다. 불쾌한 상대나 상황에 관심을 가지는 것은 자기의 객관화에도 도움이 됩니다. 만약, 자신이 상대방의 불쾌함에 사로잡혀 버렸을 때, 객관화를 할 수 있으면 자신을 괴롭히고 있는 본질을 찾아내기 쉬워질 것입니다.

• 대응법 4. 동의는 신중하게 한다

상대의 관심을 가지는 것이 중요하다고 해도, 그것이 상대가 말하는 모든 것에 '예스'라고 답하는 것은 아닐 것입니다. 불쾌한 사람은 종종 다른 사람의 욕을 하거나 나쁜 소문을 전파합니다. 그리고 자신의 욕설의 내용을 상대가 동의해 주었으면 좋겠다고 생각합니다. 이에 쉽게 동의해 버리면, 공범자가 되어 버립니다.

"좋은 일은 문밖으로 나가지 않으나 나쁜 소문은 천 리를 간다(好事不出門 惡事行千里)."는 말처럼, 좋은 것이 좀처럼 세상에 퍼지지 않는 반면, 나쁜 평판은 곧 멀리까지 퍼져 버립니다. 이야기에 꼬리지느러미가 붙어서 자신이 주범처럼 보일 가능성도 충분히 있습니다.

그러나 아무리 그렇다고 해도 부하에게는 상사의 욕을 '접수하지 않으면 안 되는' 상황도 있을 것입니다. 그런 때에는 "힘들었군요." 등 공감을 나타내면서도, 욕설의 대상이 되고 있는 인물에 대해서는 의도적으로 전달하지 않도록 해야 합니다. 공감은 해도 동의에는 신중하게 하시기 바랍니다.

• 대응법 5. 귀가할 때 자신을 이미징한다

기분 나쁜 사람을 대응하고 있을 때는 "이 자리를 피하고 싶다." 라고 생각하거나, "어쩐지 으스스함에 부딪히고 있는 지금"에만 관심이 향하기 쉽습니다. 영원히 그것이 계속될 것만 같아 절망적인 기분이 될 수도 있습니다. 그러나 현실적으로는 '지금 순간'이 지나가고 퇴근 시각이 되면, 직장의 불쾌한 사람으로부터는 떠날 수 있게 됩니다. 그러니 상대의 불편함에 대해 절망적인 기분이 되었을 때에는 "저녁에 나는 무엇을 하고 있을까?" 등 불쾌한 사람에 대한 대응이 끝난 후의 자신을 이미징하는 것이 중요합니다. 그렇게 하는 것만으로도 기분이 한결 편해질 것입니다.

어떤 고통이라도 시간에는 한계가 있다는 것을 알면 참을 수 있는 것이 많습니다. 한쪽 면을 향해 불쾌하게 공격받으면 당연히 괴롭겠지만, "이 시간이 영원히 계속된다."고 생각할 필요는 없습니다.

그보다는 오히려 "언제 이 힘든 시기는 끝난다."고 생각하는 것이 중요합니다. 어려움이 있다면 일을 마치고 집으로 돌아갈 때 자신을 상상하는 것이 좋습니다.

불쾌한 상대가 좋지 않지만 같은 직장에서 함께 일해야 하는 현실이 쉽게 바뀌지는 않을 것입니다. 그렇다면 생각해야 할 것은 "어떻게 일정한 거리를 유지한 채 이 상황을 객관화하면서 가야 할까?"라고 현명하게 자문해 본다면 위와 같은 답을 활용할 수 있을 것입니다.

싫어하는 지혜가
필요한 이유

미움받을 용기와 싫어하는 지혜

아들러 마음학습에 따르면, 모든 문제는 대인관계에서 발생합니다. 그래서 어려움을 겪는 많은 사람들이 대인관계로부터의 자유를 찾습니다. 가끔은 혼자 있는 것에 안도감을 느끼기도 합니다. 그러나 우리가 인간사회에 사는 한 대인관계에서 벗어날 수 없습니다. 이 현실에서 방법은 하나뿐이라고 아들러는 말합니다. 즉, 다른 사람들에게서 미움받을 용기를 갖는 것입니다. 대인관계에서 누군가에게 미움을 받는다는 상황을 그대로 받아들이고 전혀 신경 쓰지 않아야 합니다.

다른 사람의 평가로부터 마음의 상처를 받아서는 안 됩니다. 진정으로 왕따당할 각오가 있는 한, 어떤 대인관계에서도 자유로울 수 있습니다. 그것은 기꺼이 미움을 받으라는 것을 의미하지 않습니다.

오해하지 않아야 합니다. 인간은 다양한 성격을 가지고 있으며, 사람마다 생각과 느낌이 다릅니다. 그래서 아무리 노력해도 항상 당신을 좋아하지 않는 사람들이 있을 수밖에 없습니다. 그런 사람조차도 하나씩 좋아하려고 하지 않는다면 인간관계는 발전이 없고 악화될 뿐입니다.

물론 고의적으로 나를 싫어하는 것을 드러내는 사람도 있을 수 있습니다. 그런 사람들은 다른 사람을 조종하기 위해 갑자기 심술궂거나 온화해집니다. 그런 사람들로부터 입는 피해를 최소화하기 위해서는 미움받을 용기가 필요합니다.

그런가 하면, 필요 이상으로 더 많은 상호 작용을 요구하는 사람도 있습니다. 극단적인 예로 스토킹을 꼽을 수 있습니다. 행복하게 살기 위해서는 싫어하는 지혜도 필요합니다. 불필요하게 좋아하고 싶지 않고 지속적이고 차분한 정상적인 관계를 구축하기를 원합니다.

필요 이상의 상호 작용을 요구하는 '스토커'

평범한 일반인이 스토커로 변하는 이유는 무엇일까요? 스토커와 관련된 사건이 계속되는 이유는 무엇일까요? 전문가에 의하면 "스토킹은 단속만으로 사라지지 않고, 처벌을 두려워하지 않는 가해자는 치료가 필요하다."고 주장합니다. 스토킹은 범죄일 뿐만 아니라, 하고 싶어도 멈출 수 없는 '병'이기 때문입니다.

스토커가 되는 사람에게서는 몇 가지 특징을 찾을 수 있습니다.

그들은 강박적이고, 생각을 행동으로 취할 수 있는 능력이 있으며, 높은 추진력(자극에 대한 빠른 반응)을 가지고 있습니다. 의외로 똑똑한 사람들도 많습니다. 연인 관계에 있던 사람이 가해자가 되는 경우도 많지만, 부모와 자식, 상사와 부하, 이웃, 의사와 환자 등 다양한 관계에서 발생합니다. 만난 적도 없는 사람이나 우연히 SNS에서 알게 된 사람에게 일방적으로 애착을 갖게 되고, 모든 것을 알고 싶어서 스토킹하기도 합니다. 블로그에서 행복해 보이는 모습을 우연히 보고 자신도 모르는 질투심으로 습격을 한 스토커도 있었습니다.

스토킹을 피하는 방법은 있을까요? 누구나 피해자가 될 수 있습니다. 굳이 말하자면, 얼굴 없는 소셜 미디어 관계가 깊어지기 전에 조심하셨으면 좋겠고, 연애 중에 압박감을 느낀다면 즉시 헤어지기로 결정하셨으면 합니다. 헤어지기로 결정했다면 계획을 세우고 신중하게 실행하십시오. 그래도 헤어진 사람이 스토커가 되는 것을 막지 못하는 경우들이 있습니다. 8%는 경찰의 경고로 제지할 수 있는 수준입니다.

그렇다면, 스토킹 가해자는 어떻게 처리해야 할까요? 먼저 그들에게 연락하여 피해자가 곤경에 처해 있음을 알리고 직접적인 접촉을 피하도록 요청하십시오. 그런 다음 그들이 하는 말을 들어 보십시오. 스토커들은 대부분 자신이 피해자라고 주장합니다. "일방적으로 헤어졌어.", "사람으로서 틀렸어.", "책임을 져."라는 말은 스토커들의 공통어입니다.

이에 대해 "상대방은 당신을 미워할 자유가 있다.", "당신은 자신의 감정을 스스로 처리해야 한다.", "당신은 절대 불법행위를 해서는 안 된다."와 같은 세 가지 상식을 단호하게 이야기해야 합니다. 처음에는 격렬하게 분열되어 있지만 이 세 가지 상식을 받아들일 수 있다면, 즉 상대방이 자신을 위해 사는 것이 아니며 상대방에게 양심의 가책이나 변화를 요구할 권리가 없다는 것을 이해한다면 스토킹을 중단할 것입니다.

그렇다면 아직도 스토킹이 멈추지 않는 사람은 어떻게 대응해야 할까요? 의료계에서는 상담만으로는 치료할 수 없는 스토킹은 행동을 억제할 수 없는 장애, 즉 질병이라고 합니다. 따라서 '조건반사 조절'이라는 치료법으로 이제는 스토킹도 치료할 수 있다고 합니다.

상담과 치료는 다릅니다. 상담은 의식(마음의 상태)에 접근하여 용서하고 싶은 마음 상태를 목표로 하지만, 치료는 무의식적인 뇌 자체에 접근하여 결함을 치료하는 것을 목표로 합니다. 병리학적 수준을 넘어 브레이크(행동조절 능력)가 손상된 스토커도 치료할 수 있다는 의미입니다.

스토킹의 피해자라면 어떻게 하면 좋을까요? 그냥 혼자 안고 있지 마세요. 경찰, 검찰에 가서 상담하십시오. 많은 피해자들이 잘못했다고 스스로를 탓하지만 그렇지 않습니다. 당신의 과거가 무엇이든, 당신이 불법행위의 희생자가 되어야 할 이유는 없습니다.

본능, 감정, 이성의 조정자

야생에 사는 동물들은 단지 그들의 본능에 따라 살아갑니다. 생태계에 흩어져 있는 외부의 적으로부터 자신을 보호하고, 먹이를 잡고, 자손을 남기는 것은 모든 생명체의 본질적인 현상입니다. 생명체는 모두 삶과 죽음의 궤도에서 이탈할 수 없습니다. 그러므로 올바른 삶의 방식은 본능을 버리고 충실하게 의지를 따르는 것입니다. 어쩌면 그것이 옳기 전에 다른 선택의 여지가 없을 수도 있습니다. 그러나 인간은 더 높은 두뇌를 가지고 있습니다. 그러므로 본능 외에도 감정과 이성도 다루어야 합니다.

인간으로서 행복하게 살기를 원한다면 이 세 가지를 통제해야 합니다. 삶에 갇힌 느낌이 든다면 둘 중 하나에 편향되어 있는지 확인할 필요가 있습니다. 본능으로 돌아가서, 인간의 세 가지 큰 욕구는 식욕, 수면 욕구, 성적 욕망입니다. 이러한 욕망을 억제하지 않으면 어떤 부정적인 결과가 발생할까요? 건강이 좋지 않거나, 게으른 삶을 살거나, 범죄를 저지를 수 있습니다. 그러므로 인간은 본능에 휩쓸리는 삶을 살지 않도록 각별히 주의해야 합니다.

아들러는 다른 사람들에게 미움받지 않으려는 욕망은 인간에 대한 본능적이고 충동적인 욕망이라고 주장합니다. 본능적이고 충동적인 욕망에 따라 사는 것은 돌이 비탈을 굴러떨어지는 것처럼 사는 것과 같습니다. 그러한 삶의 방식은 자유로운 삶의 방식이 아니라 욕망과 충동의 노예입니다. 진정한 자유는 당신을 아래에서 밀어 올리는 태도라고 그는 말합니다. 즉, 다른 사람에게 미움받지 않는 욕망은 본질적으로 식욕, 수면 욕구, 성적 욕망과 동일합니다. 이 경우 그 생각에 강하게 갇힌 사람은 본능에 휩쓸려 살아 버립니다. 이로 인해 이성의 작동이 느려지고, 옳고 그름을 판단할 수 없게 될 수 있습니다.

    더 이상 본능에 사로잡히지 않을 때 자유를 되찾고 자신에 대한 무력감에서 벗어날 수 있습니다. 평생 동안 주인은 자신일 뿐이며 본능, 감정, 이성은 팔다리와 같은 도구입니다. 우리의 삶을 풍요롭게 하기 위해서는 이러한 도구가 잘 작동하도록 하고 가끔씩 휴식을 취해야 합니다. 너무 어렵게 생각하지 않고 균형을 유지하려고 노력해야 합니다.

대가를 바라지 않고
베푸는 삶의 아름다움

대가 없는 호의를 이해하고 베푸는 법

다른 사람에게 무언가를 부탁할 때, 당신은 그들에게 무언가를 대가로 돌려줘야 합니다. 그렇지 않으면 상대방의 호의를 짓밟는 일이 될 것입니다. 이런 생각은 한국인에게는 지극히 자연스럽습니다. 그러나 아들러는 이것을 그 대가로 묶여 있기 때문에 좋지 않다고 설명합니다. 보상에 관해서는 "너희는 그것을 요구해서도 안 되며, 너희가 얽매여서도 안 된다."고 합니다.

우선, 보상을 요구하는 것에 관해서는 앞서 소개한 보상 및 처벌 교육과 같은 이유일 수 있습니다. 즉, 보상이 없으면 선을 행하지 않을 것이라는 게 그 이유입니다. 다음으로, 성과가 답례로 묶여 있다는 것은 상대에 의존한다는 것을 의미합니다. 만약 상대방이 대가로 무언가를 요구한다면, 매우 조심해야 합니다. 어떤 사람들은 그들을 지배하기 위해 친절한 얼굴로 보답하는 사람들에게 접근합니다. 이러한 관계 구조에서 많이 이용당하고, 돈을 강탈당하고, 버려진 사람들이 많습니다.

진정으로 호의를 베풀면서, 그 대가로 어떠한 것도 기대해서는 안 됩니다. 마음의 문제에는 마음으로 반응해야 합니다. 여기서 상대방에게 무언가를 돌려줘야 한다고 생각하는 것은 비즈니스 거래와 같은 생각입니다. 아무것도 바라는 것이 없다고 생각하면 마음이 홀가분해지고 신바람 나서 돕게 됩니다. 봉사하는 마음이 이런 것입니다.

호의를 베풀면서 대가로 아무것도 요구하지 않는 사람들은, 인정받기를 원하지 않습니다. 그저 자신의 호의로 하여금 상대방이 만족스러운 삶을 살기를 원할 뿐입니다. 따라서 상대방의 호의를 평가절하해서는 안 됩니다. 이를 위해서는 투자한 것에 대해서는 반드시 회수해야 한다는 사고방식에서 벗어날 필요가 있습니다.

다음 목표는 그 사람과 같은 사람을 위해 대가를 바라지 않고 무언가를 할 수 있게 되는 것입니다. 그러나 과용하지 말고, 가능한 한 다른 사람의 문제에 개입하지 말고, 상대방이 당신의 기대에 미치지 못한다고 해서 결코 원한을 품어서는 안 됩니다. 나는 기성세대로부터 받은 호의를 그 사람 자신에게 돌려주는 것이 아니라 그것과 아무 상관이 없는 젊은 세대에게 돌려주는 것이 좋다고 생각합니다. 그렇게 함으로써 세대 간 연결이 이루어지고 사회 전체에 연대감이 높아질 것이라고 믿습니다.

'구하는 자'가 아닌 '주는 자'가 되어야

"다른 사람들은 나에 대해 어떻게 생각할까?" 이런 것들에 대해 걱정하기 시작한다면, 당신은 그 시점에서 약자를 선택한 것입니다. 왜 내가 약한 사람입니까? 그 이유는 다른 사람들로부터 평가를 찾는다는 데 있습니다. 약한 삶의 방식을 선택하고 싶지 않다면 가능한 한 다른 사람들에게 묻지 마십시오.

그러나 묻지 않는 것만으로는 풍요로운 삶으로 이어지지 않습니다. 그러므로 우리는 '구하는 자'에서 구하지 않는 자로 뛰어올라 단번에 '주는 자'가 되는 것을 목표로 설정해야 합니다. 예를 들어, 당신이 지불받는 것보다 더 많이 일하고, 가격보다 더 많은 서비스를 제공하고, 도움이 필요한 사람을 기꺼이 도우십시오. 여기서 대가를 기대하면 '구하는 자'로 되돌아갈 것이므로 대가로 아무것도 기대하지 마십시오.

이러한 삶의 방식을 실천하기 위해서는 다른 사람에게 아낌없이 주더라도 자신의 삶을 유지할 수 있는 수준으로까지 자신의 능력을 향상시켜야 합니다. 어떤 도움이 필요한지 다른 사람에게 물어보십시오. 상대방의 어려움을 묻지 않고 알아서 도움을 준다면 금상첨화입니다. 이러한 사고방식의 변화는 당신의 능력을 증가시키고, 동시에 당신을 정신적으로 더 강하게 만들고, 당신의 삶이 올바른 방향으로 움직이기 시작할 것입니다.

만일 문제가 발생하면 '주는 자'는 주는 것을 멈추고 자신에게 집중하기만 하면 됩니다. 그러나 '구하는 자'는 스스로 해결하려고 하지 않으므로 적절한 도우미가 없으면 문제 안에 갇히게 됩니다. 또한 '구하는 자'는 다른 사람에게 배신당할 때 매우 상심이 크지만 '주는 자'는 다른 사람에게 주는 것을 그냥 중단할 뿐입니다. 즉, '구하는 자'의 삶의 주도권은 다른 사람이 갖고 있으며, '구하는 자' 삶의 주도권은 자기 자신에게 있습니다.

돈과 사물을 바탕으로 단기적인 손익에 대해서만 생각하면 주는 것이 손실이라고 생각할 수 있습니다. 그러나 보이지 않는 능력과 영혼에 기초하여 결국 삶의 풍요로움을 생각할 때, 주는 것이 유익합니다. 남에게 도움을 주면 현명하고 창조적인 사람이 됩니다. 악마가 가장 싫어하는 사람은 능력 있는 선한 사람입니다. 타인을 돕는 사람은 자신과 무관한 시련이 닥쳐와도 살아남습니다. 도덕과 미덕은 가치가 있고, 선량은 최고의 무기입니다.

베푸는 사람으로 살아가는 팁

베푸는 사람으로 사는 요령이 있습니다. 첫 번째는 문제를 철저히 분리하는 것입니다. 아무리 다른 사람을 위해 기여한다고 말하더라도 그 사람의 문제까지 짊어져서는 안 됩니다.

두 번째는 다른 사람이 상호작용하는 방식에 주의를 기울이는 것입니다. 실제로 어떤 사람들은 저절로 문제에 발을 들여놓기도 합니다. 자신의 존재 가치를 확인하거나 자리를 확보하기 위함입니다. 악의적인 예는 그 목적이 다른 사람을 자기에게 의존하게 만들고 궁극적으로 불타는 욕구, 욕망, 욕심을 채우기 위해 상대를 자신의 보살핌 아래 지배하려는 것입니다.

반면에 자신의 문제를 철저히 분리하고 남아 있는 골치 아픈 사태에 대해서만 밀어붙이는 사람들도 있습니다. 나르시시즘이 강한 사람들은 다른 사람들이 해야 할 일을 하도록 내버려 두고 결과에 대해서만 불평합니다. 이 사람들과 교류하면 인생을 망칠 수 있으므로 뒤돌아보지 말고 멀리하십시오.

세 번째는 다른 사람에게 공헌하고 반드시 자신의 성장을 목표로 하는 것입니다. 능력을 향상시키면 더 많은 사람과 더 넓은 범위에 기여할 수 있습니다. 또한 문제를 피하는 데 도움이 됩니다.

행동학 전문가는 다른 사람을 돕는 것에 대해 중독성이 있다고 말합니다. 다른 사람을 도울 때 우리 뇌는 세 가지 화학물질을 분비한다고 합니다. 세로토닌(강한 행복감), 도파민(동기 부여), 옥시토신이라는 행복 호르몬입니다. 이들이 결합한 결과로 생기는 행복감은 최고이고 이것을 느낀 사람은 당연히 반복하고 싶어집니다. 다른 사람을 돕고 싶다는 욕구가 억제되지 않고, 자신의 삶의 목적과 존재 의의가 타인에게 연결되며, 이런 상태가 되면 더 이상 타자(他者)가 아니라 자신은 이타자(利他者)가 됩니다.

행복에 한 걸음 더 다가가는
'공동체 의식'

공동체의 의미와 사회적 관계

우리는 대한민국이라는 나라에 살고 있습니다. 하지만 만약 내가 다른 가난한 나라에서 태어났다면, 혹은 1,000년 전에 태어났다면, 매우 불편한 삶을 살 수밖에 없었을 것입니다. 우리가 이 시대에 이 나라에서 태어났기 때문에 큰 혜택을 받을 수 있습니다. 또한, 우리는 이 환경을 얻기 위해 어떠한 노력도 하지 않았습니다. 우리의 현재의 삶은 수많은 낯선 사람들이 쌓아 온 과거의 축적입니다. 운 좋게도, 나는 그 위에 살 권리가 주어졌습니다.

이렇게 생각하면 외롭더라도 과거의 선배들과 연결되어 있다는 것을 알 수 있습니다. 우리가 공동체의 범위를 확장함에 따라, 우리는 또한 지구와 우주와의 연결을 상상할 수 있습니다. 그러므로 사회가 있는 한 아무도 외롭지 않아야 합니다. 외로움은 마음속의 문제이기 때문에 충분히 스스로 통제할 수 있습니다.

자신도 공동체의 일원이고 전임자 덕분에 지금의 위치에 있다는 것을 깨닫는다면, 다음 세대에 기여하는 것에 대해 생각해야 합니다. 당신이 가족의 일원이라면, 당신은 집을 청소하려고 노력할 것이고, 같은 차원에서 사회에 기여할 수 있는 것에 대해 생각할 것입니다.

아들러가 꿈꾸는 행복의 형태 '공동체 의식'

공동체 의식은 아들러 마음학습이 목표로 삼아야 할 목표이며, 아들러가 꿈꾸는 '행복'의 형태라고 할 수 있습니다.

- **공동체 의식을 구성하는 요소**
  - **소속감/신뢰감**: 신뢰할 수 있는 사람들에게 둘러싸여 있는 느낌
  - **자기수용**: 현재의 자신을 받아들일 수 있다는 느낌
  - **기여감**: 다른 사람에게 적극적으로 기여하고 있다는 느낌

그렇다면 어떤 사람들이 공동체 의식을 가지고 있을까요? 공동체 의식을 가진 사람은 다음과 같은 특징이 있다고 합니다.

- **공동체 의식을 가진 사람의 5가지 특징**
  - **공감**: 당신은 동료들의 이익에 관심이 있습니다.

- **소속감**: 자신이 속한 그룹의 일부라고 느낍니다.
- **기여**: 동료에게 도움이 되기 위해 적극적으로 노력합니다.
- **상호존중과 신뢰**: 관련된 사람들과 서로를 존중하고 신뢰합니다.
- **협력**: 협력할 의향이 있습니다.

누군가에게 인정을 받거나 누군가를 도울 수 있었던 순간에 강한 성취감과 존재의 가치를 경험한 적이 있습니까? 그렇다면 당신은 공동체 의식을 갖고 있다고 할 수 있습니다. 공동체 의식이 있는 사람은 성취감 등 긍정적인 감정을 경험할 가능성이 높고, 자신의 가치를 잃지 않고 행복한 삶을 살 수 있습니다.

그렇다면 공동체 의식이 부족하다면 어떠한 문제가 있을까요? 공동체 의식 부족으로 인한 문제는 고립된 느낌, 낮은 정신 건강, 고립된 느낌 등으로 나타납니다. 앞서 언급한 공동체 의식을 가진 사람의 특성과 정반대의 상황을 생각해 봅시다.

- **공동체 의식이 부족한 사람들의 특징**
  - 나는 동료들의 이익에 관심이 없습니다.
  - 당신은 당신이 속한 그룹의 일부라고 느끼지 않습니다.
  - 동료들에게 유용하려고 적극적으로 노력하지 않습니다.
  - 관련된 사람들과 서로를 존중하고 신뢰하지 못합니다.
  - 협조할 의향이 없습니다.

공동체 의식이 없으면 다른 사람들에게 관심이 없기 때문에 다른 사람들에게 협력하거나 기여하는 데 관심이 없습니다. 것은 다른 사람들에게 유익한 일을 하지 않고 그가 얻는 것만 하는 '이기적인 사람'의 결과입니다. 그러한 이기적인 사람은 점차 그룹에서 고립될 것입니다.

그런데 언뜻 보면 공동체 의식이 없는 '이기적인 사람들'은 그들이 원하는 대로 행동하고 있기 때문에 정신적으로 건강해 보입니다. 자신이 좋아하는 것과 얻는 것에만 관심이 있는 이기적인 사람들은 확실히 자신이 원하는 대로 행동하기 때문에 스트레스를 덜 받는 듯 보입니다. 그러나 공동체 의식과 정신건강의 관계를 조사한 연구에 의하면, 공동체 의식이 낮을수록 우울증과 사회활동 장애에 대한 경향이 높은 것으로 드러났습니다.

공동체 의식은 소속감과 신뢰감, 자기수용, 기여의 세 가지 요소로 구성되어 있는데, 이 중 자기수용은 정신건강에 영향을 미친다고 합니다. 다른 사람들과 협력하지 않는 이기적인 사람들은 다른 사람들에게 받아들여지는 경험이 거의 없을 것입니다. 타인에게 인정받는 경험은 자신의 가치관을 생각하는 '잣대'이자 기준이지만, 이것이 부족하기 때문에 '나는 내가 될 수 있다'는 자신을 받아들일 수 없게 됩니다. 결과적으로 공동체 의식에서의 자기수용이 확고하게 형성되지 못하고 정신건강이 저하됩니다.

이러한 문제를 예방하고 행복한 삶을 영위하기 위해 아들러 마음학습은 공동체 의식을 키우는 것을 목표로 합니다. 그렇다면 우리는 어떻게 공동체 의식을 키우고 향상시킬 수 있을까요? 아들러는 공동체 의식이 계속 육성되고 향상될 수 있다고 말합니다. 직장, 학교, 가정에서 좋은 관계를 맺을 수 없고 공동체 의식이 충분하지 않은 사람도 의식적인 노력으로 변화를 만들 수 있습니다.

> • **인간관계 개선을 위한 6가지 태도**
> - **상호존중**: 상대방의 존엄성을 존중하고 예의를 갖추어 대한다.
> - **상호신뢰**: 상대방을 무조건적으로 신뢰한다.
> - **협력**: 같은 목표를 가지고 의사소통한다.
> - **공감**: 다른 사람의 생각에 관심을 갖는다.
> - **평등**: 차이를 받아들이고 상대방의 자유를 받아들인다.
> - **허용 오차**: 임의의 값을 부과해서는 안 된다.

이 여섯 가지 태도는 다른 사람과 좋은 관계로 이어집니다. 여기서 중요한 것은 대가로 아무것도 요구하지 않고 먼저 이러한 태도를 스스로 실천하는 것입니다. 관계는 상호 작용하므로 다른 사람과의 관계를 바꾸려면 먼저 자신을 바꿔야 합니다.

공동체 의식을 높이면 다른 사람들에게 사랑받고 있다고 느낍니다. 공동체 의식은 좋은 인간관계의 상태이며 그로 인해 달성되는 행복입니다. 공동체 의식은 계속 향상될 수 있으며, 그 뿌리에는 용기가 있습니다. 오늘 당장이라도 자신의 주변에 있는 작은 공동체에 관심을 가지고 참여해 보십시오.

당신은 혹시
'애착장애' 아닌가요?

자기중심성의 원인을 찾아서

다른 사람이 나를 평가하는 것에 겁을 먹고, 다른 사람을 돌보고, 다른 사람을 따르려고 노력하는 사람은 어떻게 될까요? 이는 사실 한국인의 정서상 드문 일이 아닐 수도 있습니다. 그러나 아들러는 이러한 사람들을 '자기중심적'이라고 묘사합니다. 왜일까요? 그들은 다른 사람이 자신을 어떻게 생각하는지를 생각하며 다른 사람이 원하기 때문에 다른 사람들을 따르고 돌봅니다. 이러한 행동을 하는 것은 사실 다른 사람들에 대한 관심이 아니라 자신에 대한 애착 때문입니다. 다른 사람을 보고 있는 것 같지만, 실제로는 자기 자신만 바라보고 있습니다.

이런 사람들은 두 가지 특징을 지니고 있습니다. 첫째, 인정에 대한 욕구에 사로잡혀 있습니다. 다른 사람들에게 인정받고 좋은 사람으로 평가되고자 하는 욕구가 강합니다. 둘째, 과제 분리가 이루어지지 않은 경우입니다. 상대방이 자신에 대해 생각하는 것은 상대방의 문제임에도 불구하고 자신의 문제에서 분리하지 않습니다.

여기서 자기중심성의 원인은 악의라기보다는 미성숙일지도 모릅니다. 이는 미성년자가 일상생활에서 갖는 특성이기 때문입니다. 미성년자는 성장 과정에 있기 때문에 미성숙합니다. 그러나 성인이 된후에는 직장과 가정에서 책임을 지고 성인으로 생활하면서 계속해서 성장합니다. 문제는 20대가 지나서 이제는 사회적으로나 경제적으로나 법적으로 성인임에도 불구하고 그 미성숙함에서 벗어나지 못한 경우가 많다는 점입니다.

예를 들어, 부하 직원을 가르치고 지도할 때는 조직이 지시하는 내용을 친절하지만 엄격하게 가르쳐야 합니다. 그러나 싫어하지 않으려는 욕구가 강한 사람은 좋아하는 것을 우선시하고 반대로 상대방의 기분에 귀를 기울입니다. 필요한 일임에도 "부하 직원이 싫어하면 어떡하나?"라고 생각해서 자신의 역할을 포기해 버립니다. 상사로서 어른으로서의 역할을 다하지 못하는 부정적인 영향이 부하 직원을 키우지 못하는 원인이 됩니다.

당신이 미성년자일 때 좋아하는 것과 싫어하는 것의 가치는 당신에게 큰 의미를 차지합니다. 그러나 성인이 되면 다양한 경험을 통해 배우고 성장할 수 있으며 삶에서 더 중요한 가치를 찾을 수 있습니다. 이러한 이유로 과제 분리의 관행과 승인 욕구를 깨는 것은 불가피합니다. 아들러 마음학습은 미성년자 상태에서 벗어나 성인이 되기 위해 숙달되어야 하는 사고방식입니다.

원인은 '애착장애'에 있다

애착장애는 부모와 같은 돌봐 주는 사람과의 애착 형성이 좋지 않아 나타납니다. 대인관계와 사회적 기술에 어려움을 겪는 많은 성인들은 그 원인이 애착 형성에 문제가 있을 수 있습니다. 안정적인 애착 스타일을 형성하는 사람들은 대인관계와 직장 모두에서 높은 적응력을 보입니다. 사람들과 잘 소통할 수 있을 뿐만 아니라 수년 동안 유지할 수 있는 깊은 신뢰 관계를 구축할 수 있습니다.

많은 영아들이 생후 6~7개월이 되면 엄마가 방을 나가면 울기 시작합니다. 다른 사람들이 아무리 잘 대해 줘도 울음을 멈추지 않다가, 어머니가 돌아오자마자 울음을 멈출 것입니다. 이것은 유아가 특정 사람, 즉 어머니에 대한 특별한 감정을 발달시켰음을 의미합니다. 이러한 특정한 정서적 유대를 '애착'이라고 합니다. 엄마가 자녀를 껴안는 것은 자라는 것만큼이나 아이에게 모유 수유를 하는 것만큼이나 중요합니다. 그래서 생후 6개월부터 약 1년 반까지는 애착 형성에 가장 중요한 시기로 간주됩니다.

그렇다면 애착이 중요한 이유는 무엇일까요? 우선 사람들을 신뢰하는 법을 배우게 됩니다. 돌보는 사람과 애착이 형성되면 아이는 버릇이 됩니다. 이는 나쁜 것이 아니며, 응석받는 교환을 반복하고 받아들이는 것으로 사람에 대한 신뢰감이 커질 수 있습니다. 이런 식으로 사람들과 이야기하고 노는 재미와 기쁨을 얻을 수 있습니다.

애착이 형성되면 아이는 자신의 요구를 전달하거나 다른 사람이 요구하는 것을 받아들이기 시작합니다. 이를 통해 자신의 요구사항을 전달하기 쉬운 방식으로 상대방에게 전달하는 방법을 배웁니다. 이러한 행동을 반복하면 표현력과 의사소통 능력이 향상됩니다.

아이들이 안심하고 바깥세상에 나가기 위해서는 돌봐 주는 사람이 '안전의 거점'이 되는 것이 중요합니다. 아이들은 호기심을 따라 미지의 세계로 모험을 떠날 때 불안과 두려움을 느낍니다. 그럴 때 무슨 일이 생겼을 때 무조건 자신을 지켜 줄 존재감이 있으면 심리적 안정감이 생기고 긍정과 스트레스 내성을 갖게 된다고 합니다.

성인 애착장애란 무엇인가?
··

애착장애는 발달장애, 우울증 및 불안장애, 알코올, 마약, 도박, 경계성 인격장애, 폭식증 및 기타 현대사회의 정신적 문제와 같은 중독뿐만 아니라 이혼, 가정 붕괴, 학대 및 육아 문제, 미혼 및 사회 나가기 거부, 비행이나 범죄 등 다양한 문제의 원인으로 주목받고 있습니다. 특히, 성인의 발달장애 문제의 배경은 어린 시절의 애착 문제와 관련이 있습니다.

성인의 애착장애 증상은 크게 정서적, 대인관계, 정체성 발달로 나눌 수 있습니다. 정서적 측면에서 성인의 애착장애를 가진 사람은 작은 것에 취약합니다. 화가 나면 건설적인 토론을 할 수 없습니다.

과거의 실패와 두려움을 영원히 현재와 미래로 끌고 오며, 그의 선택지에는 '좋아요' 또는 '싫어요', '있다' 또는 '아니다'의 두 가지만 있습니다. 또 합의에 이르지 못합니다.

위와 같은 특성 때문에 주위의 사람들은 '화가 나면 참을 수 없다', '나는 극단적이다', '나는 고집이 세다'와 같이 의사소통이 어려운 이미지를 가지고 있는 경우가 많습니다. 성인이 되어서도 반항적인 시기처럼 행동하거나 반대로 무슨 일이 있어도 자신을 돌봐 주는 사람의 자비에 따라 행동하기도 합니다. 또한 연인이나 배우자에게 애정을 주는 방법을 모르고 관계를 구축하는 데 어려움을 겪을 수도 있습니다.

어른이 되면 자신의 의지에 따라 많은 선택을 하고 그에 따라 행동하게 됩니다. 애착이 잘 형성되지 않은 사람들의 경우 호기심, 긍정성, 자존감이 제대로 육성되지 않아 진학이나 취직 등의 결정을 내리는 데 어려움을 겪을 수 있습니다. 또한 자신의 정체성을 확립하지 못하고 존재의 가치에 대해 걱정하며 자존감을 더욱 떨어뜨리는 경우가 많습니다.

관계에 갇힌
느낌이 들 때

소속감을 위해 중요한 것

아들러는 누구나 공동체에서 소속감을 느끼기 위해서 그냥 거기에 가만히 있을 수는 없다고 말합니다. 그렇다면 우리는 무엇을 해야할까요? 사람은 자신이 조직이나 회사에 사용되는 것이 중요합니다. 회사나 조직으로부터 평가를 받지 못하면 사실은 '죽은 존재'입니다. 모든 사람은 조직이나 단체, 심지어 가족에게 기여할 수 있는지 여부에 따라 대가를 얻는 존재입니다. 아무리 독립적인 사람이라 할지라도 오로지 '홀로' 살 수는 없기 때문입니다.

사람들은 큰 것을 움직이거나 큰 이익을 얻으려 할 때 집단을 구성합니다. 집단에서 큰 이익을 획득하고 나서 이익을 분배합니다. 그렇게 하는 것이 개별 인간으로서 일하는 것보다 많은 몫을 지불받게 되기 때문입니다. 그러나 자신의 이익을 극대화하기 위해서는 조직이나 집단의 이익을 키우고 여기에 최선을 다해 기여하는 것이 옳은 선택입니다.

직장에서 성공 가능성이 있는 사원이라면 입사 후 기회를 보고 선배들에게 "제가 도와드릴 수 있는 일이 있으면 말씀해 주세요."라고 말할 것입니다. 일반적으로 회의는 여러 사람들의 의견을 듣고 당면한 문제의 해결책을 찾아가는 과정입니다. 아무도 문제의 해결책을 제시하지 않는다면 그러한 회의에서는 어려움을 겪게 될 것입니다.

아들러 마음학습에서는 중요한 것은 내게 주어진 것입니다. 그러니 스스로 취사선택해서 즐겁게 기여하고 일을 진행해 갑시다. 당신이 아무것도 요구하지 않으면서 기여에 충실하면, 당신은 그 어떤 곳에서든 자신이 있어야 할 장소를 찾을 수 있을 것입니다.

더 넓은 세상을 바라보자

우리는 매일 어떤 종류의 공동체에 속해 있습니다. 만약 당신이 학생이라면 당신은 학교에 있을 것이고, 만약 당신이 일하는 사람이라면 당신은 직장에 있을 것이고, 다른 모든 사람들은 집에, 당신의 공동체에, 당신의 지방정부에, 국가에, 세계에, 우주에 있을 것입니다. 그렇다면 만일 커뮤니티의 관계에 갇혀 있다고 느껴진다면 어떻게 해야 할까요?

예를 들어, 직장에서 트러블이 발생했을 때, 직장이 전부라고 생각하면 설 자리를 잃고 정신적으로 압도되어 버립니다. 이때 집이나 방과 같은 작은 공동체의 공간으로 도피해서는 안 됩니다. 점점 더 갈 곳이 없어지기 때문입니다. 그러한 경우, 반대로 더 큰 공동체의 목소리에 귀를 기울여 보세요. 인생에 쓸데없는 일은 아무것도 없습니다.

새로운 도전은 불안과 공포도 있지만 좋은 일이 기다리고 있을 것이라는 희망도 있습니다. 즉, 더 큰 공동체의 사람들과 상의하고, 더 큰 공동체의 상식으로 생각하십시오. 또, 일상적으로 하나의 커뮤니티에 집착하지 않고 폭넓은 사람들과 교류하면, 흐릿한 인간관계 그 자체와의 연결 고리를 잃게 됩니다. 사실, 큰 공동체를 염두에 두고 살면 삶이 더 쉽고 나아집니다. 예상하지 못한 일이 일어나는 게 인생이니 그것을 받아들이고 나의 일이라고 생각하면 분명 자신의 가치를 발견할 수 있을 것입니다.

1986년부터 2013년까지 영국 프리미어리그 맨체스터 유나이티드 축구 감독을 지낸 알렉스 퍼거슨 경을 예로 들어 보겠습니다. 다른 감독들이 1~2년밖에 못 버텼는데 왜 퍼거슨 감독은 28년이나 한 팀에서 감독직을 수행할 수 있었을까요? 퍼거슨 경은 "나는 항상 클럽과 팬들 사이의 다리가 되려고 노력합니다. 나는 팬들이 행복한 원인을 찾으려고 노력합니다."라고 말했습니다. 다른 감독들이 자신의 축구팀을 공동체로 여기는 반면, 퍼거슨 감독은 축구를 좋아하는 시민을 공동체로 여겼기 때문입니다.

실제로 반대로, 작은 공동체에 집착하고 좁은 상식에 갇히면 지루한 삶으로 끝날 것입니다. 그래서 나는 개인보다 사회에 더 관심이 있습니다. 그래서 나는 가능한 한 폐쇄적인 조직, 전통적인 모임, 친숙한 관계에 관여하지 않으려고 노력합니다. 세상의 크기를 알게 되면 학교에서 느낀 고통이 컵 속의 폭풍이었다는 것을 깨닫게 됩니다.

큰 공동체에서 이해를 얻을 수 있다면, 작은 공동체에서 싫어하더라도 거의 영향을 미치지 않을 것입니다. 이러한 삶의 방식을 알게 되면 작은 공동체에 집착하는 삶의 방식으로 돌아가고 싶지 않을 것입니다. 가만히 앉아서 생각하는 것도 중요하지만, 용기를 가지고 한 걸음 내딛으면 지금까지는 보이지 않던 멋진 경치가 보일 것입니다.

수직이 아닌 수평, 관계의 시작

남을 평가해서는 안 되는 이유

아들러 마음학습에서는 다른 사람을 꾸짖을 수는 없지만 다른 사람을 칭찬할 수도 없습니다. 즉, 다른 사람을 평가해서는 안 됩니다. 사람의 내면과 인간성은 인생의 과정에서 만난 사람이나 지식, 쌓아 올린 경험 등 다양한 입력에 의해 형성되어 갑니다. 그 결과 한 사람에게도 여러 가지 측면이 있습니다. 그러나 사람에게는 개인의 다양성을 모두 완벽하게 평가할 수 있는 능력이 없습니다. 교사, 지도자, 상사 등의 위치에 있는 사람들은 직업으로서만 평가해야 합니다.

그런데 어떤 사람들은 다른 친숙한 관계에서 다른 사람들을 평가하고 싶어 합니다. 아들러는 그러한 평가에 대해 '다른 사람들을 조종하는 것'이라고 말합니다.

또한 세상에는 1년 내내 다른 사람들에 대해 이야기하는 사람들이 있습니다. 그들은 '좋고, 나쁘다'를 추가하고 마지막으로 등급을 추가합니다. 술자리에서, 회식에서, 티타임에서 상대방의 부재 시에 그의 약점을 평가하지 마십시오. 남을 평가하는 것이 몸에 밴 사람들은 만족스러운 삶을 영위하지 못합니다.

다른 사람에게 베풀거나 다른 사람에게 공헌하는 것을 목표로 한다면 그들의 학력, 지위, 국적, 소득, 재산, 가족 등은 중요하지 않습니다. 우리는 때때로 다른 사람과의 차이를 인정하고 있는 그대로 상대를 받아들이지 못하고 오히려 상대를 배제하려고 합니다. 그러나 학력, 신분, 국적, 소득, 재산, 가족 등은 전혀 중요하지 않습니다. 이러한 주관적인 평가의 잣대를 배제하면 결과적으로 우리가 알고 있는 관계는 무한히 평평해집니다. 무의식적인 편견까지도 배제함으로써 언제 어디서나 같은 사람으로 누구와도 쉽게 상호 작용할 수 있습니다.

개입이 아닌 지원과 격려를

아들러는 다른 사람들에 대한 개입 뒤에는 수직적 관계가 있다고 말합니다. 관계를 수직적으로 보고 다른 사람을 더 낮게 보기 때문입니다. 이러한 시각에 의하면, 나는 틀리지 않았고 개입을 통해 다른 사람을 올바른 방향으로 인도하려고 노력합니다. 그러나 아들러는 이 개입은 사실 '작전'이라고 말합니다. 즉, 당신은 당신이 의도한 방향으로 조작할 목적으로 다른 사람에게 개입하는 것입니다.

강한 열등감 콤플렉스를 가진 일부 사람들은 다른 사람들의 과제에 개입함으로써 우월감에 빠져들 수 있습니다. 아들러는 개입보다는 응원과 지원으로 전환해야 한다고 말합니다.

사람은 인종과 신체적 특징, 느낌과 사고방식, 그리고 특기와 불특기 이 모든 것이 다르기 때문에 우리는 서로 돕고 새로운 아이디어를 만들 수 있습니다. 우리가 한 사람 한 사람은 이 사회 전체에서 반드시 의미가 있고 불가결한 존재입니다. 위아래나 주종으로 평가에서는 안 됩니다. 서로 역할이 다르고 서로 보충해야 하는 존재이며, 우리의 삶은 이것들의 연쇄적인 관계로 수놓은 것입니다.

지시와 명령 대신 원조는 과제 분리와 수평 관계를 전제로 합니다. 사람들이 도전에 직면하지 못하는 것은 능력이 없어서가 아니라, 실제로 도전에 직면할 용기가 없기 때문입니다. 따라서 좌절한 용기를 되찾는 것이 최우선 과제입니다. "○○는 상대방의 문제이며, 나는 ○○를 할 수 있다."는 자신감을 갖고 문제에 직면하도록 격려해야 합니다. 아들러 마음학습에서는 이러한 수평적 관계 기반의 지원을 '격려'라고 합니다.

수직적 관계와 수평적 관계
....

대인관계를 인식하는 방법에는 수직 관계와 수평 관계의 두 가지가 있습니다. 그것을 수직적 관계의 관점에서 인식하는 사람들은 다른 사람에 따라 위와 아래를 의식합니다. 예를 들어, '사람 A가 내 위에 있음', '사람 B가 내 아래에 있음' 등이 있습니다. 반면에 그것을 수평적 관계로 인식하는 사람들은 모든 인간은 평등하다는 것을 의식합니다.

인간은 서투르기 때문에 상대방에 따라 수직적 관계와 수평적 관계를 구분할 수 없습니다. 수직적 관계라는 관점에서 대인관계를 고려한다면 여러 가지 부정적인 영향을 미칩니다. 다른 사람들이 싫어하지 않고, 다른 사람들의 기대에 부응하려고 노력하고, 자신을 좋아하지 않으려는 사람에게 잘 보이려고 할 것입니다. 자신을 다른 사람과 비교하고, 건강에 해로운 열등감으로 고통받고, 다른 사람들과 경쟁하고, 궁극적으로 다른 사람들을 적으로 인식하고, 휴식을 취하지 않습니다.

아들러는 혼자 있더라도 수평적 관계를 구축할 것을 권장하였습니다. 이것을 돌파구로 사용하여 모든 대인관계를 수평으로 만들 수 있을 것입니다. 수평적 관계는 의식적으로 평등하며 주장해야 할 것을 과감하게 주장합니다. 물론 상대방의 입장을 고려하지 않고 무례하게 행동해서는 안 됩니다.

수직적 인간관계는 연결이 되지 않습니다. 계층이 쌓일 뿐입니다. 인간과 자연과 흙과의 연결, 다른 사람과의 연결, 과거의 문화와 역사와 현재의 삶과의 연결, 현재 세대와 장래 세대의 연결, 기후위기와 격차의 연결 등, 대부분의 눈에 보이지 않는 연결은 수평적 관계를 기초로 합니다.

의미 있는 인생을 위해
필요한 세 가지

첫 번째, 자기수용

아들러는 인생에서 의미를 구하기 위해서는 ① 자아에 대한 애착에서, ② 타인에 대한 관심으로 전환하고, ③ 공동체 의식을 갖는 것이 중요하다고 말합니다. 이를 위해 필요한 것은 ① 자기수용, ② 타인의 신뢰, ③ 타인에 대한 공헌입니다. 첫째, 자아에 대한 집착을 깨기 위해 필요한 것은 자기수용입니다. 둘째, 타인에 대한 관심은 타인에 대한 신뢰가 필요하고, 셋째, 공동체 의식에서는 타인에 대한 공헌이 필요합니다. 먼저, 첫 번째 자기수용에 대한 설명입니다.

• 있는 그대로의 자신을 받아들이기

자아에 대한 집착을 깨기 위해 자기수용이 필요하다면 어떻게 해야 할까요? 자아에 대한 애착이 강할수록 자기수용이 줄어듭니다(덜 받아들이는 것입니다). 자기수용의 반대는 자기 긍정이지만 각각의 의미를 검토해 봅시다.

자기수용은 자신이 누구인지 인정하고 개선해야겠다는 목표입니다. '할 수 없다'를 그대로 받아들이고, 할 수 있도록 노력한다는 것입니다. 어떻게 하면 60점으로 자신을 받아들이고 100점에 가까워질 수 있을지 생각해 보세요. 이것은 스스로에게 정직하게 사는 방법입니다. 반면에 자기 긍정은 자신을 있는 그대로 부정함으로써 개선하려는 목표입니다. 60점을 얻었지만 이번에는 운이 좋지 않았는데 정말 100점을 얻을 수 있었다고 스스로에게 말한다면 이것은 자신에게 거짓말하는 삶의 방식이 됩니다.

자신에 대한 애착이 없다면, 자신에게서 멀어지고 자신을 있는 그대로 볼 수 있습니다. 또한 자아에 대한 집착이 없다면 우리는 있는 그대로의 자신을 받아들이거나 인정할 수 있습니다. 개선해야 할 부분과 개선할 수 있는 방법을 현실에서 찾을 수 있기 때문에 효율적으로 성장할 수 있습니다.

자아에 대한 애착은 우리가 있는 그대로의 자신을 보고 받아들이는 것을 방해합니다. 애착 장애가 있으면 정체성 확립, 즉 자신이 누구인지 아는 것이 잘 작동되지 않을 가능성이 있습니다. 이런 사람들은 어떤 선택을 해도 만족도가 낮고, 자기 자신에 대해 부정적이며, 사소한 일에도 스스로 결정을 할 수가 없습니다.

내가 만일 이런 사람이라면 있는 그대로의 나를 받아들이십시오. 마음을 진정시키고 차분하게 이 책을 읽어 나가면 진정한 나의 모습을 알아차릴 것입니다.

• 바꿀 수 있는 것과 바꿀 수 없는 것

한국에서 성공하기 위해서는 노력이 중요하다고 생각하는 사람들이 많습니다. 그러나 열심히 노력해도 불행이 생기면 결국 불행해지게 마련입니다. 따라서 우리 자신의 노력으로 바꿀 수 있는 것과 바꿀 수 없는 것을 분별할 필요가 있습니다.

당신이 바꿀 수 있는 것에 당신의 노력을 집중한다면, 당신의 삶은 기하급수적으로 향상될 것입니다. 반면에 바꿀 수 없는 것을 바꾸려고 하면 헛된 결과를 낳게 됩니다. 즉, 노력의 방향을 결정할 때 변경할 수 있는지 여부는 매우 효과적인 관점 중 하나입니다. 무엇보다도 노력으로도 바꿀 수 없는 것을 식별하고 당신의 마음에서 미련을 두지 말고 몰아내십시오.

더 이상 바꿀 수 없는 것에 갇히지 않을 때 삶은 가볍고 편안해집니다. 또한 나이가 들어감에 따라 시간, 체력, 환경 면에서 변할 수 없는 것이 많아져 점점 상쾌해집니다. 쓸모없는 짐을 확인하고 이것을 정중하게 버리면 마음이 가벼워지고 자유롭게 살고 있음을 느낄 수 있을 것입니다. 낭비되는 시간을 줄이면 인생에서 더 많은 의미 있는 곳에 그것을 투자할 수 있습니다.

두 번째, 타인에 대한 신뢰

　자신에 대한 집착에서 타인에 대한 관심으로 전환하기 위해서는 타인에 대한 신뢰가 필요합니다. 누군가를 믿지 않고 계속 관심을 가진다면 그것은 당신 자신의 편의를 위한 것입니다. 즉, 자아에 대한 집착에 기인할 수 있습니다. 여기서 신뢰(信賴)와 회의(懷疑)의 차이에 대해 이해해야 합니다.

　신뢰는 조건부로 상대방을 믿는 것입니다. 예를 들어, 언제까지 돌려주면 돈을 빌려주겠다는 제안 상황입니다. 비즈니스에서는 이 신뢰가 기본입니다. 신뢰 관계를 구축함으로써 일을 원활하게 진행할 수 있습니다. 심리적으로 안정감이 있기 때문입니다.

　불신 또는 신뢰의 반대는 회의론입니다. 회의론은 원래 '인간 이성에 의한 확실한 진리 인식을 할 수 없다'는 철학적 입장입니다. 경험적 현상에 대한 진리 인식은 인정하지만 그 배후에 있는 초월자의 인식을 부정하는 불가지론(不可知論)이나 객관적 진리를 부정하는 상대주의 등이 있습니다. 철학적 논쟁은 차치하고, 대인관계에 회의론을 두면 주변 사람들을 의심하면서 살게 될 것입니다. 그 이면에는 "내가 옳다.", "나는 피해자다.", "내 행동이 타인에게 무례하다고 생각하지 않는다." 등과 같은 자기중심적인 모습이 보입니다. 20대 이후에도 이러한 경향이 있으면 정신적으로 미성숙하거나 건강에 해로울 수 있습니다.

　비즈니스에서 신뢰는 비즈니스를 빠르고 원활하게 수행하는 데 중요한 역할을 합니다. 일의 진행 방법이나 업무량의 조정, 주위 사람과의 인간관계 등에 신뢰가 있으면 손을 빌리기 쉽고, 협력도 잘되며, 소통이 원활해지기 때문입니다. 그러나 회의적인 사람들은 자신과 상대방의 관계만 보기 때문에 다른 사람의 성가심에 대해 생각하지 않고 자신의 생각만 주장합니다. 이로 인해 지루한 인간관계 설정에 많은 시간과 노력이 소요됩니다. 그러한 관계에서 긍정적이고 생산적인 관계를 기대할 수 없습니다.

　신뢰 관계를 구축하는 데 있어서 무엇보다 중요한 것은 약속을 지키는 것입니다. 직장에서 흔히 "이번에 밥 한번 같이합시다.", "저녁이나 하시지요.", "내가 소주 한잔 살게."라는 대화가 일어납니다. 이것도 어떤 의미에서는 하나의 약속이 됩니다(법학에서는 '비진의 의사표시'라고 할 수도 있습니다). "언제나 말로는 할 뿐 사실은 살 생각이 없구나.", "약속을 지킬 수 없는 사람"이라고 생각되면, 거기서부터 신뢰 관계를 구축해 나가는 것이 어려워집니다.

　"말한 것을 제대로 실천한다.", "사소한 약속이라도 지킨다."는 믿음을 하나하나 쌓아 가는 것에서 신뢰 관계의 구축이 시작됩니다. 아무렇지도 않은 대화를 소중히 여기십시오.

세 번째, 타인에 대한 공헌

　공동체 의식으로 나아가기 위해서는 다른 사람에게 더 공헌할 필요가 있습니다. 다른 사람에게 기여한다는 것은 어떤 식으로든 다른 사람들이 기여하도록 격려하는 것을 의미합니다. 자신을 버리고 다른 사람에게 기여하기보다는 자신의 가치를 실현하기 위해 해야 할 일입니다. 그렇다면 이러한 질문을 던질 수도 있겠습니다. "타인에 대한 공헌이라도 궁극적으로는 자기만족 때문이 아닙니까? 그런 것을 공헌이라고 불러야 할까요?" 아들러는 이에 대해 다음과 같은 예를 들어 설명하고자 합니다.

노동은 돈을 벌기 위해 행해지는 것이지만 실제로는 다른 사람들에게 기여하는 것입니다. 또한 국가와 지역사회에 헌신하고, 나는 누군가에게 유용하다는 것을 깨닫고, 자신의 존재 가치를 받아들이는 일이기도 합니다. 예를 들어, 백만장자임에도 여전히 일하는 사람들이 있습니다. 그들이 여전히 일하는 것은 부를 늘리고 싶기 때문이 아닙니다. 다른 사람에게 공헌함으로써 여기 있어도 괜찮다는 소속감을 높이는 것이라고 합니다.

공동체 의식을 추구하고 다른 사람들에게 기여하십시오. 공동체 의식을 더욱 높이기 위해서는 자신의 역량 강화가 중요합니다. 역량을 강화한다면 더 많은 사람들과 더 어려운 상황에 처한 사람들에게 기여할 수 있을 것입니다. 궁극적인 목표는 업무 능력을 향상시켜 사회에 널리 공헌하는 것입니다.

마음의 자유로
얻는 가치

자제력의 중요성

운전 중 자동차의 스티어링휠이 예상대로 움직이지 않고, 브레이크가 작동하지 않고, 저절로 가속되는 등의 상황이 발생하면 어떨까요? 운전자는 자유롭게 운전하고 있다고 느끼지 못할 것입니다. 마음의 자유 또한 이와 동일하지 않습니까?

인과관계의 관점에서 볼 때, 우리가 불편함을 느낄 때, 우리는 다른 사람들과 환경에서 원인을 찾는 경향이 있습니다. 그러나 아들러 마음학습의 학습을 통한 실행자들은 목적론적으로 상황을 생각합니다. 즉, 가장 먼저 질문해야 할 것은 '자신'입니다.

내 인생의 주인인 내가 나 자신을 올바르게 통제하고 있나요? 이 부분이 제대로 작동하지 않으면 삶은 잘못된 방향으로 가게 됩니다.

나를 구성하는 인자는 본능, 감정, 이성이고, 이 세 가지를 스스로 통제합니다. 자동차를 운전하는 것과 비교하면 세 당사자를 통제하는 당신이 운전자에 해당합니다. 본능, 감정, 이성은 각각 스티어링휠, 브레이크, 액셀러레이터 등에 해당합니다. 안전한 운행을 하기 위해서는 자제력을 목표로 이 세 가지의 균형이 유지되는 상태를 지침으로 삼아야 합니다. 자제력(自制力)이 제대로 작용할 때 사람들은 마음의 자유를 느낄 수 있습니다.

자유와 그 제한의 관계

사상의 자유 또는 정신의 자유는 행동의 자유 및 언론의 자유와 매우 다릅니다. 100% 스스로 결정할 수 있는 유일한 것입니다. 따라서 마음의 자유를 실현하는 것은 전 생애에 걸쳐 해결해야 할 큰 개인적인 도전이라고 할 수 있습니다. 이를 위한 효과적인 방법으로는 자제력이 있습니다. 자제력을 통해 마음의 자유를 얻을 수 있으며, 이를 통해 공동체로부터 받는 행동 제한과 언어 제한을 쉽게 받아들일 수 있습니다.

예를 들어, 본능, 감정 또는 이성 중 하나가 편향된 상태 또는 본능, 감정 또는 이성이 통제 불능인 상태라면 어떨까요? 이는 그야말로 혼돈(chaos) 상태라고 할 수 있습니다. 그런 상태에서 우리가 마음의 자유를 추구할 때 어떤 일이 발생하게 될까요?

아마도 당신은 국가와 지역사회에서 받는 이동의 제한과 연설이나 발언의 제한에 대해 강한 반발을 느낄 것입니다. 결과적으로 주변 사람들과 불필요한 마찰이 발생할 수 있습니다. 결과적으로 사회활동에서 충분한 결과를 얻지 못할 것입니다. 이 상태에서 사회의 규칙과 법률을 따르더라도 견뎌야 하기 때문에 여전히 스트레스를 받을 것입니다. 그러니 성공해도 그 상태가 오래가지 못하겠죠?

인간은 다른 사람들에 의해 자유가 제한될 때 스트레스를 받습니다. 또한 한계를 받아들인다 해도 타협하거나 인내하는 동안 여전히 스트레스를 받게 됩니다. 따라서 행동 제한과 언어 제한의 의미를 이해하고 기꺼이 따라야 합니다. 그러기 위해서는 사회와 삶을 이해하고 자제력을 기르는 등 스스로 성장할 필요가 있습니다.

인간관계에서 마음의 자유 누리기
....

자제력을 기르는 데 훨씬 더 중요한 것은 가치관입니다. 당신이 무엇을 결정하든 당신의 가치가 표준이 될 것이기 때문입니다. 가치관에 문제가 있으면 자제력을 아무리 발휘해도 만족스럽지 못한 결과를 낳게 됩니다. 따라서 객관적으로 가치를 검토할 필요가 있습니다. 이때 주목해야 할 것은 미성년자에게 각인된 편견과 오해입니다.

많은 사람들이 주로 집에서 자란 환경의 영향을 받았을 것입니다. 아들러의 용어로, 그것을 선택하고 각인시키는 것은 사람 자신입니다. 특히, 자기애주의적인 부모는 자녀를 통제하기 위해 자신에게 편리한 가치를 각인시킵니다. 아마도 이들 중 가장 해로운 것은 다른 사람들에 대한 것입니다. 예를 들어, 교육, 직업, 가족 배경, 양육, 출신 지역, 국적 등에 대해 편견을 가진 사람들이 있습니다. 상대방의 인격과 능력을 고려하지 않고 피상적으로 차별한 결과입니다.

대인관계에 대한 편견의 뿌리에는 아들러가 지적한 수직적 관계가 있을 수 있습니다. 수직적 관계를 가진 사람들은 자신의 편견에 따라 다른 사람들을 위아래로 나눕니다. 그는 자신이 우러러보는 자를 경배하고, 자신을 우러러보는 자를 멸시합니다. 이런 식으로 우리가 다른 사람들에게 매우 관심이 있는 이유는 우리가 의존적이기 때문일 수 있습니다.

결과적으로 대인관계는 불필요한 긴장과 갈등을 유발하여 불편함을 유발할 수 있습니다. 해결책은 아들러가 옹호한 수평적 인간관계를 머리에 망으로 치는 것입니다.

나의 경우에는 수평적 관계를 철저히 실천하고 모든 사람을 대하는 방식에 있어 동일한 패턴을 사용합니다. 아들딸 같은 어린 직원에게도 반듯하게 경어를 사용합니다. 그리고 어느 누구에게도 아첨이나 아부를 하지 않습니다.

삶에서 불편함을 느낀다면 그 주된 원인은 대부분 대인관계에 있습니다. 그러나 수평적 인간관계로서 하나의 패턴으로 대한다면 언제, 어디서, 누가 보든 똑같기 때문에 특별히 주의를 기울일 필요가 없습니다. 이를 통해 꽤 많은 자유를 얻을 수 있게 될 것입니다.

3부

지금 이 순간

우리 앞에 놓인
수많은 기회들

지금 이 순간을
꾸준히 살아라

○

●

인생은 선이 아니라 점이다

인생을 선(線)으로 생각하면 출발점(출생)과 끝점(사망)이 있습니다. 이 두 점은 원인과 결과를 의미합니다. 이것은 XX라면 △△가 될 것이라는 생각, 즉 프로이트의 인과이론과 유사합니다. 인과이론을 믿는다면 과거에 만족하지 못하는 사람들은 영원히 벗어날 수 없습니다.

반면에 아들러는 "인생을 점으로 생각하라."고 말합니다. 우리는 지금 살고 있습니다. 그러나 다음 순간이 100% 보장되는 것은 아닙니다. 인생은 선처럼 보이지만 실제로는 연속적인 덧없음, 즉 현재라고 불리는 일련의 순간(점)입니다. 우리는 과거나 미래에 살 수 없습니다. 당신이 할 수 있는 일은 단 하나, 지금 여기에서 사는 것입니다. 인생은 그것을 반복하는 것입니다. 따라서 매일 최선을 다해 살고 이것을 반복하는 것입니다.

인생이 지금의 계속이라면, 지금 충실하게 계속 살면 충실한 삶을 살게 됩니다. 지금 무의미를 계속하면 무의미한 삶이 실현될 것입니다. 중요한 것은 지금 이 순간부터 성취를 시작하는 것입니다. 아들러의 영향을 받은 데일 카네기(Dale Carnegie)는 그의 유명한 저서 『The Way Will Open the Way』에서 불쾌한 과거와 분리하기 위해서는 한 번에 하루씩 살아야 한다고 말합니다.

마찬가지로 아들러의 영향을 받은 스티븐 코비(Stephen R. Covey)는 그의 유명한 저서 『일곱 가지 습관』에서 좋은 습관이 있다면 좋은 삶이 있고, 나쁜 습관이 있다면 나쁜 삶이 오게 될 것이라고 하면서 습관의 중요성에 대해 이야기합니다.

지금 여기에만 집중해야 하는 이유

어떤 사람들은 지금 여기에 집중하지 않고 진지하게 살고 있지 않기 때문에 과거와 미래에 대해 걱정합니다. 이것을 기인지우(杞人之優)라고 하며 호들갑이라고 말하기도 합니다. 나는 이 책에서 쓸데없는 걱정은 필요 없다고 말하는 것이고 여러분도 전적으로 동의할 것이라 생각합니다. 인간의 뇌는 다른 생각을 할 수 없도록 구조화되어 있습니다. 예를 들어, 낙관적이면서 동시에 비관적일 수는 없습니다. 따라서 모든 것을 의식적으로 낙관적으로 보려고 하면 뇌는 비관적으로 볼 시간을 잃게 됩니다.

인생을 선으로 생각하면 과거, 현재, 미래가 한 줄로 연결되어 있습니다. 과거가 좋지 않으면 현재가 좋지 않고 미래가 좋지 않습니다. 그러나 인생을 점으로 생각하면 과거와 현재, 현재와 미래가 연결되지 않습니다. 이런 식으로 생각하면 다음 단계로 넘어갈 때 자신과 인생을 바꿀 수 있는 기회가 무수히 많아집니다.

과거에 일어난 일은 지금 여기 있는 나와 아무 상관이 없습니다. 미래가 어떻게 될지는 지금 여기에서 생각할 문제가 아닙니다. 지금까지 나는 이와 비슷한 생각으로 살고 있습니다. 반면에 일 년 내내 사소한 일로 어려움을 겪는 사람은 오히려 자신의 상황을 평화로운 또는 행복한 상황으로 여길 수도 있습니다. 약간의 불편함이 살아 있다고 느끼게 하기 때문입니다. 그러나 그것이 당신이 진지하게 무언가에 전념하고 성취감을 느끼는 시간을 보내고 있다는 것을 의미하지는 않습니다. 어떤 삶을 선택할지 결정하는 것은 각자의 몫입니다.

진정한 행복을 위해
지금 해야 할 일

인생에서 중요한 것은 과거나 미래가 아니라 현재다

지금 우리가 생각해야 할 것은 과거나 미래의 일이 아니라 현재의 일입니다. 자, 이제 어떻게 해야 할까요? 인생에서 성장하고 성공할 수 있도록 하는 기본 중의 기본이 있습니다. 그것은 바로 '① 지금 할 수 있는 것을 ② 진지하고 예의 바르게 ③ 하라'는 것입니다.

첫째, 지금 할 수 있는 것입니다. 여기서 실수하면 많은 인생을 낭비하게 될 것입니다. 예를 들어, 대학에 가고 싶어 하는 사람도 있을 것이고, 진로에 대해 계속 고민해도 전혀 앞으로 나아갈 수 없는 사람도 있을 것입니다. 지금 할 수 있는 일은 가능한 한 많은 문제를 풀고 단어를 암기하는 것입니다. 즉시 시도한다면 결과적으로 당신의 학업 능력이 향상됨에 따라 더 많은 선택권이 주어지고 다양한 가능성을 볼 수 있을 것입니다.

둘째, 성실하고 정중한 자세는 당연한 일입니다. 진실하지 않으면 실패합니다. 겸손하게 자신의 일을 수행해야 합니다.

셋째, 우리는 지금 해야 합니다. 이것은 머릿속으로 생각만 하는 것이 아니라 몸을 움직여 일을 하는 것입니다. 또한 현재보다 더 나은 상태로의 개선을 목표로 하고 계속해서 실행해야 합니다.

물론 걱정하는 것은 자유이지만 걱정만으로는 결과가 나오지 않습니다. 아무리 어려운 상황이라도 점점 더 자신을 밀어붙일 수 있습니다. 이를 위해서는 우선 지금 할 수 있는 일과 해야 할 일을 매일 놓치지 말아야 합니다. 그렇게 하면 작지만 매일 반드시 결과를 얻을 수 있으며, 정신적으로 좋은 상태를 만들 수 있습니다. 인생에서 중요한 것은 과거나 미래가 아니라 현재입니다. 현재의 정신 상태를 개선하면 좋은 아이디어와 더 나은 결정뿐만 아니라 건강에도 도움이 될 것입니다.

풍요로운 마음으로 삶의 목표 설정하기

물리 법칙상 사람은 과거나 미래가 아니라 현재 순간에만 살 수 있습니다. 따라서 모든 가능성은 현재 상태에 의해 결정된다고 해도 과언이 아닙니다. 그렇다면 우리는 지금 무엇에 집중해야 할까요? 여기에 문제가 있습니다. 자신의 인생을 타인과 비교해도 결코 만족감을 얻을 수 없습니다. 다른 사람이 얼마나 성공했는지, 얼마나 부자인지, 얼마나 행복한지 이런 문제들은 모두 다른 사람의 문제이지, 나와는 무관합니다. 오직 자신의 성장에 초점을 맞추어야만 만족감을 얻을 수 있습니다.

어떤 사람들은 그것이 부, 학력, 친구 수, 인맥 등에 의해 결정된다고 생각할 수 있습니다. 그러나 부자가 되어 많은 친구가 있지만 외로움에 시달리는 사람들이 많습니다. 그렇다면 진짜 원인은 정신 상태가 아닙니까? 당신에게 다른 모든 조건이 충족되었더라도 당신의 행복은 궁극적으로 당신의 정신 상태에 의해 결정되기 때문입니다. 앞서 언급한 부, 학력, 친구 수 및 인간관계의 연결은 행복을 증가시키는 도구일 뿐입니다.

무언가에 너무 의존하면 주종 관계가 역전됩니다. 결국 도구가 주인이 되어 재산과 인간 상호작용에 집착하게 되고 스스로 삶을 즐길 수 없게 됩니다. 또한 중독이 심해지면 그것의 단절에 많은 불안을 느낄 수 있습니다. 도구에 의존하지 않고 스스로 정신 상태를 풍요롭게 할 수 있다면 인생이 잘 펼쳐지기 시작할 것입니다.

"당신은 무엇을 위해 살고 있나요?"라고 물으면 많은 사람들은 "먹고 살기 위해서"라고 답합니다. 그럼 "무엇을 위해 먹나요?"라고 물으면 "먹어야 죽지 않잖아요."라고 대답합니다. 그래서 "그렇게 먹어서 언제까지 살 수 있을까요?"라고 물으면 답을 하지 못합니다. 이런 식의 답을 하는 분들이라면 인생의 목적 없이 하루하루 쳇바퀴 도는 삶을 이어 가고 있을 것입니다. 이런 삶을 살아가는 당신이 현명하지 않다거나, 건강하지 못하다거나, 가치가 없다는 것을 의미하지는 않습니다. 하지만 뚜렷한 인생의 목적이 있다면 삶이 달라질 것입니다.

아들러는 행복에 대해 사회에 대한 공헌과 기여에서 행복을 찾아야 한다고 말했습니다. 기여할 대상이 너무 많아서 어떤 일을 선택해도 공헌하는 데는 아무 문제가 없고, 많은 곳에서 행복을 찾을 수 있기 때문입니다. 아들러는 가능한 한 더 넓은 세상에 기여하는 것을 목표로 해야 한다고 말합니다. 인생의 궁극적인 목표는 자아실현을 통한 사회 공헌의 실현이라는 것입니다.

사회 공헌은 특별한 일을 요구하지 않습니다. 관심이 없거나 낯선 사람들에게 길을 가르쳐 주는 것은 큰 사회 공헌 중 하나가 될 것입니다. 여기서 중요한 것은 우리가 지금 할 수 있는 일을 하는 것입니다. 누구나 작은 사회 공헌을 할 수 있으므로 대가를 기대하지 말고 매일 쌓아 올리십시오.

과거에 갇힌
사람들에게

과거에 가장 빛났던 사람으로 돌아가려고 하지 마세요

성공의 축복을 받았지만 마땅히 받아야 할 성장이 동반되지 않는다면 성공은 지속되지 않을 것입니다. 반대로, 어떤 사람들은 성공으로 인해 사치와 같은 나쁜 습관을 몸에 붙여 천국에서 지옥으로 떨어집니다. 따라서 처음부터 성공이 아닌 성장을 목표로 해야 합니다. 그래야만 우회적인 방법처럼 보일 수 있지만 실제로는 꾸준히 갈 수 있습니다.

만약, 당신이 타임머신을 타고 십 대 시절로 돌아가 같은 경험을 한다면 당신의 과거를 긍정적으로 느끼겠습니까? 당신이 똑같은 방식으로 느낀다면, 그것은 당신이 성장하지 않았다는 증거입니다. 긍정적인 과거였다면 거기에서 성장은 멈춘 것이라고 판단할 수 있습니다.

성장이 멈추고 삶이 내리막길을 갈 때, 어떤 사람들은 과거에 가장 빛났던 때로 돌아가려고 합니다. 예를 들어, 옛 친구와 매일 과거를 회상합니다. 당신의 오랜 친구들은 당신이 언제 빛났는지 알기 때문에 당신을 존경할 수 있습니다. 이 경우 서로 쉽게 사이좋게 지낼 수 있지만, 한편으로는 서로의 성장을 기대할 수 없습니다. 생각해보면 과거에 가장 밝았던 시절은 그때 한창의 나이였기 때문에 빛나고 있었을 뿐입니다. 그러나 시대, 환경, 지위, 나이, 건강 상태가 바뀌었습니다. 따라서 과거의 자신으로 돌아가도 지금은 빛날 가능성이 거의 없습니다. 오히려 과거의 자아에서 벗어나 새로운 방향을 찾아야 하지 않을까요?

과거가 밝게 빛났든 어둠에 갇혀 있었든, 당신이 지금 과거에 갇혀 있으면 앞으로 나아갈 수 없습니다. 그 상태에서 벗어나 자신을 성장시킬 수 있는 방법이 있습니다. 성장했다고 느끼면 과거로 돌아가 추억으로만 여행하십시오. 그리고 과거의 자아가 남긴 의미를 미래의 사건에 다시 쓰는 과정을 반복해야 합니다.

과거를 다시 칠하는 방법

과거에 갇힌 사람들을 위해 과거를 다시 쓰는 두 가지 방법을 소개하겠습니다. 첫 번째는 성공에 의한 방법이고, 두 번째는 성장에 의한 방법입니다. 둘 다 공통점은 지금의 자신을 바꾸고 과거의 사실의 의미를 바꾼다는 것입니다.

먼저 '성공'에 대해 이야기해 보겠습니다. 옛날 옛적에 여성 인기 가수가 레코드상을 수상했습니다. 이 사람은 과거의 불행에 대한 원한을 이야기하는 것을 좋아했습니다. 하지만 대상을 수상한 순간, 모두에게 감사의 인사를 전하고 싶었다고 말했습니다. 다른 말로 하면, 사람들은 행복할 때 마음이 풍요로워지고 과거는 다시 쓰일 수 있다는 것입니다.

어려운 시험에 합격했을 때, 원하는 직장에 취업했을 때, 바라는 학교에 입학 허가를 받았을 때, 사람들은 과거의 모든 고통스러운 시련이 자신에게 부과된 장애물이며 이를 통과했을 때 비로소 성공에 도달할 수 있음을 깨닫게 됩니다.

동양의 고전 『맹자』에 다음과 같은 내용이 있습니다. "하늘이 사람에게 큰 임무를 주려고 할 때마다 먼저 사람의 영(靈)을 괴롭히고, 근육을 지치게 하고, 몸을 굶주리게 하고, 행동을 실패하게 하고, 큰 곤경에 빠뜨린다. 하늘은 사람의 마음을 단련하고 인내를 높여 위대한 사람으로 만들려고 하기 때문이다." 이 말은 인과적인 사고방식이지만 어쨌든 고통을 극복하여야 성공한다는 의미입니다. 성공하기 위해 한 가지에 집중할 때, 당신은 그것을 알지도 못한 채 부산물로 여기와 지금에 집중할 수 있습니다.

두 번째는 '성장'에 의한 방법입니다. 살아 있으면 누구나 슬픈 일이나 기쁜 일, 실패나 기쁨, 우울한 장면이나 설레는 장면을 만날 것입니다. 특히 쓰라린 과거를 떠올리면 어색함에 사로잡힐 수가 있습니다. 독일의 문호 괴테는 『파우스트』에서 "지금 있는 공허를 채우려고 욕망을 추구해도 그 공허는 묻히지 않는다. 욕망의 만족을 추구하면 할수록 오히려 그 공허가 두드러진다."고 했습니다. 욕망을 만족시키는 생각을 버리는 데서 비로소 행복이 시작된다는 것입니다. 이제 자신을 개발하고, 과거의 사실에 다른 의미를 부여하고, 불행을 행복으로 대체하십시오.

"당신이 나이가 들기 전까지는 부모님이 자식에 대해 실제로 어떻게 느끼셨는지 모른다."는 말이 있습니다. 어렸을 때 힘든 농사일에서 벗어나기 위해 도회지로의 이사 계획 등 다른 시도를 아무것도 하지 않은 부모님께 원망의 생각을 품었습니다. 그러나 자라서 부모와 같은 입장에 서게 되면서 부모님이 좋은 선생이셨고 자식들을 열심히 키웠다는 것을 실감할 수 있었습니다. 그런 다음, 나쁜 과거가 실제로 좋은 과거였음을 스스로 다시 쓸 수 있었습니다. 나 자신도 성장할수록 내 삶이 쉬운 것이 아니라는 것을 배웠기 때문에 오늘도 더 쉽게 만들겠다는 생각으로 성장을 목표로 하고 있습니다.

우리 앞에 놓인 수많은
성공과 성장의 기회

다시 태어날 수많은 기회들

성장은 더 나은 방향으로 변화하는 것입니다. 만일 성공한 경험이 있다면 적극적으로 자신을 변화시키려는 동기가 더 커질 것이고, 그것이 성장의 발판이 될 것입니다. 아들러가 말했듯이 사람은 죽기 2~3일 전까지도 다시 태어날 수 있습니다. 그 이유는 인생을 선이 아닌 연속적인 점으로 보기 때문입니다. 그렇게 함으로써 우리는 과거와 현재, 현재와 미래 사이의 연결을 끊을 수 있습니다.

우리에게는 다시 태어날 기회가 있고 또 매 순간 기회가 나타납니다. 시간이 지남에 따라 수많은 기회를 찾을 수 있습니다. 그러나 지금까지 변하지 않는 자아를 계속 유지해 온 사람들에게는 이 말이 마치 뜬구름을 잡는 것과 같을 것입니다. 그렇다면 특별한 날을 활용해 보는 건 어떨까요? 그중에서도 생일과 설날은, 앞으로의 내가 바꾸어야 한다는 것을 쉽게 깨닫는 날이기 때문에 활용하기에 적합합니다. 과거의 자신으로부터 현재의 나를 변화시키는 것이 목표이기 때문에, 생일은 '자신에 대해 가장 혐오감을 느낀 날'일지도 모릅니다.

나의 경우에는 20대 초반 나 자신이 변할 수 없다는 것을 느끼고 극도로 절망하였지만 현실과 타협하고 순응했습니다. 25세의 나이에 공직시험에 응시하여 합격한 후 마침내 내 삶은 변화했습니다. 하지만 일단 직장에 취직한 후, 옛날부터 공부를 좋아했기 때문에 그 후의 생활은 순조롭게 흘러갔습니다. 덕분에 나는 항상 변화를 추구하는 수준에 도달하지는 못했습니다.

두 번째 전환점은 30대 후반입니다. 시대의 변화를 깨닫고 나는 다시 과감하게 변해야 한다는 것을 깨달았습니다. 그 이후로 나는 시대의 변화를 탐구하기 위해 매년 100여 권이 넘는 책을 읽었습니다. 몇 년 동안 나는 다양한 분야의 지식을 쌓으면서 나 자신을 변화시키는 요령을 배웠습니다. 그 결과, 나는 생일과 설날이 단지 하루라는 것을 깨달았습니다. 그리고 새로운 직업을 위해 유학을 결심했습니다.

마지막으로, 대부분의 사람들이 변화를 추구하나 그 결심이 오래가지 못하는 또 다른 이유는 너무 많은 결과를 추구하기 때문입니다. 오히려 결과 그 자체보다는, 목표를 향해 나아가는 과정에 의미가 있습니다. 어느 책에서 저자가 말했듯이 등산은 산의 정상에 오르는 것보다 더 가치가 있습니다. 우리의 삶도 프로세스를 개선하는 것이 성장을 유지하는 가장 효과적인 방법이라고 생각합니다.

성공하며 성장하는 법

앞서 과거를 다시 쓰는 두 가지 방법을 소개했습니다. 첫 번째는 성공에 의한 방법이고, 두 번째는 성장에 의한 방법입니다. 이에 따르면 과거의 부정적인 기억을 긍정적인 기억으로 바꾸는 것이 가능합니다.

그런데 우연한 성공, 즉 근거 없는 성공은 성장을 동반하지 않습니다. 또한 성장 없이는 성공을 지속할 수 없습니다. 따라서 우연한 성공의 축복을 받았을 때 진정한 자아, 겉으로 드러나는 자아를 따라잡기 위해 열심히 성장해야 합니다. 과거의 자아와 씨름하고 내면의 가치를 향상시켜야 합니다.

성장은 자신을 더 좋게 변화시키는 것입니다. 자신을 변화시키는 것은 모든 인간에 대한 강한 저항을 포함합니다. 이 저항을 극복하기 위해 우리는 겸손하고 진실하게 우리 자신을 대면해야 합니다. 또한 과거가 아닌 미래를 살기 위해 지금 자신을 변화시키려는 강한 의지를 가져야 합니다.

우연한 성공에도 불구하고 자신이 위대하다고 믿는 사람들이 있습니다. 이 경우, 자신의 나쁜 부분을 합리화하고 있는 그대로의 평가를 외면하기 때문에 성장과 반대 방향으로 갑니다. 그런가 하면, 어떤 사람들은 부정적인 과거에 갇히지 않기 위해 기억을 지우려고 노력합니다. 자연재해나 질병, 사고 등은 어쩔 수 없더라도 중요한 인간관계로 인한 것만은 방치하지 않는 것이 좋습니다. "나도 뭔가 잘못했고, 이건 내가 극복해야 할 문제야."라고 생각할 수 있다면 긍정적으로 대처할 수 있어야 합니다. 공부는 시험에 합격하거나 자격 취득만을 위해 하는 것이 아니라 평생 도움이 되는 지혜를 익혀 나가는 것이 중요합니다.

당신은 더 이상
패자가 아니다

패자부활전에서 더 강하게

당신이 인생을 살아가는 한, 실패는 불가피합니다. 드러커가 말했듯이 도전이 많을수록 실패도 많아집니다. 우리는 실수로부터 배우면서 더 높은 수준에 도달할 것입니다. 반대로, 도전을 회피하는 사람들은 실수를 줄이고 성장하지 않습니다. 따라서 실패는 성장에 없어서는 안 될 필수 요소입니다. 적극적으로 실패를 경험하고, 실패로부터 배우고, 성장하십시오. 따라서 필요한 것은 패자부활전에서 강해지는 것입니다. 패자부활전에서 강해지면 실패에 대한 두려움이 거의 사라집니다.

예를 들어, 직장에서 실수를 해서 상사로부터 경고를 받았다고 가정해 보겠습니다. 패자부활전에 강한 사람들은 이미 그 시점에 다시 시도할 생각을 합니다. 문제를 명확히 하고 가능한 한 빨리 자신을 개선하기 시작할 것입니다. 따라서 자신의 실수를 편견 없이 상대방에게 사과하거나 감사할 수 있습니다. 반대로, 도전을 피하는 사람들은 실패에 대한 두려움이 큰 상태입니다. 그들은 한 번 실패하면 큰일이라는 생각을 갖고 있습니다. 그래서 내가 이것을 인정하면 끝난다고 생각하기 때문에 계속해서 투쟁할 것입니다.

인생은 패자부활전의 연속이지만 사람들은 그 점을 이해하지 못하는 것 같습니다. 그 때문에 실수를 했을 때 오히려 혼란스러워하고 상황을 악화시키는 경향이 있습니다. 그 뿌리에는 자아에 대한 애착과 자기중심적 태도가 있을 수 있습니다. 이러한 자질을 극복하지 못하고 자신의 재능을 최대한 활용하지 못하는 사람은 결국 패자부활전의 기회를 제대로 활용하지 못할 것입니다.

그렇다면 누가 당신을 패자로 결정합니까? 다름 아닌 바로 나 자신입니다. 패자가 되었다고 생각할 때, 당신은 꽉 막힌 감각에 둘러싸여 있습니다. 마치 당신 자신을 굳게 닫힌 성안에 버리는 것과 같습니다. 그럴 때는 어떤 음식을 경험해도 맛이 없고, 새로운 것이 있어도 받아들이지 않고, 시간이 충분해도 가질 것이 아무것도 없습니다. 무기력뿐입니다. 아무것도 받아들이지 않은 채로 과거를 태울 뿐입니다. 자신을 패자라고 부르기 때문에 무슨 일을 하든 결국은 같은 결과를 얻을 수밖에 없습니다.

그렇기 때문에 이 상태를 벗어나기 위해서는 변화에 대해 생각하는 것이 중요합니다. 더 이상 패자를 그만두기로 결심하는 것만으로도 동기를 부여받을 수 있습니다. 그러니 뭐든지 찾아보세요! 그러면 분노와 비슷한 마그마와 같은 뜨거운 느낌이 솟아납니다. 그것은 식힐 수 없습니다. 당신이 불만족스럽거나, 좌절하거나, 짜증이 나더라도 상관없습니다. 그렇게 생각하면 당신은 더 이상 패자가 아닙니다.

인생의 패자는 누가 결정합니까? 다른 사람입니까? 당신의 동료입니까? 당신의 부모입니까? 그 사람입니까? 그들 중 한 명이 "당신은 패배자다."라고 말하면 당신은 패배자입니까? 아닙니다. 패자라는 판정을 하는 자는 틀림없이 당신입니다.

오늘이 내 인생에서 가장 젊은 날이라는 말을 들어 본 적이 없습니까? 당신이 살아 있는 동안, 당신의 기회는 끝이 없습니다. 언제든지 다시 시작할 수 있으므로 당신은 패자가 아닙니다.

잘 실패하기 위한 팁

새로운 것을 시도하는 경우, 한 번에 성공할 것으로 기대할 수는 없습니다. 한 번에 모든 일을 끝내는 사람을 보면 신기하기도 하고 부럽기도 합니다. 그러나 빨리 성공하고 싶다면 빨리 시도하고 가능한 한 빨리 실패를 경험해야 합니다. 그러나 잘못된 방법으로 실수하면 많은 피해를 입을 수 있습니다. 그래서 여러 가지 비즈니스 서적을 읽고 직접 경험한 결과 습득한 잘 실패하기 위한 세 가지 팁을 알려 드립니다.

첫째, 작게 시작하는 것입니다. 새로운 것을 시도하는 것은 실패할 확률이 높습니다. 처음부터 큰 투자를 하거나 달콤한 꿈을 꾸면 치명상을 입을 확률이 높습니다. 작은 실수로부터 많은 것을 배우고, 이해하는 태도가 중요합니다.

둘째, 실패의 목적을 분류하는 것입니다. 독서의 경우 목적에 따라 좋은 책을 만나는 광범위한 독서와, 좋은 책을 만난 후의 주의 깊은 독서의 두 가지 독서 방법이 있습니다. 실패하더라도 두 가지 목표를 구별하는 것이 중요하며, 특히 철수 여부를 결정하는 것이 중요합니다. 또, 성공하기 위해서는 무의미한 실패(실험과 시도)를 피하고, 그때마다 '이번에 무엇을 확인할까?'라고 명확한 목적의식을 가질 필요가 있습니다.

셋째, 정신적 피해를 입지 않는 것입니다. 성공에 이르기까지 무수한 실패를 경험하겠지만, 시간을 잃게 되는 것만은 아니므로 걱정하지 마십시오. 자신의 실패에서 원인을 찾고 즉시 수정하면서 성장할 수 있는 기회로 여겨야 합니다. 성공할 수 없는 사람과 성공할 수 있는 사람의 차이는 능력보다는 사고의 차이에 기인합니다. 성공할 수 없는 사람들은 "나는 성공할 수 없다."고 말하면서 자신의 가능성을 부정하고 도전을 회피하는 경향이 있습니다. 아들러가 지적한 자아에 대한 애착과 자기중심성이 실패에 대한 두려움을 증가시키기 때문일 수 있습니다.

성공의 달인은 실패의 달인이므로 잘 실패하는 팁을 마스터하고 점점 실패하며 성공에 한 걸음 더 가까워지는 건 어떨까요?

완벽주의의 함정,
불완전주의의 아름다움

과감히 불완전주의를 고수하라

아들러 마음학습은 '다시 태어나는 심리학'입니다. 성장은 또한 더 나은 것을 위해 다시 태어나는 것을 의미합니다. 따라서 아들러 마음학습은 '성장 심리학'이라고도 할 수 있습니다. 나는 오히려 이런 의미에서 이해하고자 합니다. 사람은 죽기 2~3일 전까지도 다시 태어날 수 있다고 아들러는 말합니다. 즉, 죽기 2~3일 전까지도 사람은 인격적으로 성장할 수 있다는 것입니다. 나는 아들러 마음학습의 실천자로서, 무엇보다 나의 성장이 멈출 것을 두려워합니다. 앞서 언급했듯이 같은 삶을 살더라도 성장할수록 사는 것이 더 즐거워집니다.

그러나 인생 초기에 이미 성장이 멈춘 사람들이 있습니다. 40대든 60대든 여전히 20대의 가치관을 간직한 사람들이 있습니다. 동창회에 나가면 아직도 10대 후반 고등학교 시절의 잣대로 모든 것을 평가하는 친구들이 있습니다. 그들은 성장하지 않았고 그때 그 시각에 정체되어 있습니다. 그러한 친구들은 여전히 미성숙하였고, 몸과 마음은 과거에 고정되어 시간의 흐름과 더불어 쇠퇴하므로 매력이 손상됩니다. 이런 부류의 사람들에게 성장은 삶의 실행 기술을 배우는 것을 의미합니다.

흔히 성장이 멈춘다는 신호로서, '우월감에 사로잡혀 완벽주의에 빠져 있는가?'를 판단요소의 하나로 사용합니다. 이 사람이 인식하는 완벽한 것은 그 사람의 수준에서만 완전한 것입니다. 하지만 세상은 그 사람을 중심으로 움직이지 않습니다. 다른 계급의 세계, 완전히 다른 세계의 존재를 이해하려고 시도하지 않는 우물 속의 개구리 상태가 아닙니까? 완전에 도달했다는 것은 우리가 더 이상 우물 속의 개구리처럼 나머지 세상을 보려고 하지 않는다는 것을 의미합니다. 즉, 그 수준에서 성장이 멈췄습니다.

나는 감히 불완전주의를 채택하고 불완전한 채로 다음 세계를 발견하기 위해 노력합니다. 최근 몇 년 동안 사업 실적이 하락한 애플(Apple)과 마이크로소프트(Microsoft)를 예로 들어 보겠습니다. 스티브 잡스는 불완전하지만 매우 창의적인 제품을 만들었습니다. 그러나 그가 떠나자 애플사는 티머시 도널드 쿡이 경영을 맡아 액정의 정확도를 높이는 등 완벽주의로 달리기 시작했습니다. 또한 빌 게이츠는 끔찍하게 불완전한 상태로 윈도우(Windows)를 출시했습니다. 그러나 그가 CEO에서 물러났을 때, 마이크로소프트사는 다른 회사의 제품과 비교하여 완벽을 목표로 하기 시작했습니다.

잡스와 게이츠가 떠난 이후, 두 회사는 더 성장했습니다. '우리는 아직도 불완전하다. 우리는 여전히 최고가 아니다.' 이런 의식이 애플과 마이크로소프트의 성장동력이 된 것은 아닐까요? 부족함과 불완전에서 성장이 시작됩니다.

80:20 법칙을 최대한 활용하라

80:20 법칙에 대해 들어 본 적이 있나요? 파레토 법칙은 1896년 이탈리아 경제학자 빌프레도 파레토(Vilfredo Pareto)에 의해 제안되었습니다. 인구의 20%만이 이탈리아 땅의 80%를 소유하고 있다는 것입니다. 80은 결과를 나타내고 20은 결과 요인을 나타냅니다. 예를 들어, 시험에서 100점을 받기 위해 100시간의 학습이 필요하다고 가정합시다. 그렇다면 80점을 얻는 데 몇 시간이 걸릴까요? 정답은 80시간이 아닙니다. 겨우 20시간입니다.

총 5과목, 각각 80점의 합격 점수, 100시간의 학습으로 구성된 시험이 있다고 가정해 보겠습니다. 완벽주의자는 100점에 갇혀 한 과목을 공부하는 데 100시간을 소비합니다. 그 결과 점수는 500점 만점에 100점이었습니다. 이것이 연례 시험이라면 5개 과목을 모두 통과하는 데 5년이 걸릴 것입니다. 반면에 80:20 규칙을 최대한 활용하고 불완전한 사람이라면, 한 과목을 각각 20시간씩 총 5과목씩 공부합니다. 5과목 모두에서 80점을 받아 총 400점을 받았습니다. 결과적으로 수험 과정은 1년 만에 지나갑니다.

또한 시간당 생산성을 살펴보겠습니다. 완벽주의자는 100시간 동안 100점만 득점할 수 있으므로 시간당 생산성은 1점입니다. 불완전주의자인 사람은 100시간 동안 400점을 얻을 수 있으므로 시간당 생산성은 4점입니다. 즉, 완벽주의자의 생산성은 불완전주의자의 생산성의 4분의 1에 불과합니다. 따라서 80:20 법칙은 완벽주의에 빠지는 어리석음을 증명할 수도 있습니다.

아주 드물게 회사에서 우리는 다른 사람들로부터 완벽을 추구하는 사람들을 봅니다. 이는 회사 전체의 생산성 저하와 수익성 저하로 이어집니다. 따라서 그러한 사람은 회사에 매우 성가신 존재입니다. 이 법칙의 설명이 일을 대충 해도 된다는 의미가 아닙니다. 효율성을 추구하는 선택을 강조하는 것입니다. 인생은 모든 것을 할 수 없는 유한한 시간입니다.

완벽주의자들은 눈치채지 못한다

예를 들어, 전통 공연예술의 경우 과거에 형식이 완성되었기 때문에 완벽함이 있어야 합니다. 그러나 판소리와 문묘제례악과 같은 아악과 같은 분야에서도 우리는 항상 새로운 요소를 통합하고 있습니다. 또한 탁주·청주·소주 같은 한국 술과 식초·식혜·수정과·녹차 같은 전통 음식과 음료도 현대식으로 계량되어 먹고 마십니다. 시대와 함께 상황이 변하고 그 변화에 항상 대응할 필요가 있기 때문입니다.

완전함은 최종 형태를 의미합니다. 그러나 실제로 완벽한 사람, 완전한 사람은 어디에도 없습니다. 따라서 '완벽함'은 사람의 한계를 의미하며 더 이상 성장하지 않는다는 선언으로 받아들일 수도 있습니다. 완벽주의자는 자신이 완벽하다고 생각하기 때문에 다음과 같은 주요 부분은 인식하지 못합니다.

- 완벽주의자는 사물의 우선순위를 결정하는 데 필요한 판단력의 부재로 중요성을 구분하지 못하기도 함.
- 완벽주의자는 넓은 시야와 다면적인 관점에서 사물을 보는 데 필요한 넓은 관점 대신 좁은 시야만 갖고 있음.
- 완벽주의자는 미지의 세계의 존재를 받아들이거나 상상하는 데 필요한 유연성 대신 우물 속의 개구리와 같은 편협한 상태에 머물러 있음.
- 완벽주의자는 불변의 사물과 변화하는 사물의 존재를 분별하는 데 필요한 세계관이 없어서 변화를 싫어함.
- 완벽주의자는 자신의 무지, 무능, 무력함을 깨닫기 위해 필요한 겸손한 마음이 부족해서 내적으로 오만한 사람으로 보임.

세상에 완벽함이 존재한다는 잘못된 전제는 "나는 완벽하다."는 큰 오해로 이어집니다. 당신이 이미 완벽하다면, 당신은 성장할 필요가 없으므로 현상 유지를 위해 노력하기만 하면 됩니다. 이런 식으로 도전하고 싶지 않고 자기 보호만 하는 사람들이 만들어질 수 있습니다. 다시 말하지만, 세상에는 완벽한 사람도, 완벽한 것도 없습니다.

불완전 사람이야말로 성장 가능한 사람입니다. 자신이 완전하지 않다면 당장 변화하고 현재 상황을 바꿀 때 비로소 성장이 시작되기 때문입니다.

지속적인 성장을 위해 필요한 두 가지 인식

능력의 성장, 사고의 성장

지속적인 성장을 위해서는 어떠한 인식을 갖고 있어야 할까요? "나는 불완전하다. 그러므로 나는 내 상태를 개선해야 한다." 계속 성장하기 위해서는 이 두 가지 인식이 필수 불가결합니다. 완벽한 상태는 종착역을 의미하며 더 이상 성장할 수 없기 때문입니다.

인간은 불완전한 상태로 태어나고, 평생 동안 계속 성장해도 결국 불완전한 상태에 이르게 됩니다. 당신이 완벽한 상태에 도달하지 못했다고 해서 당신의 삶이 무의미하다는 것을 의미하지는 않습니다. 성장을 목표로 하는 과정이 의미가 있기 때문입니다. 앞에서 언급하였듯이 등산의 목적은 정상에 오르는 것만이 아닙니다.

나는 또한 두 부분에서 성장에 대해 생각하고 있습니다. 첫 번째는 능력의 성장이고, 두 번째는 사고의 성장입니다. 먼저 능력의 성장은 같은 일을 정확하거나 빠르게 하거나, 이전과는 다르게 하거나 어려운 일을 하는, 즉 유능한 능력입니다. 지식의 증가도 이것의 일부가 될 것입니다. 능력을 향상시키면 문제를 해결할 수 있습니다.

두 번째는 사고의 성장입니다. 당신은 당신의 능력을 향상시키고 싶은데 어떤 목적으로 능력을 향상시켜야 할까요? 또 그 목적을 위해서는 어떤 능력을 향상시켜야 할까요? 그리고 그러한 능력을 향상시키려면 어떻게 해야 할까요? 이 '어떻게'에 관한 판단력을 향상시키기 위해서 필요한 것이 바로 사고의 성장입니다.

마음가짐을 키우면 같은 삶에서도 살기 쉬워집니다. 예를 들어, 과제 분리 개념을 학습하고 실행하면 다른 사람과 관련된 문제를 잘라 낼 수 있습니다. 사고는 그러한 기술적 사고방식에서 삶에 대한 근본적인 전망(가치와 세계관 포함)에 이르기까지 광범위한 것을 의미합니다.

인생관을 풍요롭게 하라
....

앞에서 말씀드린 능력 성장과 사고력 성장 중에서도 이 기술적인 사고방식이 모두 중요합니다. 그러나 가장 중요한 것은 아마도 삶에 대한 전망일 것입니다. 행복감을 얻을 수 있느냐 없느냐는 결국 인생관에 따라 결정되기 때문입니다. 인생에 대한 풍부한 전망을 가지고 있다면 운이 좋지 않더라도 행복감을 찾을 수 있습니다. 반면에 당신이 삶에 대한 나쁜 전망에 지배된다면, 행복감을 얻기가 어려울 것입니다.

인생에서 우월한 전망은 다른 사람에게 무언가를 요구하는 경향이 있으며, 항상 자신의 처지에 불만족합니다. 세상이나 자신의 삶을 추악하고 괴로운 것으로 규정하는 염세주의에 빠질 필요가 하등에도 없습니다. 우리가 특권을 누리고 있더라도 그 가치를 깨닫거나 그것을 활용하거나 그것의 참된 가치를 부여할 수 없습니다. 따라서 행복 자체는 오래가지 않으며 불행에서 벗어날 수 있는 기회는 쉽게 오기가 어렵습니다.

당신과 다른 수준에 있는 사람들로부터 배움으로써 삶에 대한 전망을 향상시킬 수 있는 방법이 있습니다. 그런 사람을 만날 확률은 제로에 가깝기 때문에 우리는 책을 읽어야 합니다. 아들러뿐 아니라 아인슈타인, 드러커 등 과거 위대한 인물들이 남긴 말에서 중요한 방향을 얻을 수 있기 때문입니다.

중국 고전에서는 『논어』, 『채근담』, 『명심보감』 등이 좋습니다. 『명심보감』은 일종의 행복론을 담고 있습니다. 세상의 어떤 것들은 항상 변하는 반면, 다른 것들은 불변합니다. 일반적인 변화에는 과학기술, 의학, 사람과 회사의 흥망성쇠가 포함됩니다. 반면에 인간 내면 세계의 근본적인 부분은 기원전 이후 거의 변하지 않은 것 같습니다. 그 부분을 배우려면 전해 내려온 선배들의 말과 고전이 매우 유용할 것이라고 생각합니다.

놀랍지만 『논어』는 전한(前漢) 시대에 처음 출현하였습니다. 대략 2,200여 년 동안 우리의 사상에 크게 영향을 미쳤습니다. 맹자는 공자의 사상을 발전시켜 유학을 후세에 전했습니다. 인(仁) · 의(義) · 예(禮) · 지(智) · 신(信)은 현대를 살아가는 요즘도 반드시 필요한 덕목입니다.

의미 있는 인생을 위한
시간 활용 팁

자신의 인생을 위한 시간

....

마음의 자유를 넓히기 위해 시간을 어떻게 사용하는지가 중요합니다. 내가 느끼는 마음의 자유는 시간을 어떻게 사용하느냐에 따라 크게 달라진다는 것을 깨달았기 때문입니다. 그중 가장 효과적인 구분은 인생의 시간과 물리적 시간입니다. 요점은 후자에 쫓기지 않고 전자를 풍요롭게 하는 것입니다.

"시간이란 무엇인가?"라고 묻는다면 이 질문은 심리학, 생물학, 철학, 자연과학, 물리학, 우주론 등 각 분야마다 각각의 정의가 다를 것입니다. 심리학적으로 20대의 1년과 60대의 1년은 같지 않습니다. 또한 청년의 경우 매일 새로운 경험을 하지만 장년과 노년의 경우는 비슷한 경험을 반복하기 때문에 시간이 다르게 느껴집니다.

생물의 체내에 시계 역할을 하는 기능이 있습니다. 생체시계입니다. 밤에 자고 낮에 노동하는 것이 규칙적으로 반복해서 일어나 생물종의 본능으로 작용합니다. 심장 박동도 쥐는 0.1초, 사람은 1초, 코끼리는 3초에 1회 뜁니다. 심장 박동에 소비되는 에너지의 양이 다르고 수명의 장단이 각각 다릅니다.

종교적으로 생명 순환과 윤회론을 믿으면 창조 → 존속 → 종말 → 파멸을 주기적으로 반복하고 순환적 구조로 무한 반복합니다. 역복귀도 반복 가능할 것입니다. 하지만 기독교는 흘러가는 시간은 반복이 불가능하다는 직선적 시간관을 갖습니다. 어쨌든 시간과 공간, 시간과 존재(나)는 항상 하나로, 우리의 인생은 지금 여기에 있습니다. 지금 이 순간을 소중히 하면서 자신의 목적을 향해서 열심히 살아가는 것이 의미 있는 삶입니다.

세상의 어떤 사람들은 항상 바쁘다고 생각합니다. 어떤 사람들은 바쁘지 않으면 인생이 성취되지 않을 것이라고 생각합니다. 또 어떤 사람들은 나쁜 것을 상상하고 불안에서 벗어나기 위해 여가 시간에도 일을 합니다. 그러나 그 시간의 대부분은 무의미한 시간입니다. 인생을 여행에 비유하면 살기 위해 앞으로 나아간다고 말할 수 있습니다. 그러나 목적지, 코스 선택, 여행 방법, 상태, 도로 상황, 경과 시간, 도착 마감 시간 등을 확인하는 것도 필요합니다. 이것이 전체 여정을 결정하는 핵심 요소입니다.

따라서 우리는 삶 전체를 결정하는 중요한 삶을 위한 문제를 고려할 시간을 가져야 합니다. 일상을 떠나 혼자 있고 자신을 마주해 보세요. 그리고 인생 목표, 생활 방법, 목표 달성 방법, 현재 상황, 주변 환경 및 인생 계획에 대해 생각해 보세요. 그러면 당신은 스스로의 삶을 통제하고 있다는 느낌을 갖게 될 것입니다. 즉, 인생에 대한 독립성을 회복할 수 있습니다. 결과적으로, 마음의 자유를 느끼게 될 것입니다.

시간 활용 방법

아침에 일어날 때부터 밤에 잠들 때까지 시간을 어떻게 사용합니까? 일주일 정도 자신의 시간 활용을 기록해서 분석해 보세요. 그리고 그 시간을 다음 네 가지로 나누어 집계해 보는 겁니다. ① 인생의 시간, ② 생산 혹은 생활의 시간, ③ 무의미한 시간, ④ 생명 유지의 시간(예: 수면, 섭생 등)으로 나눌 수 있습니다. 여기에서 ④는 논외로 하고 일하는 데 소요된 시간은 실제로 ①에서 ③으로 나눌 수 있습니다.

첫 번째, 인생의 시간은 미래의 발전으로 이어지는 일을 하고 있는 시간입니다. 실수를 하거나 돈을 잃더라도 여기에는 미래로 이어지는 시간이 포함됩니다. 또한 자신의 현재 상태(능력과 환경)와 과제 내용을 객관적으로 검토하는 시간도 인생의 시간이라고 할 수 있습니다. 독서를 하고 서예를 합니다.

두 번째, 생활의 시간은 돈이나 자기 보호를 위해 일하는 시간을 말합니다. 각종 회의와 행사에 참석하고, 강의를 준비하고, 논문을 작성하며, 지금과 같은 저술 활동을 합니다. 제자들을 만나 영혼을 위로하는 일도 나의 의무입니다. 일과 삶을 객관적으로 검토하는 관점은 없습니다. 우리는 어제와 같은 일을 맹목적으로 반복하기 때문에 세상의 변화를 따라갈 수 없습니다. 일 자체의 기쁨이 부족하다고 말할 수도 있습니다.

세 번째, 무의미한 시간은 미래를 위한 개선으로 이어지지 않는 시간이며, 우리의 삶에 도움이 되지 않는 시간입니다. 학위를 수여한 제자와 저녁 식사 후 4시간 동안 생맥주를 마셨습니다. 이런 시간을 가능한 한 줄이고 싶습니다. 후유증이 깊기 때문입니다.

얼핏 보면 젊은이들이 자신을 찾아 보내는 시간은 인생의 시간인 것 같습니다. 그러나 인생 경험이 거의 없기 때문에 머리로만 생각하고 행동에 옮기지 않으므로 정답에 도달할 확률은 제로에 가깝습니다. 그러면 자신을 찾는 시간은 무의미한 시간이 되고 맙니다. 생각에 머물지 말고 발을 내디뎌야 합니다. 젊은이의 경우 독립과 생활경험이 목표이므로 생활시간의 비율은 80% 이상일 수 있습니다. 수업에 참여하고, 책을 읽고, 봉사 활동을 하고, 동아리 활동에 참여하는 것 등은 이 범주에 포함됩니다.

그러나 경제활동에 참여한 30대 이후에는 의식적으로 인생을 위한 시간을 따로 떼어 놓으십시오. 취업 후 첫 단계가 끝나고 다음 단계로 넘어가기 위해서는 새로운 목표가 필요하기 때문입니다. 이 시기를 쉽게 보내면 평생 변하지 않는 20대라는 과거에 매몰된 자아를 갖게 될지도 모릅니다. 자신의 인생의 시간에 꾸준히 투자하십시오.

자유의 실현과
관계의 중요성

목표로 삼아야 할 인간관계

아들러의 영향을 받았다고 전해지는 스티븐 R. 코비(Stephen R. Covey)의 유명한 책 『성공하기 위한 일곱 가지 습관(Seven Habits)』에서는 여러 인간관계를 소개합니다. 승-패 관계는 자신이 이익을 얻고 상대방이 손실을 입는 관계입니다. 패-승 관계는 당신이 손실을 입고 상대방이 이익을 얻는 관계입니다. 이는 트레이드오프(trade off) 관계라고 할 수 있습니다. 최악의 관계는 양 당사자가 손실을 입는 패-패(Lost-Lose) 관계입니다. 혹자는 이 상황을 썩은 동아줄 가장자리를 붙잡은 것이라고 생각할 것입니다.

목표로 삼아야 할 관계는 윈-윈(win-win) 관계입니다. 이것을 자유에 적용하면 자신의 자유를 실현하는 유일한 길은 타인의 자유를 인정하는 것임을 알 수 있습니다. 즉, 다른 사람을 구속하지 않는 동시에 다른 사람에게 묶여 있지 않습니다. 그러기 위해서는 과제를 분리하고 상대방을 신뢰해야 합니다. 남을 믿기 위해서는 배신을 당해도 상처받지 않는 힘, 그리고 사람을 보는 안목이 있어야 합니다.

사실, 중요한 사안에서 나에 대해 반대 의견을 표명했거나 나와 완전히 다른 성격이나 생각을 가진 사람이 아무렇지도 않게 한 말이나 조언이 실제로 매우 중요합니다. 인간관계에서 대부분의 사람들은 위에서 나를 끌어 주는 힘을 가지고 있는 사람이 있는 한 행복하게 일하거나 살 수 있다고 생각지만, 실제로는 그렇지 않습니다. 오히려 세 가지 힘이 잘 작동하고 있을 때만 좋은 인간관계가 제대로 기능합니다. 위에서 당기는 힘, 아래에서 지원하는 힘, 옆에서 미는 수평력이 그것입니다.

위에서 끌어 주는 힘은 방금 언급했듯이 학생에게는 교수, 인생에는 멘토, 직장에서는 상사, 해당 분야의 전문가 및 노인 등입니다. 아래로부터의 지원을 받을 힘은 회사의 후배, 작가에게는 독자, 회사는 자사 서비스를 이용하는 자 혹은 고객으로부터 지지를 받는 것을 말합니다. 위에서 끌어 주는 사람이 있다면 확실히 직업상·사업상 큰 기회를 얻을 수 있습니다. 그러나 이 힘만으로는 나의 인생이 전혀 작동할 수 없습니다. 결국, 당신은 아래에서 지원을 받아야 합니다. 회사의 고객과 작가의 독자, 교수에게 학생의 지지는 매우 중요합니다. 또한 동아리 회원과 친구와 입사 동기와 같은 수평적 지지자도 빼놓을 수 없습니다.

나는 여러분 모두가 내 삶의 중요한 지원자라고 생각합니다. 요점은 이러한 세 가지 힘이 모두 결합되어야만 올바른 방향으로 인생이 움직일 수 있다는 것입니다. 즉, 세 방향의 힘을 균형 있게 맞추는 것이 매우 중요합니다. 당신의 마음에 귀를 기울이고, 주변에서 당신에게 가장 중요한 사람들을 찾아보세요.

자유로운 인생과 의미 있는 일

다른 사람들의 욕망을 충족시키는 방식으로 살아서는 안 됩니다. 그것은 나 자신의 삶이 아닌 다른 사람들의 삶을 사는 것이기 때문입니다. 사실, 이것만으로는 충분하지 않습니다. 나 자신의 삶을 제대로 살기 위해 무엇을 더 해야 할까요? 온 힘을 다해 자신과 문제를 해결하기 위한 방법을 추구하고 실천에 옮겨야 합니다. 특히, 자신을 알고, 자신을 통제하고, 능력을 개발하고, 국가와 지역사회에 기여해야 합니다. 결국에는 사회 공헌을 위한 자아실현으로 이어져야 합니다.

이를 위해서는 '다른 사람들이 이래야 한다.'고 생각할 여지가 없어야 합니다. 그 전에 나 자신에 대해 뭔가를 해야 합니다. '다른 사람들이 이래야 한다.'고 생각하는 것은 실제로 다른 사람의 삶을 사는 것과 같습니다. 다시 말해, 당신은 다른 사람들과 묶여 있고, 당신 자신의 삶을 살지 않습니다. 문제의 분리에서 접근하더라도 다른 사람에게 이렇게 해야 한다는 것은 실수입니다.

많은 사람들은 다른 사람의 삶을 존중하지 않으며, 다른 사람의 존재를 독립적으로 인정하지 않습니다. 그러나 누구나 사람은 자유롭게 살아야 합니다. 자유에도 조건이 따릅니다. 다른 사람들을 괴롭히지 않는 한 사회의 규칙 내에서 이루어져야 한다는 것입니다. 또한 타인의 자유를 존중하는 자세도 필요합니다. 그래야 나도 자유롭게 살 수 있기 때문입니다.

　의식이 싹트기 시작할 때, 비로소 인생이 시작됩니다. 준비도 없이 갑자기 인생이 시작되는 것입니다. 인생의 의미라는 것은, 아들러에 의하면 주어진 자신의 생명을 한껏 고양시켜 다소나마 타자나 사회를 위해 기여하는 것입니다. 얼굴도 모르는 사람들 덕분에 내 삶이 행복하다고 생각하고 그에 대한 보답을 해야 한다고 생각하면, 내 인생도 의미 있는 일을 할 수 있게 됩니다. 우리 인생은 나 자신만을 위해서 살 수 있는 권리가 없습니다. 왜냐하면, 우리는 다른 사람과 연결되어 있기 때문입니다.

즐거운 성장을 위한
잠재력 활용법

삶의 성장이 가장 즐거운 것이다

당신이 될 수 있는 사람이 되기에 너무 늦은 때란 없습니다. 꿈을 포기하지 않아야 하는 이유입니다. 아들러 마음학습에 따르면 인간은 죽기 2~3일 전까지도 변할 수 있습니다. '더 나은 성장을 위한 변화'는 언제나 가능하다는 것입니다. 즉, 인간은 나이에 상관없이 계속 성장할 수 있습니다.

나는 무엇보다 의식이 성장하는 것을 좋아합니다. 그렇다고 해서 거대한 야망이 있는 것도 아니고, 성장해야 한다는 의무감을 느낄 만큼 무척 진지하지도 않았습니다. 다만, 하나의 동기가 있었습니다. 내가 계속해서 성장할 때, 인생은 더 즐거워진다는 것입니다. 여기에서 인생이 즐거워진다는 데는 두 가지 의미가 있는데, 하나는 '일하는 것이 더 쉬워진다'는 것이고, 다른 하나는 '일과 사람이 재미있다'는 것입니다.

사실, 당신이 계속 성장할 때, 당신은 사물의 진정한 의미와 사물의 진정한 모습을 볼 수 있습니다. 예를 들어, 당신이 성장할 때, 당신은 당신의 얼굴을 걱정하는 유일한 사람이라는 것을 깨닫게 될 것입니다. 나를 가로막고 있던 것은 나 자신에 대한 애착, 자기중심성, 즉 자기애입니다. 또한 10대 후반이나 20대 초반이라는 시점에 성장을 멈춘 사람들을 많이 발견할 수 있습니다. 이 사람들 중 일부는 단지 생계를 유지하기 위해 수십 년 동안 마지못해 일해 왔습니다. 반면에 계속 성장하는 사람들은 일에서 기쁨과 즐거움을 찾을 수 있습니다. 아들러 마음학습의 공동체 의식과 사회공헌 의식을 학습하면 분명히 보람을 느낄 것입니다.

행복은 멀리 어딘가에 가면 얻을 수 있는 것이 아닙니다. 행복은 우리가 지금 처한 환경에서 우리 자신 안에서 찾아야 할 것입니다. 그러므로 변화를 추구해야 할 사람은 남이 아니라 자기 자신이어야 합니다. 즉, 자신의 사고능력을 키우고 사고방식을 바꾸는 것은 여기에서 지금 당장 시작해야 합니다.

잠에서 깨어나 거울을 보고 웃어 보세요. 하루를 의미 있게 보내자고 자신과 약속해 보는 겁니다. 집 밖에 나가 처음 마주치는 사람에게 "안녕하세요?"라고 인사해 보세요. 밝은 하루가 시작될 겁니다. 그리고 버스에 탑승하면 운전사에게 "감사합니다. 수고하십니다."라고 말을 건네 보세요. 감사한 하루가 시작될 겁니다.

잠재력을 발견하고 발휘하는 방법

사람의 잠재력은 내면 깊숙이 숨겨진 능력입니다. 잠재력이 높은 사람은 이성에 집착하는 사람보다 풍부한 감각과 예리한 기술을 가질 가능성이 높다고 합니다. 잠재력은 성인이 되어서도 누구에게나 잠복해 있으며, 잠재력을 발휘한 사람이 인생에서 성공하는 유형입니다. 그런데 이 잠재력은 모든 사람이 갖고 있습니다. 조건이 맞을 때 자신의 능력을 발휘하고 성장할 수 있을 것입니다.

뇌는 평생 사용하는 것보다 더 많은 잠재적 세포를 가지고 있으므로 계속 훈련하여 숨겨진 잠재력을 최대한 활용할 수 있어야 합니다. 지금 자신의 능력의 한계에 도달했다고 느낀다면 훈련하시기 바랍니다. 인간이 궁지에 몰리면 뇌의 물질 '노르아드레날린(noradrenaline)'이 방출된다고 합니다. 노르아드레날린은 주의력, 집중력 및 뇌 기능을 증가시킵니다. 그러나 자신의 능력을 끌어내기 위해 매일 자신을 극한으로 밀어붙일 수는 없으니, 다음 몇 가지 연습을 해 보세요.

재능을 극대화하기 위해 필요한 것 중 하나는 시각화 능력입니다. "시각화"는 머릿속에 이미지(事象)를 만드는 능력입니다. 모든 사람이 가진 힘으로 자신의 능력을 쉽게 개발할 수 있습니다. 한 가지 연습을 제시합니다. "가장 가까운 역까지 가장 빠른 목표를 상상"하고 이미지 전략 기술을 연마하는 것입니다.

먼저, 눈을 감고 먼저 집에서 가장 가까운 역으로 가는 자신을 상상해 보십시오. 눈을 감고 집에서 출발하여 가장 빠른 속도로 역에

도착하기 위해 길을 따라 걷는 이미지를 그립니다. 가장 빠른 속도로 주행할 때의 위험(신호등, 도로 폐쇄, 혼잡 정도 등)을 시각화하고 대책을 상상해 보십시오. 이런 이미징(imaging) 작업을 반복하면 자신도 모르는 잠재력을 발견할 수 있습니다.

아침에 일어나서 즉시 외부 자연조명을 받는 것도 효과적입니다. 밖에 나가서 햇빛을 직접 흡수하는 것이 가장 좋지만, 그렇게 할 수 없다면 창문을 통해 들어오는 빛을 느끼는 것만으로도 도움이 될 수 있습니다. 뇌가 아침 햇살에 노출되면 생체시계를 재설정하고 뇌 물질 세로토닌(serotonin)을 분비합니다. 이를 통해 뇌 기능과 신체 잠재력을 높이고 편안하게 하루를 시작할 수 있습니다.

업무를 효율적으로 진행하기 위해서는 자율신경계를 의식한 근무 일정을 만드는 것도 중요합니다. 아침에는 교감신경이 우세하게 작용하고 오후부터 저녁까지 부교감신경이 점차 우세해집니다. 교감신경이 우세한 상태는 사물을 논리적이고 냉정하게 인식하는 경향이 강하고, 부교감신경이 우세한 상태는 사물을 감정적으로 인식하는 경향이 강합니다.

즉, 교감신경계가 지배적인 아침에는 논리적이고 차분한 결정을 내리고, 감정에 휩쓸리지 않고 생각할 수 있으므로 중요한 결정을 내리거나 어려운 문제에 대해 생각할 때 아침에 가능한 한 많은 일을 하는 것이 좋습니다. 또한, 전두엽 피질의 활발한 활동은 개념 공식화와 같은 논리적 구성능력을 향상시킵니다. 새로운 프로젝트와 아이디어를 생각해 내고 아침에 보고서와 이력서를 작성하는 것이 좋습니다.

그리고 오후가 지나면 부교감신경이 지배적이 되어 뇌가 정서적으로나 정서적으로 인식하기 시작하여 다른 사람들과의 관계를 더 깊게 만듭니다. 회의나 협상 등 소통하기 좋은 시기입니다. 이처럼 일하는 순서만 바꾸어도 자기도 모르는 능력을 발견할 수 있습니다.

4부

변화와 성장

힘들지만 희망찬 길,
그 위에서

생의 마지막 순간까지
성장하라

사람의 뇌는 죽을 때까지 성장한다

　뇌과학 책들이 홍수를 이루고 있습니다. "뇌과학", "뇌의학" 혹은 "뇌강화"를 다루는 책에 따르면, 인간의 뇌는 20대와 40대에 가장 많이 성장합니다. 뇌세포가 가장 많은 수를 차지하는 것은 출생 순간입니다. 그 후, 엄청난 수의 뇌세포가 쉬지 않고 매초마다 죽습니다. 이 점만으로 판단하면 아기가 가장 똑똑할 것이지만 그렇지 않습니다. 실제로 뇌세포의 수는 나이가 들수록 감소하지만 반대로 아미노산과 같은 물질은 뇌에서 계속 증가하기 때문입니다.

　이러한 물질을 영양 공급원으로 사용하면 뇌는 죽을 때까지 계속 성장합니다. 여기서부터는 뇌의 능력을 두뇌의 힘이라고 임의로 명명하고 이야기를 진행하고자 합니다. 그렇다면 왜 고학력자들이 취업 후 성장을 못하고 머뭇거리는 걸까요? 이것은 약간의 두뇌 능력만 훈련하기 때문입니다.

인간과 침팬지의 DNA를 비교하면 약 99% 동일합니다. 그러나 뇌에는 큰 차이가 있습니다. 특히 전두엽이라고 하는 뇌의 전 부분의 비율이 침팬지는 17%에 불과하지만 인간은 29%로 상당히 큰 비율을 차지하고 있습니다. 이 전두엽은 지능지수에 관계없이 인간성이나 소통능력 등에 관여합니다. 전두엽 중에서도, 복내측 안와전두피질 (orbitofrontal cortex)이라고 불리는 부분은 타인의 마음(감정)의 이해, 사회성, 모럴 등에 깊게 관여하고 있습니다. 안와전두피질이 손상되면 유치하게 되어 충동적, 공격적(이른바 깨끗한 상태), 다동(多動)이 됩니다.

뇌의 기능은 스트레스가 크게 관련되어 있습니다. 과도한 스트레스는 인간성과 도덕성을 감소시킵니다. 적당한 스트레스는 뇌에 스트레스 호르몬을 분비시켜 오히려 뇌 기능을 향상시킵니다. 스트레스에 약한 뇌 부위에 전두엽(인간성·모럴), 해마(기억) 등이 있는데, 과잉 스트레스로 그 기능이 저하된다고 합니다. 이외에도 뇌과학은 무궁무진한 정보를 제공합니다. 시험점수를 얻는 뇌의 기능이 아무리 잘 발달해도 인격의 완성을 위한 뇌의 성장이 아니면 도루묵입니다.

일부 고급학위 과정에 등록한 사람을 제외하면 많은 사람들이 20대 초반까지 학교에 다닙니다. 학교에서는 교과과정의 필요에 따라 결정된 것을 재현하는 뇌 능력만이 크게 성장할 것입니다. 반면에 사회에 나가면 다면적으로 그것과는 다른 다양한 두뇌 활용 능력을 가져야 합니다. 필요에 따라 결정된 것을 재현하는 두뇌 능력만으로는 잘 대처할 수 없습니다.

성장을 멈추지 말라
·····················

나의 경우를 살펴보면 연구와 강의라는 업무상 기술은 40대에 가장 힘이 있었고, 50대에 가장 발전했습니다. 2~3년 전에 어디선가 이런 기사를 보았습니다. 빠른 능력은 이미 정점을 지났지만 전체적인 힘으로 보면 50대가 최고라는 것입니다. 뇌 의학의 관점에서 볼 때, 의학자들은 20대와 40대에 성장이 최고조에 달한다는 것을 발견했습니다. 두 가지를 바탕으로, 일에 관해서는 20대와 40대의 성장의 결과로 50대에 가장 큰 결과가 달성될 것이라는 가설을 세울 수 있습니다. 이 가설을 바탕으로 두 가지를 고려할 수 있습니다.

첫 번째는 50대에 최고의 성과를 거두기 위해서는 20대와 40대를 어떻게 보내느냐가 매우 중요하다는 것입니다. 이 기간 동안 뇌를 키우기 위해서는 그 목적에 맞게 노력해야 합니다. 사회에서는 학교에서 배우지 않은 가능한 한 다양한 경험을 하게 될 것이며, 그렇게 함으로써 다각적인 방식으로 두뇌 능력을 훈련하게 될 것입니다.

두 번째는 더 높은 나이까지 삶의 절정을 지연시키는 것입니다. 20대와 40대가 뇌 성장이 최고조에 달합니다. 그런데 어떤 사람들은 그렇게 하기 전에 스스로 성장을 멈춥니다. 실제로 내 주변의 많은 선생님들은 3단계 승진을 하자마자 연구를 손 놓아 버리고 그저 시간만 죽이는 경우가 흔합니다. 그렇다면 성장의 정점을 지연시키는 것이 불가능해지는데, 이렇게 해서는 안 됩니다.

뇌의 성장이 연장될 수 있다면, 60대까지 일의 정점을 지연시킬 수 있습니다. 이것은 이론에 불과합니다만, 61세에 정점을 찍으면 100세까지 사회인으로서 일할 수 있을지도 모릅니다. 그러기 위해서는 50세가 지나도 새로운 경험을 쌓으면서 미지의 것을 배워야 합니다. "공부는 죽은 뒤에야 끝난다."던 율곡 이이 선생의 말씀을 들려주고 싶습니다.

목적 달성에 이르는
영감의 씨앗

항상 목적을 의식해야 하는 이유

미움받을 용기는 목적론에서 시작됩니다. 목적론에 따르면, 인간은 무의식적으로 자신의 목적에 따라 산다고 합니다. 과거 사실의 의미도 이러한 목적에 따라 할당됩니다. 그러나 이 사실을 안다고 해서 수동적인 삶에서 벗어날 수 있는 것은 아닙니다. 근본 원인은 무의식적일 수 있습니다. 인간의 의식은 겉에서 순서대로, ① 표상(현재)의식, ② 잠재의식, ③ 심층의식으로 나눕니다. 우리가 주로 자각할 수 있는 것은 가장 겉으로 드러난 표상의식입니다. 잠재의식과 심층의식은 제어가 어렵습니다.

만일 당신이 자신의 목적에 따라 무의식적으로 살고 있다면 그것은 당신의 목적이 잠재의식 또는 심층의식에 있기 때문입니다. 따라서 통제하기 어려울 수 있으며 반대로 지배당할 수 있습니다. 확인하지 않고 이대로 방치해 두면 인생은 수동적으로 진행되고 맙니다. 해결책은 적극적인 목적의 표현입니다. 즉, 명확한 목적을 가지고 행동하고 항상 그것을 인식하는 것입니다. 쉴 때도 막연하게 쉬지 말고 쉬는 목적을 강하게 인식하고 잘 쉬십시오. 이처럼 우리는 목적 없이 보내는 시간을 줄여야 합니다.

목표를 명확히 하는 방법에는 두 가지가 있습니다. 첫째, 잠재의식 또는 심층의식에서 목적을 표면화하는 것입니다. 둘째, 잠재의식이나 심층의식에 얽매이지 않고, 표상의식을 나타내는 것에 명확한 목적을 설정하는 것입니다. 전자의 방법은 어렵기 때문에 후자의 방법을 사용할 것을 권합니다.

나는 인생이 또한 자신과의 싸움이라고 믿습니다. 잠재의식과 심층의식에 숨어 있는 미성숙한 자아와의 싸움에서 지지 않고 자아의 지배를 목표로 해야 합니다. 그러기 위해서는 목적의 발현에 대한 확고한 인식이 필요합니다. 목적 없이 막연하게 시간을 보내는 것이 아니라, 목적을 인식하는 것이 항상 중요한 이유입니다.

영감의 씨앗을 자극하는 '멍때리기'

혹자는 느긋한 시간이 영감을 준다고 합니다. "멍한 시간"이 때로는 도움이 된다는 것입니다. 느긋한 시간이 '영감의 씨앗'을 자극합니다. 인간은 유휴 상태일 때 아이디어를 떠올리기가 더 쉽습니다.

멍하다는 것은 뇌가 깨어 있지 않은 상태입니다. 그럴 때 '마음의 방황'이라는 현상이 발생할 수 있습니다. 즉, 마음이 목적 없이 방황하는 상태입니다. 이럴 때 인간은 아무것도 생각하지 않습니다. 하지만 '생각하기 전의 상태' 같은 이미지가 떠오를 때가 있습니다. 아이디어는 예상치 못한 연결에서 탄생하지 않습니까? 예를 들어, 'A와 B'에 가까우면 평소에 생각해도 쉽게 연결됩니다. 그러나 'A와 Z'처럼 멀리 떨어져 있다고 생각하면 잘 연결되지 않습니다. 그러나 마음이 방황할 때 이런 멀리 떨어져 있는 종류의 영감이 일어나기 쉽습니다.

흥미로운 점은 뇌가 일하거나 생각할 때보다 멍한 상태의 기본 모드 네트워크에서 더 많은 에너지를 소비한다는 것입니다. 이때는 뇌가 넓은 영역에서 활동하기 때문에 잡다한 기억과 이미지를 쉽게 정리하고 결합하며 아이디어를 촉발할 수 있습니다. 광범위한 뇌 활동은 아이디어의 탄생으로 이어집니다.

우선, 많은 활동을 하세요. 집안일을 하거나 쇼핑하러 걸어가는 것과 같은 일상적인 일 말입니다. 이것은 당신의 몸을 피곤하게 만들 것입니다. 이렇게 하면 자연스럽게 더 많은 휴식시간을 얻을 수 있고 더 쉽게 멍해질 수 있습니다. 그 후 편안하게 앉으세요. 식물을 배치하고 아로마를 태우는 것도 좋습니다. 좋아하는 음악을 재생할 수도 있습니다. 조명은 너무 밝지도 너무 어둡지도 않아야 합니다. 당신이 멍하니 있을 때, 당신의 두뇌는 실제로 작동하고 아이디어를 더 쉽게 떠올릴 것입니다.

욕망의 5단계,
자아실현을 향해

매슬로우의 욕망 5단계 이론

앞서 목적을 명확히 하고 항상 의식하는 것에 대해 이야기했습니다. 목적이 빨리 나뉘면 어려움이 없을 것입니다. 이를 위해 에이브러햄 매슬로우(Abraham Harold Maslow)의 5단계 욕망이론을 적용해볼 수 있습니다. 삶의 목적은 주로 욕망에 기반을 두고 있기 때문에 욕망을 키우면 그에 맞는 목적을 찾을 수 있습니다.

『용기의 심리학: 알프레드 아들러의 한 시간』이라는 책에 따르면, 심리학자 매슬로우는 아들러의 영향을 받았습니다. 매슬로우는 인간의 욕구는 병렬적으로 열거되어 있는 것이 아니라 여러 층으로 구성된 피라미드 구조로 되어 있다고 주장합니다. 매슬로우의 5단계 욕구이론은 인간의 욕구가 다음과 같이 5단계로 증가한다고 말합니다. ① 생리적 욕구, ② 안전의 욕구, ③ 소속감과 사랑의 욕구, ④ 존중과 승인의 욕구, ⑤ 자아실현에 대한 욕구입니다.

예를 들어 처음에는 살기 위해 일하지만, 시간이 지남에 따라 수입을 안정시키고 싶습니다. 또한 함께 일하는 직장 동료가 있으면 좋겠다고 희망하고, 결국 주변 사람들에게 인정받고 존경받고 싶습니다. 마지막으로, 사회에 공헌하기 위해 자아실현을 목표로 합니다. 그러나 대부분의 사람들은 자아실현을 이루지 못하고 생을 마감합니다. 어떻게 하면 자아실현에 빨리 도달할 수 있을까요?

이 질문은 어떻게 하면 자아에 대한 집착, 즉 자기중심성에서 벗어날 수 있을까 하는 문제와 동의어입니다. 실제로 ①부터 ④까지는 모두 자아에서 출발하는 욕망이기 때문입니다.

매슬로우는 자아실현을 하는 사람은 협동적인 사회적 관심을 발현하여 이를 추구하며, 다른 사람들 및 더 큰 세상과 의미 있는 관계를 맺는다고 보았습니다. 따라서 그는 자아실현의 필수요소인 외부현실과의 의미 있는 연결을 설정합니다. 반대로, 중요하게 여기는 욕구가 이기적이고 경쟁적인 성취에서 이를 찾는다면, 적대적인 감정과 제한된 외부관계를 얻는 데 그치므로 자아실현을 이룰 수 없다고 보았습니다.

인생의 최종 목표, 자아실현을 위해

매슬로우의 5단계 욕구이론에 따르면, 인간의 욕구는 다음 5단계로 증가합니다. ① 생리적 욕구, ② 안전의 필요성, ③ 소속감과 사랑, ④ 존중과 인정 욕구, ⑤ 자아실현에 대한 욕구입니다. 이 중 당신은 어느 단계에 있으며, 어느 단계에 이르렀을 뿐이며, 인생의 최종 목표는 어디라고 생각하고 있습니까?

첫 번째, 생리적 욕구는 가장 미성숙한 유형입니다. 자신의 욕망 때문에 폭력을 저지르는 사람, 법을 지키지 않는 사람 등은 사회에 잘 어울리지 못합니다.

두 번째, 안전의 욕구를 과도하게 요구하는 유형은 나르시시즘일 가능성이 높습니다. 어떤 사람들은 돈에 너무 집착하거나, 미래에 대해 비정상적으로 불안해하기도 합니다. 또 극도의 안전을 추구하기 때문에 작은 변화조차 거부하기도 합니다. 이러한 유형의 사람들은 자신을 극도로 사랑하는 마음이 다른 사람들에게 해를 끼치고 있다는 것을 깨달아야 합니다.

세 번째 단계에 도달하는 사람들이 가장 흔한 것 같습니다. 그들은 소위 좋은 사람이며 정신적으로 지쳐 있습니다. 이쯤에서 성장을 포기하고 삶을 낭비하는 사람들이 많이 있습니다. 소시민의 삶에 만족하는 것입니다. 아들러 마음학습의 효과는 이 단계에서 아마도 가장 유용할 것입니다.

네 번째 단계, 존중과 인정 욕구를 달성한 사람은 대부분 젊은 시절 목표로 한 것에 도달했을 가능성이 큽니다. 하지만 이들은 이내 공허함을 깨닫고 다섯 번째 단계인 자아실현을 목표로 나아가길 원합니다. 젊을 때는 다른 사람의 영향을 받기 쉽기 때문에 특히 자신의 멘토로 어울리는 사람을 잘 선택해야 합니다. 미성숙하더라도 주변 사람들이 인간적으로 성숙한 성인이라면 결국 자신은 올바른 방향으로 인도될 것입니다. 주변에 좋은 사람이 없다면 자아실현을 이룬 사람들의 전기와 책에서 배우는 것이 좋습니다. 이처럼 타인을 통해 사람을 보는 안목을 기르면 자신의 성장에 활용할 수 있을지도 모릅니다.

삶의 가치를 높여 주는
시간 관리법

목적을 찾기 위해 시간을 제한하라

어린 시절 나는 종종 목적 없이 시간을 보냈습니다. 들판에 나가 뱀을 만났고, 풀벌레를 잡았으며, 새들을 쫓아다녔습니다. 지금 회상하면 그런 활동들이 나를 형성한 시간이었습니다. 그러니 여러분의 자녀가, 동생이나 조카가, 후배가 그렇게 한다면 격려해 주십시오.

나는 항상 바쁘고 활동적이었습니다. 그러나 때로는 목적이 부족했습니다. 그러던 중 큰 변화는 20대 초반에 국가시험을 치르기 시작하면서 찾아왔습니다. 공부를 위해 시간을 따로 떼어 놓아야 했습니다. 그래서 모든 취미와 우정과 술을 포기하기로 결심했습니다. 시험 통과라는 목표를 위해 시간을 하나의 경로(path)로 좁혔습니다. 목적이 명확할 때 인간은 그것을 빨리 달성하기를 원합니다.

예를 들어, 당신이 1년 더 살고 싶은데 의사가 당신에게 1년을 더 살 수 없다고 말한다고 가정해 봅시다. 앞으로 남은 시간을 어떻게 보내야 하는지 진지하게 생각하게 됩니다. 그런 다음 목적을 찾게 됩니다. 가족을 위해 남은 시간을 활용하고 싶고, 해외여행을 가고 싶고, 주변을 정리하고 싶을 것입니다. 그러나 목적을 깨닫기에는 이미 너무 늦었습니다. 따라서 시간의 가치를 실현하기 위해서는 의도적으로 시간을 제한하십시오.

하루 시간을 여러 부분으로 나누어 관리합시다. 몇 시부터 몇 시까지 어떤 일을 하기로 결정했다면, 시간이 되면 반드시 멈추십시오. 또한 시간표를 만들고 목적 없는 시간이 있는지 확인하십시오. 오늘은 오전에 자료를 정리하고, 오후에는 방문객 손님들 접대를 하고, 5시 이후에는 체육관에서 체력을 키우고, 저녁에는 지인을 만나는 등의 일을 합니다. 그런 다음 매시간 내에 할당된 약속의 달성을 명확히 목표로 설정해야 합니다.

시간 관리 요령

시간 관리에 대한 몇 가지 팁을 설명하겠습니다. 첫째, 일정을 관리하십시오. 둘째, 시간의 가치를 높이세요. 셋째, 시간 관리로 만든 자유 시간을 최대한 의미 있게 활용하십시오. 우선 일정 관리에는 몇 가지 포인트가 있습니다. 다음과 같은 흐름에 따라 관리하는 것이 좋습니다.

- **1단계: 일정 관리 도구의 선택**

　먼저 일정을 관리할 도구를 결정하십시오. 노트북, 엑셀, 스케줄 관리 툴 등 다양한 종류가 있지만, 요즘은 스케줄 관리 툴이 일반적입니다.

- **2단계: 목표 설정**

　시간을 관리하기 위해서는 "이 마감일까지 ○○○를 달성하겠다."와 같은 목표가 필요합니다. 목표를 설정하면 무엇에 더 많은 시간을 할애해야 하는지 결정하는 데 도움이 될 수 있습니다.

- **3단계: 과제 정렬(우선순위의 구성)**

　긴급도가 높거나 낮은 것부터 중요도가 높거나 낮은 것, 시간이 적게 소요되는 것부터 많이 소요되는 것, 어느 정도 일정을 잡을 수 있는 것, 무작위로 발생하고 뛰어드는 것까지 다양한 유형의 과제가 있습니다. 다음과 같이 정렬하고 우선순위를 지정해야 합니다.

- **카테고리 A**: 중요도가 높고 긴급한 과제(예: 중요한 긴급 문제)
- **카테고리 B**: 중요도가 낮고 긴급도가 높은 과제(예: 긴급성이 필요한 커뮤니케이션 및 많은 관련 인력 등)
- **카테고리 C**: 중요도가 높고 긴급도가 낮은 과제(예: 중요한 프로젝트이지만 마감일이 아직 남아 있음)
- **카테고리 D**: 중요도가 낮고 긴급도가 낮은 과제(예: 이메일의 CC로 수신되는 것 등)

- **4단계: 일정 만들기**

일정 관리 도구에서 3단계에서 구성한 과제를 등록하고 진행 상황을 관리합니다.

- **5단계: PDCA 주기로 개선**

일정 기간 동안 이런 식으로 작업하고 상황을 확인하십시오. 문제가 있으면 개선하십시오.

이와 같이 일정을 관리하면 과제를 체계적으로 유지하고 특정 효과가 있을 뿐만 아니라 시간값(시간당 처리되는 작업량)도 증가합니다. 시간의 가치를 높이는 주요 방법은 다음과 같습니다.

파레토 법칙(2:8 법칙)을 잘 활용하십시오. 사람이 요청한 과제가 항상 100% 완료될 필요는 없으므로 당분간은 20%의 노력으로 80%의 결과를 보여 줍니다.

카테고리 B 및 카테고리 C 과제를 가능한 한 세분화하지 않고 앞서 언급한 과제의 심각도에 따라 수행할 시간을 확보하십시오. 하나의 프로젝트는 가능한 한 빨리 종료해야 합니다.

필요한 모든 과제를 일정에 표시하고 항상 명확한 시간을 할애하십시오. 이때, 모호한 목표와 결과에 대한 전망이 없는 회의 시간을 설정하지 마십시오.

시간 관리로 만든 자유시간을 최대한 활용하십시오. 일정을 관리하고 시간의 가치를 높여 만든 자유시간을 사용하고 기술을 향상시켜 비즈니스 기술을 향상시키십시오. 비즈니스 기술을 향상시키면 각

작업에 소요되는 시간이 줄어듭니다. 이런 식으로 시간 관리부터 시작하여 좋은 주기를 만들 수 있습니다.

피터 드러커의 시간 관리

심리학자 알프레드 아들러와 경영학자 피터 드러커는 공통점이 있습니다. 인생의 후반기를 미국에서 보낸 오스트리아계 유대인이라는 점입니다. 또한 『용기의 심리학: 알프레드 아들러의 한 시간』이라는 책에 따르면, 그들은 공통된 관점을 가지고 있다는 지적이 있습니다.

나는 아들러의 이론과 드러커의 이론을 상호보완적인 관계로 사용합니다. 그러나 드러커의 책은 『미움받을 용기』보다 몇 배나 더 어렵습니다. 그래서 나는 드러커(P.F. Drucker)의 『The Philosophy of Work』를 더 강력히 추천합니다. 이 책의 제13장의 주제는 시간 관리입니다.

드러커에 따르면, 시간은 희소한 자원입니다. 게다가 시간을 관리할 수 없으면 아무것도 관리할 수 없습니다. 시간 사용법을 아는 사람은 생각만으로도 큰 성과를 냅니다. 시간 낭비인 일을 찾아서 버려야 합니다. 미움받을 용기가 없는 사람들은 자제력에 시간을 낭비할 수 있습니다. 결과적으로 성장 및 생산활동을 위한 시간이 빼앗깁니다. 이에 대한 예방 조치로서 시간 관리가 효과적일 수 있습니다. 시간을 관리함으로써 시간을 어떻게 사용하는지 객관적으로 평가하고 목적이 없는 무용한 시간을 줄일 수 있기 때문입니다.

시간을 많이 낭비하는 사람들에게는 몇 가지 특성이 있습니다. 일과 같은 반복적인 일에도 우선순위에 대해 생각하지 않습니다. 목표를 설정하지 않습니다. 다른 사람의 의견에 영향을 받기 쉽습니다. 항상 휴대전화를 보고 있습니다. 자신이 해야 할 일이 무엇인지 잘 모릅니다. 아무것도 하지 않고 시간을 보냅니다. 실패를 영원히 반성하지 않습니다. 자신을 다른 사람과 비교하고 우울해집니다.

한편, 시간을 효율적으로 사용하는 사람들의 특성은 다음과 같습니다. 항상 업무 효율성을 고민합니다. 여가 시간을 자신에게 투자합니다. 목표에 맞게 일정을 관리합니다. 생각하자마자 행동합니다. 명확하게 분리된 'on/off', 'yes/no'가 있습니다. 할 수 없는 일은 할 수 없다는 것을 알고 있습니다.

여기에 시간 낭비를 없애는 몇 가지 방법을 다음과 같이 제시합니다. 먼저, 시간 낭비라고 생각한 것을 생각해 보고 반성하십시오. 실수에서 배운 것을 다음에 적용해 보십시오. 나중이 아니라 지금 할 수 있는 일을 하십시오. 때때로 내리고 싶지 않은 결정을 내려야 할 때도 있습니다. 한 가지에 집중하십시오. 목표 설정을 하고 때로는 거꾸로 계획을 세우는 것도 좋습니다. 중요한 작업에 대한 시간 우선순위를 지정하십시오. 가장 많은 시간이 소요되는 일을 효율적으로 만들어 수행하십시오. 집중력을 잃으면 일을 멈추고 휴식을 취하십시오.

당신의 삶을
풍요롭게 하는 목표

달성해야 할 목표, 지향해야 할 목표

목적을 실현하기 위해 필요한 것은 무엇일까요? 바로 '목표'입니다. 목표 달성 확률을 높이려면 목표를 잘 활용해야 합니다. 즉, 목표는 목적을 달성하기 위한 도구라고 할 수 있습니다. 이를 위해 먼저 목표를 두 가지로 나누어야 합니다.

- **달성해야 할 목표** : 목표와 목적이 거의 동일합니다.
- **지향해야 할 목표** : 목표와 목적이 반드시 일치하는 것은 아닙니다. 각각의 특성을 알고 필요에 따라 설정해야 합니다.

먼저, 달성해야 할 목표는 예를 들어 입학시험을 의미합니다. 통과하지 못하면(목표), 입학과 등록(목적)을 할 수 없기 때문에 반드시 달성해야 합니다. 그리고 지향해야 할 목표는 예를 들어, 축구동호회에 참가하는 것을 의미합니다. 많은 사람들이 사회인 축구대회 참가하여 입상이라는 목표를 달성하지 못하지만, 기술·체력·협동력(목표)을 습득할 수 있습니다.

달성해야 할 목표에서는 우선 현재 상황과의 격차를 측정합니다. 예를 들어, 시험에 통과하는 데 필요한 편차의 값이 60점이지만 현재 상황이 50점이라면 간격은 10점입니다. 시험이 12개월 남았다면 최소 2개월 전에 60점에 도달하는 것이 좋습니다. 최종 목표가 10개월 동안 10점을 올리는 것이라면 월평균 1점을 늘리는 것이 단기 목표입니다. 목표 달성 비결은 이런 식으로 최종 목표 위에 작은 단기 목표를 겹쳐 놓는 것입니다. 지상에서 계단을 세우고 한 번에 한 걸음씩 올라가 2층으로 올라가는 모습입니다. 이 계단을 설정하는 경우, 최종 목표의 높이와 시간 제약을 고려하여 거꾸로 작업해야 합니다.

달성해야 할 목표는 알기 쉽기 때문에 성취감을 찾아서 이 목표만 추구하는 사람도 있습니다. 예를 들어, 자격증 수집에 모든 것을 거는 미치광이라고 불리는 사람들입니다. 그들은 현실적으로 별로 도움이 안 되는 자격증 취득을 위해 시간과 비용을 쏟아붓습니다. 그러나 원하는 자격증을 취득해도 실제로 사회에 공헌할 수 없으며 자기만족으로 끝나기 때문에 공동체 의식이나 타인에 대한 공헌을 했다는 감흥을 얻지 못할 것입니다.

다른 목표는 지향해야 할 목표로, 목적과 목표가 반드시 일치하지 않는 경우입니다. 이때는 목표를 달성하지 못하더라도 그것을 목표로 함으로써 목적을 실현할 수 있습니다. 이 목표는 원래 목표가 아니라 잠정적 목표입니다. 그 때문에 달성해야 할 목표와 비교하면, 이해하기 어려운 측면이 있습니다. 달성해야 할 목표도 인생을 확고한 방향으로 이끌 수 있습니다. 한편, 지향하는 목표를 달성할 수 있으면, 인생이 더 재미있어집니다. 당신의 삶을 풍요롭게 하는 것이 실제로 당신의 목표일 수 있습니다. 필요한 것은 상상력입니다.

예를 들어, 나의 경우에는 100세까지 활동하는 것이 목표입니다. 100세 기념 특강을 하겠다고 약속을 했습니다. 그러나 대부분의 사람들은 실제로 100세는 고사하고 80세까지 사는 것조차 위태롭습니다. 그러나 50세가 지나면서 이 목표를 달성하기 위해 건강 관리, 체력, 정신의 흐려짐 방지를 위해 노력하기 시작했습니다. 나는 또한 서예가 되는 것을 목표 중 하나로 정했습니다. 20년 동안 부지런히 글쓰기 연습을 해서 80세에 서예전에서 입선하고 싶습니다.

사람의 재능은 제한되어 있지만 노력은 제한되지 않습니다. 어려운 일을 시도하면 자연스럽게 좌절을 경험할 기회가 더 많아집니다. 그러므로 인생에는 항상 좌절이 있으며, 좌절은 사람이 적극적으로 살았다는 증거라고 할 수 있습니다.

목표의 본질은 목적에 있다

목표는 본질적으로 목적을 달성하기 위해 존재합니다. 그러나 목적 설정은 목표 설정보다 훨씬 어렵습니다. 특히, 인생의 목적은 수십 년의 삶의 경험이 지나기 전까지는 볼 수 없습니다. 따라서 목적을 모른다면 보류하십시오. 미성숙 상태에서 억지로 목적을 설정하면 비현실적이 될 가능성이 높습니다.

예를 들어, 자신이 특별해야 한다고 믿는 사람이 있습니다. 이 사람들 중 일부는 생각 없는 정의에 갇히거나 큰 찬사를 받기 위해 가상의 성공을 추구합니다. 취업 후에도 그 목적에 끌려가면서 목숨을 잃거나 큰 사기 사건을 일으킬 수 있습니다. 그러나 목적이나 목표가 없는 삶의 방식은 삶의 헤게모니와 활력을 박탈합니다. 따라서 목적 설정을 보류하고 목표 설정에 노력하는 것이 좋습니다.

일찍 자고 일찍 일어나기, 위장을 편안한 상태로 유지하기, 하루에 한 번 좋은 일하기, 매일의 성장, 정서적 안정, 주변을 청소하여 정리 정돈하기 등 목적을 모르더라도 누구나 설정할 수 있는 목표를 설정하여 달성하는 겁니다.

그런데 이러한 목표를 선택할 때 우선순위는 사람마다 다릅니다. 이는 어떤 힘이 작용하고 있기 때문이 아닐까요? 나는 거기에 삶의 목적이 있다고 믿습니다. 그러나 인생 경험이 부족하여 말로 표현하지 못할 수도 있습니다. 아들러 마음학습은 인간이 어린 시절에 생활 방식을 결정한다고 믿습니다. 아마 깊은 잠재의식 속에 숨어 있는 것 같습니다. 즉, 삶의 목적은 말로 표현할 수는 없지만 실제로 존재할 수도 있습니다.

그러나 성장은 생활 방식의 변화를 필요로 하는 것처럼 원래의 삶의 목적을 변화시켜야 합니다. 인생 초기의 생활 방식과 삶의 목적은 부모와 가족, 생활환경, 사고방식 등에 영향을 받습니다. 이것들

의 나쁜 부분을 바꾸지 않으면 남은 인생은 더 이상 나아지지 않을 것
입니다.

성장은 노력 여하에
달려 있다

업적 = 시간의 질 × 시간의 양

성장하는 사람과 성장하지 않는 사람의 차이는 어디에서 나타날까요? 나는 그 사람이 자신의 시간을 어떻게 사용하는지에 초점을 맞추고자 합니다. 인간사회는 태곳적부터 불평등했습니다. 그러나 시간은 누구에게나 동등하게 주어진 몇 안 되는 자원 중 하나입니다. 세계에서 가장 부유한 사람들도 수명이 다하면 필연적으로 죽을 것입니다. 모든 사람에게 1분은 60초, 1시간은 60분, 하루는 24시간, 1년은 365일입니다. 또한 과거와 미래 사이에는 현재가 있고, 다음 순간에는 현재가 과거가 됩니다. 따라서 남은 삶의 시간은 쉬지 않고 매초마다 감소합니다. 시간은 절대 뒤로 가는 법이 없이 앞으로만 흐른다는 데서 우리 모두는 자유롭지 못합니다.

명백히 불가역적인 시간이라는 화두를 깨트릴 수는 없다면, 한 번 흘러간 시간을 붙잡는 대신 새로운 미래와 맞장을 뜨는 용기가 훨씬 더 현명한 삶의 자세가 아닐까 생각합니다. 그러나 성장하는 데는 엄청난 시간이 걸립니다. 따라서 성장을 목표로 하는 사람들은 시간이 무엇보다 귀중한 자원이라는 것을 예리하게 인식하고 있습니다. 반면에 성장하지 않는 사람은 시간의 가치조차 깨닫지 못합니다.

· 시간당 성과 = 시간의 질 × 시간의 양

이 공식이 정확하고 시간이 일정하다고 가정하면 결괏값을 높일 수 있는 방법은 한 가지뿐입니다. 그것은 시간의 질을 향상시키는 것입니다. 시간의 질은 어느 정도 당신이 통제할 수 있습니다. 나는 명품 트렌드를 따르지 않기 때문에 스마트폰을 만지작거리거나 SNS에서 시간을 보내지 않았습니다. 페이스북, 인스타그램, 트위터에 쓰는 시간이 아깝게 느껴졌습니다. 시간의 가치를 깨달을 때, 당신은 놀라울 정도로 단순한 삶을 보게 될 것입니다.

공부는 바보스럽고 어리석은 짓이 아니며 굳이 공맹(孔孟)을 인용하지 않더라도 행위 그 자체가 인생에서 가장 기쁜 일이라고 생각합니다. 노동과 공부가 괴롭고 슬픈 것은 게으른 자의 발상입니다. 인생에서 가장 힘든 일은 무위(無爲)입니다. 기득권의 배 위에서 타성에 젖어 도식(徒食)만 일삼고 다가오는 폭풍우를 어떻게 이겨 낼 것인지 대책을 강구하지 않는다면 위험은 우리를 가만두지 않을 것입니다. 학문은 물을 거슬러 가는 배와 같아서 나아가지 않으면 곧 물러난다고 하였습니다(學問, 如逆水行舟, 不進則退).

한 가지에 집중하라

노력이 일정 수준을 초과하면 특정 시점에서 경이롭게 결과가 증가하기 시작합니다. 내가 공직 생활을 할 때 마라톤 클럽의 회원이었습니다. 5㎞, 10㎞ 단축마라톤에서 호흡에 어려움을 겪고 있었습니다. 마라톤은 15년간 지속되었던 흡연을 중단하기 위한 시도였습니다. 매일 연습을 하며 일주일마다 연속으로 3분씩 기록을 줄였고, 마침내 금연도 성공했으며 동아국제마라톤에서 42.195㎞ 완주도 가능했습니다.

TOEFL 시험의 4가지 테스트 영역 중 3가지 영역(문법, 독해, 작문)을 통과하기 위해서는 상당한 암기가 필요합니다. 심지어 작문의 경우도 기본문장을 통째 암기하고 단어만 바꿔 가며 주제에 맞게 영작을 하였습니다. 영역당 약 8,000단어를 거의 실수 없이 암기하였고, 4번째 듣기평가의 영역도 시험 후기를 참조하여 배경지식을 매일 현행화해서 암기하였습니다. 8개월 후에는 약 1,000페이지 정도의 지식이 축적된 한 권의 책이 생겼습니다.

노력이 일정 수준을 초과하면 특정 지점에서 경이로운 결과를 얻을 수 있습니다. 이 사실을 알면 특별한 노력이 가능합니다. 즉, 한 가지에 전념하십시오. 그러면 시간의 질이 바뀝니다. 뇌가 한 가지에 의해 독점되면 더 빨리 일을 성취하게 됩니다. 만일 당신이 많은 곳에 마음을 품고 있다면, 이것저것 신경 쓰게 되기 때문에 빠른 성취는 불가능해집니다. 또한 노력의 양에 관해서는 극단적인 표현이지만 쓰러질 때까지 열심히 노력하십시오.

힘들지만
희망찬 길을 선택하라

성장에는 고통이 따른다

성장하는 사람과 성장하지 않는 사람의 차이는 또 어디에서 나타날까요? 그 구별은 어려움에 대한 사람의 태도를 중요시하는 데서 나타납니다. 사람의 태도는 말과 행동이 아니라 전적으로 행동에서 드러납니다. 그래서 많은 사람들이 어떤 사람을 판단할 때, 행동으로 판단하는 것이 가장 신뢰할 수 있다고 믿습니다.

어려움은 실제로 사람 때문에 발생합니다. 사람마다 성격이 다르고 생활도 다르기 때문입니다. 같은 삶을 살아도 성격마다 어려움을 받아들이는 정도의 차이가 다릅니다. 따라서 어려움은 성장하기 위해 사람에게 주어진 과제라고도 할 수 있습니다.

대부분의 사람들은 무슨 일이 있어도 고난을 극복해야 한다는 데 어려움을 겪습니다. 이를 극복하기 위해서 필요한 것이 바로 반성하는 태도입니다. 반성함으로써 우리는 어려움의 원인, 즉 우리 자신의 미성숙한 부분을 식별할 수 있습니다. 성장하는 사람들은 고난을 극복하기 위해 먼저 반성하는 태도를 갖습니다.

성장이란 더 나은 방향으로 변화하는 것입니다. 따라서 어려움과 같은 자신의 독특한 상황을 도전을 통해 극복하면 인생이 반드시 향상되고 자신을 성장시킬 것입니다. 또한 일단 극복하면 비슷한 어려움이 거의 발생하지 않습니다. 사전에 알아차리거나, 회피하거나, 어려움이 발생하지 않는 상황을 만들 수 있기 때문입니다.

이와는 반대로, 성장하지 못한 사람들은 어려움에서 벗어나려고 노력하지 않습니다. 어떤 사람들은 거짓말을 하거나 다른 사람을 속이는 것과 같은 잘못된 방법으로 회피하려고 합니다. 이런 일이 발생하면 성장의 기회를 놓치게 됩니다. 근본 원인은 자신을 부정할 용기가 없는 마음가짐과 태도에 있습니다. 결과적으로 성장하지 않는 사람들은 같은 실수를 반복합니다. 또 수십 년이 지난 후에도 여전히 침체에 갇혀 있을지도 모릅니다.

당신에게 일어나는 일은 이유가 무엇이든 당신 때문에 일어난 것입니다. 우리가 살고 있는 세상에서, 우리는 할 수 없는 것보다 더 많은 것을 할 수 있습니다. 당신이 그것을 할 수 있다고 생각할 때, 당신이 가지고 있다는 것을 깨닫지 못했던 힘이 나옵니다. 처음부터 할 수 없다고 말하면 할 수 없습니다. 도망치지 않고 노력하면 인생은 개선의 방향으로 나아갈 것입니다.

힘들지만 희망찬 길을 선택해야 하는 이유

아들러 마음학습을 한마디로 정리하면 "인생의 길은 힘들지만 희망이 있다"는 것입니다. 당신은 가혹하지 않으면서도 희망이 보이지 않는 삶과 힘들지만 희망이 보이는 삶, 이 두 가지 삶 중 어떤 삶을 선택하시겠습니까? 전자 즉, 가혹하지 않으면서도 희망이 보이지 않는 삶을 선택하는 사람은 어려움을 외면하고, 후자 즉, 힘들지만 희망이 보이는 삶을 선택하는 사람은 어려움에 직면합니다.

만일 당신이 성장하고 싶다면, 전자의 삶을 피하고 후자의 삶을 선택해야 합니다. 물론 당신의 삶이 1년 이하로 짧다면 전자의 삶을 선택하겠지만, 그게 아니라면 당신은 힘들지만 희망이 보이는 삶을 살아야 합니다. 그렇다면 '가혹하지 않으면서도 희망이 보이지 않는 삶'을 선택하지 말아야 하는 이유는 무엇일까요? 다음의 세 가지로 정리해 볼 수 있겠습니다.

첫째, 난이도가 생각한 것보다 어렵지 않다는 데 있습니다. 이것은 몇 년 동안 그것을 극복한 후에 깨달을 수 있는 것입니다. 우리가 어렸을 때 우리를 괴롭혔던 것을 기억합시다. 당시에는 극복할 수 없을 만큼의 큰 어려움으로 느껴졌지만, 얼마간의 시간이 지나면 그리 어렵지 않게 해결되는 경험을 해 보았을 것입니다.

둘째, '가혹하지 않으면서도 희망이 보이지 않는 삶'을 선택한다면, 결국 나중에 '힘들지만 희망이 보이는 삶'으로 돌아가는 데 어려움을 겪을 수 있습니다. 전자의 삶을 살며 매우 좋은 한때를 보내지만, 결국 슬럼프에서 벗어날 수 없게 됩니다. 슬럼프에서 벗어나 성장하기 위해서 후자의 삶으로 돌아가길 원하지만, 전자 삶이 길어질수록 후자의 삶으로 돌아가는 것은 불가능해집니다.

셋째, 인간으로서 약해집니다. 신체적·정신적 건강을 유지하려면 적당한 스트레스가 필요합니다. 그러나 쉬운 삶을 살면 작은 일에도 신경이 날카로워져 짜증이 나거나 혹은 어떠한 일에도 무감각해져 관대함이 떨어집니다. 진정한 자아를 찾아 살고 싶다면 '힘들지만 희망이 보이는 삶'으로 돌아가야 합니다.

이제 행동에 옮겨야 합니다. 지속성이 중요합니다. 한 발자국 내딛으면 하나의 점만 찍을 뿐이지만, 연속해서 발자국을 만들면 선이 되고 앞으로 나아갈 수 있습니다. 매일 계속 점을 찍고 선을 긋는 것, 즉 행동을 습관화하는 것을 의미합니다. 당신이 그것을 마음에 새기고 행동을 취한다면 힘이 되고 자신을 변화시킬 수 있습니다.

성장하는 사람은
책임감이 있다

책임감이 인간의 성장을 촉진한다

당신이 당신의 일에 책임을 질 때, 당신은 성장의 필요성을 깨닫는다고 드러커(Drucker)는 말했습니다. 책임감을 가진 사람들은 자신의 지위에 관계없이 더 나은 일을 하려고 노력합니다. 이를 통해 자신의 불완전함, 즉 미성숙을 깨달을 수 있습니다. 그렇게 함으로써 성장의 필요성을 더 잘 인식할 수 있습니다.

반면에 자신의 일에 대한 책임감이 거의 없는 사람들이 있습니다. 예를 들어, 돈을 받기 위해 일하는 사람들인데 이들은 자신의 급여 수준만큼의 일만 합니다. 이 무책임한 사람들은 성장의 반대 방향으로 가고 있습니다. 무책임한 사람들은 "나는 최소한 월급을 받으면 된다."고 생각할 수 있습니다. 그러나 경기침체가 오면 그 욕망조차도 이루어지지 않을 것입니다.

그런데 간혹 책임감이 강한 사람들이 자신의 성장을 포기하는 경우가 있습니다. 인간에게 가장 중요한 과제는 국가와 지역사회에 대한 공헌을 통해 스스로 성장하는 것입니다. 그러나 다른 사람의 도전을 떠맡으면 자신의 성장을 소홀히 하게 됩니다. "행복하게 살기 위해서는 주변 사람들에게 방해받지 말아야 한다."고 아인슈타인 박사도 말했습니다. 자신의 문제에 집중하기 위해서는 과제 분리를 통해 다른 사람들의 문제를 잘라 내야 합니다. 공동체 의식과 기여(공헌) 의식을 위해 더 큰 공동체를 보고, 어떤 종류의 기여를 할 수 있는지 생각해 보십시오. 최근에 성장이 멈췄다고 생각되면 매번 이 확인을 반복해야 합니다.

더 큰 공동체에 대한 책임의 인식

우리는 자신의 책임을 어떻게 인식해야 합니까? 당신이 조직에서 직책을 맡을 때, 당신은 당신의 지위에 상응하는 책임을 인식하게 됩니다. 특정 위치에 있지 않더라도 모든 사람은 자신이 참여하는 업무에 대한 일선 직원으로서의 책임을 인식해야 합니다. 그러나 이것만으로는 지속적으로 성장할 수 없습니다. 그 이유는 자신의 직장이나 담당 부서와 같은 소규모 커뮤니티만 알고 있기 때문입니다.

따라서 소규모 공동체에 대한 기여만으로는 성장 효과를 기대할 수 없습니다. 적어도 한국 사회로, 능력을 더 확장할 수 있는 사람들이라면, 세계 · 지구 · 인류의 수준에 도달해야 합니다. 또한 시계열에 초점을 맞춤으로써 커뮤니티를 과거와 미래로 확장할 수 있습니다. 가난하거나 분쟁 지역에서 태어났다면, 1,000년 전에 태어났다면, 지금과 같은 풍요로운 삶을 살 수 없을 것입니다. 이런 식으로 상상력을 발휘하면 오늘날 우리가 가진 생활환경을 구축한 수많은 조상 · 선배 · 전임자들에게 감사할 수 있습니다.

다음으로, 우리의 책임이 어디에 있는지 생각해 봅시다. 우리가 과거 세대에게 감사한다면, 그것을 미래 세대에게 물려주는 것이 현재 세대의 책임이 아닐까요? 풍요로운 사회를 다음 세대에 물려주는 것이 우리의 책임입니다.

그러나 개인으로서 특별한 일을 할 필요는 없습니다. 우선, 자신의 직업을 통해 책임을 다하십시오. 현대사회가 전문화되고 분업으로 나뉘었기 때문입니다. 세상의 이목을 끌 만한 거창한 일을 할 필요는 없습니다. 정치나 행정부가 책임져야 할 일을 하고 싶다면 국회의원이나 공무원의 지위를 얻어 그 지위에 따라 행동해야 합니다. 중요한 것은 더 큰 공동체를 살펴보고 그 구성원으로서 기여해야 할 책임을 인식하는 것입니다.

같은 일을 하고 같은 삶을 살더라도 당신이 알고 있는 공동체의 규모가 당신의 성장에 차이를 만들 것입니다. 자신, 가족, 동료, 회사 및 산업만 인식할 수 있다면 성장은 결국 멈출 것입니다. 예전에는 훌륭했지만 성장을 멈춘 사람들에게서 흔히 볼 수 있는 경향이 바로 여기에 있습니다.

성장하는 사람들의 다섯 가지 특징

성장하는 사람 vs 성장하지 못하는 사람

성장하는 사람들의 특징은 다음과 같습니다.

① 미래에 집중합니다.

② 자신에게 기대합니다.

③ 시간을 소중히 관리합니다.

④ 어려움에 직면하여도 피하지 않습니다.

⑤ 강한 책임감을 가지고 있습니다.

성장하지 않는 사람들의 특징은 다음과 같습니다.

① 과거에 집중합니다.

② 다른 사람에게 기대합니다.

③ 시간을 낭비합니다.

④ 어려움에서 벗어나지 못합니다.

⑤ 책임감이 부족합니다.

여기서 ①은 목적론, ②와 ④는 과제 분리, ⑤는 공동체 의식과 사회공헌 감각과 관련되어 있습니다.

또한 성장이 멈추면 완벽주의에 빠진다고 이야기했습니다. 성장이 멈추면 극복해야 할 다른 과제가 있는지 확인할 수 없습니다. 이미 마스터한 필드만 볼 수 있기 때문에 덜 중요한 부분에 집착하는 사람들도 있습니다. 성장하는 사람과 시간을 느끼지 못하는 사람에게도 차이가 있습니다. 성장하는 사람에게는 하루가 빨리 지나가지만, 그렇지 않은 사람에게는 하루가 길게 느껴집니다. 그러나 10년의 관점에서 이 느낌은 반전됩니다. 성장하지 않는 사람들은 아무것도 성취하지 못할 것이기 때문입니다.

무언가를 성취하는 데에도 포인트가 있습니다. 우선은 체험 후의 성장을 목표로 삼아야 합니다. 성장은 더 나은 방향으로 변화하는 것이지만 가치 상승이 특히 효과적입니다. 새로운 사람으로 거듭나기 위해서는 가치관의 변화가 필수이기 때문입니다. 성장률을 높이려면 자발적으로 일해야 합니다. 그러면 다른 사람들이 강요하는 것보다 훨씬 빨리 마스터할 수 있습니다. 하나의 도전을 빨리 통과할수록 다음 도전에 더 많이 쉽게 대응할 수 있으므로 더 효율적으로 성장할 수 있습니다.

나만의 성장 스타일을 확립하라

    많은 사람들이 20대 초반까지 성장합니다. 그 이유는 무엇일까요? 학생 신분일 때는 주변 사람들에 의해 교육을 받고 변화가 기대되거나 그것이 강요됩니다. 그러나 취직 후 시간이 지나면 그 상황에서 해방됩니다. 기대나 강요가 사라지게 됩니다. 이 때문에 많은 사람들이 20대 초반까지 성장하는 것입니다.

    성장하기 위해서는 자율성이 필요합니다. 독립적으로 성장에 임하는 사람과 막연하게 시간을 보내는 사람의 격차는 해가 갈수록 벌어질 것입니다. 좋은 대학을 졸업한 후에도 성장을 게을리하는 사람들은 일의 의미를 이해할 수 없습니다. 그래서 돈을 벌기 위해, 아니 마지못해 일하러 오거나, 심지어 사교를 위해 직장에 오는 사람들도 있습니다. 또한 같은 수준의 사람들과 함께 그룹에 있으면 성장과 반대 방향으로 갈 것입니다.

    그렇다면 우리는 어떻게 성장을 습관화할 수 있을까요? 우선, 자신에게 맞는 성장 스타일을 수립해야 합니다. 요점은 오랫동안 계속될 수 있고 결국에는 결과가 달성되어야 한다는 것입니다. 무언가를 시도할 때 이 요구사항을 충족하기 위해 다양한 방법을 시도하십시오. 나의 경우에는 책을 사용합니다. 책에서 읽은 내용을 실제로 정리하면서 저자의 생각을 완전한 내 것으로 만드는 것입니다.

독서의 한 방법으로는 광범위한 독서를 사용하여 좋은 책을 찾고, 발견되면 신중하게 읽으며 읽는 동안 보조 노트를 작성합니다. 이 과정을 거치면 마침내 머릿속에 자리 잡을 수 있습니다. 드러커(Drucker)의 『Management Essentials』와 같은 작품의 경우, 이 과정은 약 3개월이 걸렸습니다. 고통스럽고 힘들었지만 인내의 시간을 보내고 이해하면 피로가 날아갑니다.

책의 가장 큰 매력은 일상생활에서 만날 수 없는 사람들의 지식과 지혜를 쉽고 저렴하게 접할 수 있다는 것입니다. 예를 들어, 독서에 빠지면 나는 위대한 사람, 외국인 또는 과거의 사람이 될 수 있습니다. 또 내가 원하는 것을 내가 원할 때마다, 내가 원하는 양만큼 흡수할 수 있습니다.

충분한 휴식과
수면의 중요성

시간을 사용하는 방법은 성공과 실패의 차이를 만든다

자신만의 성장 스타일을 확립하기 위해서는 시간을 사용하는 방법이 핵심입니다. 누구에게나 하루는 24시간입니다. 거기서 생활하는 시간을 빼면 몇 시간이 남을까요? 이 남은 시간을 성장에 얼마나 효과적으로 사용할 수 있느냐 없느냐가 성공과 실패를 가릅니다. 시간의 양이 일정하다면 시간의 질을 향상시킬 수밖에 없습니다. 시간의 질을 높이려면 집중력 향상이 필요합니다.

집중력은 신체 상태에 적지 않은 영향을 받습니다. 따라서 신체상태와 집중력 사이의 관계를 주의 깊게 관찰하는 것이 중요합니다. 나의 경우, 잠에서 깬 처음 두 시간 동안 집중력이 가장 많이 증가합니다.

이때 중요한 것은 집중할 수 없을 때는 억지로 생각하지 않으려고 노력하는 것입니다. 피로감, 무력감, 절망감이 잠재의식에 남아 있으면 결국 집중력이 흐트러지고 만족할 만한 결과물을 만들어 내지 못하게 되기 때문입니다. 피곤할 때는 과감하게 휴식을 취하는 것이 가장 좋습니다. 또한 휴식을 취할 때 죄책감이나 막연함을 느끼지 마십시오. 일과 공부와 마찬가지로, 주도권을 잡고 열심히 쉬고 잠을 잘 때 열심히 자도록 노력합시다.

수면의 질을 높이기 위해서는 수면의 리듬을 잘 타야 합니다. 전문가들에 따르면 수면에는 뇌가 깨어 있는 렘(REM)수면과 뇌도 잠들어 있는 비렘(REM)수면이 번갈아 반복되는 두 가지 유형이 있습니다. 잠이 들면 먼저 약 90분 동안 '비렘수면' 상태에 들어가게 되는데, 이는 모든 수면 중 가장 깊은 수면으로 간주됩니다. 이 초기 '비렘수면' 상태에서 잘 수 있다면 수면의 질을 향상시킬 수 있습니다. 즉, 잠들 때 최상의 상태를 유지하는 것이 핵심입니다.

잠들 때 주의해야 할 일곱 가지

• 취침 최소 3시간 전에 저녁 식사하기

음식이 위장에 남아 있으면 위가 소화를 위해 계속 작용하여 '비렘수면'에 들어가기가 어렵습니다.

- **취침 최소 2시간 전에 목욕하기**

  욕조에 몸을 담그는 것도 중요하지만, 잠을 잘 때 몸의 중심 '심부체온'의 온도가 떨어지기 때문에 취침 직전에 목욕을 하지 말고 최소 2시간에 걸쳐 서서히 심부체온을 낮추어 몸의 수면 준비를 하는 것이 좋습니다.

- **잠자리에 들기 전에 스마트폰 끄기**

  스마트폰이나 컴퓨터 등의 전자기기에서 방출되는 블루라이트는 햇빛과 비슷하기 때문에 뇌가 시간을 잘못 인식해 깨어날 수 있습니다.

- **잠자리에 들기 전에 알코올과 카페인 섭취하지 말기**

  수면에 필요한 부교감 신경을 늦추는 카페인과 알코올을 분해하는 아세트 알데히드를 생성하는 술을 마시지 마십시오.

- **잠들기 전에 가벼운 스트레칭하기**

  체내의 혈액 순환을 좋게 하는 스트레칭은 심부체온을 부드럽게 낮추는 효과가 있습니다. 또한 근육 긴장을 완화시켜 몸이 이완되어 깊은 잠에 빠지기 쉽습니다.

- **아로마 오일 사용하기**

  자율 신경계를 조절하는 라벤더와 스트레스를 해소하고 긍정적인 느낌을 주는 오렌지 스위트 등 기분 좋은 향기를 사용하는 것이 효과적입니다. 아로마 오일 한두 방울을 티슈에 담그고 침대 옆에 두기만 하면 됩니다.

• 잠들기 좋은 음악 듣기

당신이 이완될 때, 당신의 뇌파는 알파파(α-wave)의 파장에 있습니다. 알파파로 전환하려면 편안한 음악을 듣는 것이 좋습니다. 잠들기 1시간 전부터 음악을 듣기 시작하는 것이 좋습니다. 나의 경우, 비 오는 소리를 듣고 잠을 청합니다.

5부

삶의 주인공

나에게 건네는
위로와 격려

거리를 두어야 하는
유형의 사람들

누구와 어울릴지 선택하기

세 가지 유형의 사람으로 구분할 수 있습니다. 첫 번째는 아들러 마음학습의 사상을 적극적으로 따르는 사람, 두 번째는 아들러 마음학습을 절대 받아들일 수 없는 사람, 세 번째는 첫 번째와 두 번째 유형 사이에 있고 주변 환경의 영향을 받기 쉬운 사람입니다.

여기에서 문제는 세 번째 유형의 사람들입니다. 그들은 『미움받을 용기』라는 제목을 보았을 때, 감정이 흔들리고, 이 책을 집어 들었을 것입니다. 이들이 아들러의 마음학습을 마치면 두 번째 유형의 사람과 거리를 두어야 합니다. 두 번째 유형의 사람들은 자신의 문제를 분리할 수 없고, 다른 사람의 문제에 개입하는 사람입니다. 문제를 해결하지 않고 자신의 문제로 우리를 밀어붙이는 사람들 또는 항상 조언을 구하지만 듣지 않는 사람들이거나 또한 이 두 가지 자질을 모두 갖춘 사람입니다.

이들은 사람을 상하로 나누고, 깔보거나 얕잡아 보는 언행을 무시로 내뱉습니다. 상대방의 이질성을 인정하고 싶지 않기 때문입니다. 이 유형의 사람들은 대부분 자아에 대한 애착이 너무 강해서 자신과 다르다고 느낄 때, 비난하거나, 비하하거나, 부정하거나, 거부하거나, 심지어 공격할 수도 있습니다.

아들러는 대인관계에서 모든 사람은 다르지만 평등하다고 말했습니다. 사회 전체를 공동체로 여기고 모든 사람이 평등하다고 느끼는 것이 중요하다는 것입니다. 이러한 공동체 의식이 없는 이들과 함께 있을 때, 아들러 마음학습뿐 아니라 다른 방식으로도 성장이 어려우므로 반드시 거리를 둘 필요가 있습니다.

타인의 성장을 원하지 않는 사람

타인의 성장을 원하지 않는 이들은 두 번째 유형의 사람들입니다. 이들의 전형적이고 대표적인 예를 들어 설명해 보겠습니다.

전형적인 예는 자녀를 떠나지 않는 부모입니다. 과제 분리가 없기 때문에 스스로 아이들의 과제에 발을 들여놓습니다. 얼핏 보면 아이를 생각하는 것 같지만, 실은 아이의 삶도 자신의 삶의 일부라고 생각합니다. 아이가 독립할 때, 버림받았다고 느끼기 때문에 아이의 독립을 방해합니다. 그런 부모를 가진 사람은 가능한 한 빨리 독립을 목표로 해야 합니다. 가능하면 당장 집을 떠나십시오. 집을 떠나는 방법에는 지역대학에 진학하거나 편한 회사에 취직하는 것이 포함됩니다. 그리고 자신의 삶을 스스로 개척해야 합니다.

이러한 유형의 관계가 동료 또는 친구인 경우, 비생산적인 관계에서 시간을 낭비할 수 있습니다. 다른 사람의 다른 부분을 인정하지 않은 나머지, 누군가 성장하려고 하면 발을 잡아당깁니다. 이것은 아마도 자아에 대한 애착이 너무 강해서 항상 공감을 찾고 있기 때문일 것입니다. 또 이 그룹에서는 다른 구성원을 조종하는 보스를 만나 볼 수도 있습니다.

다른 사람들에게 나를 드러낼 때 그들로부터 미움받을 용기가 없는 사람들은 정신적으로 불안정합니다. 따라서 기분이 좋은 사람이 있을 때 우리는 의심의 여지 없이 그 사람을 이해한다고 믿는 경향이 있습니다. 그 사람이 악의적인 의도를 숨기고 있더라도 그것을 알아차릴 확률은 낮습니다. 그래서 자신이 이용당하고 있다는 사실도 모른 채 낯선 사람을 공격하거나 범죄를 저지를지도 모릅니다. 이러한 손상을 피하기 위해서는 정신적 독립을 목표로 해야 합니다.

현실적인 독립에는 위험이 뒤따릅니다. 아직 경험하지 않았고 성공할지 실패할지 모르기 때문입니다. 그러나 다소 위험이 있더라도 담대한 선택을 해야 합니다. 물론 독립해서 시행착오를 일으킬 수 있습니다. 독립하고 나면 매일 이상한 일이 일어나기도 합니다. 그래도 독립하지 않아 후회가 남을 것 같다면, 도전을 하고 미련을 남기지 않는 것이 만족스러운 삶이 아닐까요? 언젠가 반드시 웃을 날이 올 것입니다. 고통은 성장의 양식입니다.

분노에서 벗어나
마음의 평화를 찾는 법

궁극적으로 추구하는 것은 평화로운 마음

사람들이 궁극적으로 원하는 것은 무엇일까요? 돈의 축복을 받지 못한 분은 돈이라고 생각하기 쉽고, 학력에 불만이 있으면 학력을 생각하고, 외모가 신경 쓰이면 외모를 생각합니다. 그들 모두의 공통점은 그것이 더 많았다면 지금보다 더 행복했을 것이라는 것입니다. 즉, 인과이론과 유사한 사고방식입니다.

세상에는 우리보다 운이 좋지는 않지만 명예롭게 사는 사람들이 많이 있습니다. 인과적 사고방식을 없애면 다른 답을 도출할 수 있을지도 모릅니다. 결국 중요한 것은 돈, 지위, 명예, 권력, 능력, 외모, 교육, 장수가 아닙니다. 그보다 중요한 것은 바로 '평화로운 마음' 아닐까요?

나폴레옹 힐(Napoleon Hill)은 베스트셀러『생각이 현실이 된다』의 저자로, 그는 끊임없이 다른 많은 저서에서 성공에 대해 이야기했습니다. 그러나 그의 후기 저서『성공의 철학』에서 그는 마음의 평화가 중요하다고 썼습니다. 이는 많은 것을 얻은 사람이 도달한 최종 답이라고 할 수 있습니다. 돈, 지위, 명예, 권력 등으로 아무리 축복받아도 마음이 평화롭지 않으면 행복하지 않습니다. 반면에, 이런 것들로 축복받지 못하더라도 평화로운 마음으로 사는 사람들은 행복하다고 말할 수 있습니다.

궁극적으로 당신이 행복한지 아닌지를 결정하는 것은 단 한 가지, 그것은 당신의 마음입니다. 이 부분을 명확히 하지 않으면 불행을 향해 열심히 일하고 있을지도 모릅니다. 《나는 자연인이다》라는 프로그램에 출연한 분들 중 거처가 불편한 산에 사는 상황이 도회지에서의 삶보다 더 행복하다고 말하는 것을 봤습니다. 그들은 이구동성으로 마음이 편하기 때문이라고 답합니다.

마음의 분노로부터 멀어지는 법
··

좌절로부터 자신이 해방되어야 마음의 평화를 얻을 수 있습니다. 좌절의 원인은 자신이 처한 환경이나 상대방이 아니라 자신 안에 있습니다. 좌절은 자신이 만들어 낸 마음속의 허상입니다. 자신 이외에는 자신을 제어하고 조종할 수 없습니다. 나를 운전하는 자는 나 자신이라는 생각을 하십시오. 상대방은 내 뜻대로 움직여 주지 않을 것입니다. 자신 이외의 모든 것들은 날씨처럼 제어가 불가능합니다.

처음부터 제어 가능한 것은 나 자신뿐이라고 생각하면 대부분의 일은 "뭐 어쩔 수 없지 않은가?"라고 생각되어 좌절은 사라질 것입니다. 다른 사람과의 관계에서 일일이 쓸데없는 반응을 하지 않는다면 좌절도 고통도 없습니다. 모든 고통은 자신이 반응함으로써 시작됩니다.

인간은 예상하지 못한 사건이 일어날 때 분노나 자극을 느낍니다. 그러나 그런 일이 일어날 수도 있다고 생각하는 여유를 가져 보십시오. 이처럼 예측하고 마음의 준비를 하면 좌절을 느낄 수 없습니다. 좌절하고 있는 자신을 객관적으로 바라보아야 합니다. 자신의 솔직한 감정을 인정해야 합니다. 환경을 바꾸어 자신을 다른 곳에 두는 것도 좋을 것 같습니다. 호흡을 바꿔 부교감신경이 우위가 되도록 하는 것도 좋습니다. 따뜻한 차 한 잔으로 기분 전환을 해 보세요. 당신의 평화를 간구합니다.

상처받지 않는
자신으로 거듭나다

상대방의 말에 상처받지 않는 법

아들러 마음학습을 연습하면 강하게 살 수 있습니다. 나는 30여 년간 아들러 마음학습을 실천한, 곧 60대가 되는 사람으로서 경험을 전하고자 합니다. 우선, 나는 더 이상 다른 사람들의 말에 상처를 느끼지 않습니다. 심지어 내가 소속한 학회에서 후배 교수가 내가 없는 자리에서 "학회 자금을 수천만 원 횡령했다."는 명예훼손의 발언을 한 사실에 대해서도 고소를 하지 않고 용서했습니다. 객관적인 사실과 다른 명백한 허위의 말이었기에 대꾸조차 필요하지 않다고 자신을 위로했습니다.

어떤 종류의 단어를 말하는지는 상대방의 인간성, 성숙함, 표현력 등에 달려 있습니다. 상대방이 악의적인 의도를 가지고 있거나 미성숙한 경우에도 인간사회이기 때문에 일상적인 일이라고 할 수 있습니다. 즉, 이것은 상대방의 문제이기 때문에 이슈의 분리에 의해 즉시 분리됩니다. 그러나 상대방의 말을 인식하는 방법은 나 자신의 일입니다.

다른 사람의 평가에 내가 불편함을 느끼는 것은 참는 연습의 부족 때문입니다. 다른 사람의 평가에 상처받는 것은 어리석다고 생각합니다. 나에 대한 평가가 내 언행에 대한 경고이거나 주의이고 내용이 정확하면 나는 즉시 행동을 변경합니다. 한편, 내용이 틀리더라도 매번 상처받거나 불편함을 느끼는 것은 시간 낭비라고 생각합니다. 순간은 고통스럽더라도 애써 무시해 버립니다.

만일 그들이 나를 폄훼하고자 하는 나쁜 의도를 가지고 있다면, 내가 상처를 받거나 불만족스러워했을 때, 그들의 목적을 달성해 주는 것입니다. 그러므로 침착하게 상대방의 수준과 인간성에 대한 통찰력을 얻을 필요가 있습니다.

여기서 효과적인 것은 아들러가 옹호하는 과제 분리입니다. 무조건 비굴하게 수용하라는 것이 아닙니다. 우리는 과제 분리를 통해 상대방의 단어를 처리해야 합니다. 당신의 인생에서 상대방에게 상처를 주거나 불편하게 만드는 어떤 것에도 주의를 기울이지 않습니다.

나를 보호해 주는 '망각'의 중요성
··

말(言)에 취약한 사람들과 말에 깊은 상처를 입은 사람들은 한 가지 특성을 가지고 있습니다. 단어를 반복해서 기억하는 습관입니다. 내가 그것을 기억할 때마다, 그 기억은 상처로 깊이 새겨집니다. 과거의 싫어하는 것을 억지로 잊는 것은 어렵습니다. 점차적으로 당신이 그것을 잊고 싶어도, 당신은 그것을 잊을 수 없을 것입니다. 싫은 기분을 느끼면서 싫은 감정은 더욱 깊어지게 됩니다.

자신의 마음에 깊은 상처의 흉터로 남은 것을 없애려고 하면 다른 문제가 발생하기도 합니다. 감정적으로 다른 일로 묻으려고 뭔가에 의존하기도 합니다. 이것은 자신을 해치는 것과 같지 않습니까? 자신을 소중히 여기지 않는 사람들을 우리는 '바보'라고 부릅니다. 바보는 행복할 수 없으며 당연한 것으로 생각합니다. 그러므로 자신의 이러한 나쁜 습관을 발견한다면 그 즉시 중단하십시오. 멈출 수 없다는 것은 변명일 뿐입니다. 오직 당신만이 자신의 문제를 해결할 수 있으므로 스스로 책임을 져야 합니다.

주의할 것은 피해자 의식입니다. 자신에게 일어난 부정적인 것을 "나에게는 전혀 책임이 없다."라고 생각하고 남 탓으로 돌리는 것입니다. 이런 사고방식은 옛날 일을 좀처럼 잊지 않습니다. 내가 피해자라고 생각하므로 누군가가 손을 내밀어 나를 잡아 주기를 원합니다. 피해의식이 강하면 뭔가 보상이 충족되지 않는 한 과거 일이 잊히지 않습니다. 과도한 승인 욕구나 피해 보상 욕구는 버려야 합니다.

혹시 독일 심리학자 에빙하우스(Ebbinghaus)의 망각곡선을 아십니까? 독일의 심리학자 헤르만 에빙하우스가 인간의 장기기억에 대한 연구의 결과로 제안한 개념입니다. 인간은 자신이 받아들인 내용을 다시 검토하지 않으면 20분 후에 42%를 잊어버립니다. 1시간 후

56%, 하루 후 74%, 1주일 후 77%, 1월 이후 79%를 망각합니다. 즉, 하루에 대부분(74%)을 잊어버리고 나머지는 천천히 잊어버립니다. 따라서 나쁜 말을 들었더라도 애써 기억하려 노력하지만 않는다면 잊힐 것입니다.

앞서 언급했듯이 인간의 뇌는 한 번에 한 가지만 생각할 수 있습니다. 의식적으로 즐거운 것을 기억하려고 노력하면 동시에 불쾌한 것을 기억할 수 없습니다. 또한 아들러가 말했듯, 지금 여기에서 진지하게 살면 의미 없는 말을 듣지 않을 것입니다. 과거 일에 의미를 부여하는 것은 자신입니다. 과거에 일어난 사건을 바꿀 수는 없습니다. 지금을 더 의미 있게 살려면 과거의 해석과 정의를 바꿔야 합니다. 이미 끝나 버린 과거의 일이기 때문입니다. 그저 "시간의 흐름에 놔두자"라고 생각하면 과거의 사건으로부터 분리되고 기억에서 멀어질 것입니다.

만일 상처를 입을 시간이 있다면 국가와 지역사회에 기여하는 것과 같은 생산적인 일에 시간을 할애하십시오. 지금의 일로 마음이 가득하면 다른 일은 떠오르지 않을 것입니다.

상처, 주지도
받지도 말기

○

●

남을 미워하면 안 되는 이유

··

　사람은 상대방으로부터 불쾌한 말을 들으면 마음이 상하고 상대방을 미워하게 됩니다. 그러나 상대방이 70%의 표현력을 가지고 있고 당신의 이해도가 70%라고 가정한다면, 최종적으로는 상대방의 의도가 절반도 전해지지 않을 것입니다. 또 의사소통의 타이밍 등으로 인해 오해가 생겨날 소지도 있습니다.

　누구나 인간관계, 일, 가족, 일상생활 등 모든 상황에서 분노를 느낄 수 있습니다. 그러나 일방적으로 상대방을 가해자, 피해자로 삼아 상처를 퍼뜨리지 않는 것이 중요합니다. 이 경우 목적론을 적용하십시오. 궁극적으로 당신은 다른 사람과 어떤 관계를 맺고 싶습니까? 미래에 그들과 함께하고 싶다면 나쁘게 생각하지 마십시오. 그 후 24

시간 동안 다른 것들에 대해 생각해 보십시오.

당신이 다른 사람을 미워할 때, 당신은 당신의 마음을 상하게 합니다. 또한 증오는 에너지를 소비하기 때문에 생산활동에 부정적인 영향을 미칩니다. 분노는 마음의 반응 중 하나입니다. 불쾌한 반응입니다. 그 이유는 다양하지만 단순하게 설명하면 물리적 자극이거나 정신적 자극에 의한 것입니다. 전자는 쉽게 해결될 수도 있습니다. 접촉하지 않으면 됩니다. 문제는 후자입니다.

예를 들어, 싫은 상대의 행동이나, 생각대로 진행되지 않은 현실, 언제 시작되었는지 모르는 만성적인 좌절 등 이것들은 모두 마음이 자극을 받아 태어난 반응입니다. 이상한 현상이라 생각하지 않습니까? 물리적 접촉이 없는데 어떻게 마음이 자극을 받아 느끼고 화가 나게 되는 것일까요? 첫 번째는 욕구 과잉, 즉 탐욕 때문입니다. "업적을 끌어올리고 싶다.", "빨리 승진하고 싶다." 등의 소망입니다. 탐욕을 줄이십시오.

두 번째는 분노가 분노를 만드는 것입니다. 마음속에 집착이 생겨나기 때문입니다. 그 예로 "용서할 수 없다."라는 생각을 들 수 있습니다. 이를테면 분노의 자가발전입니다. 과거의 분노 에너지로 새로운 분노를 만드는 것입니다. 과거에 생긴 분노의 찌꺼기를 제거하십시오. 분노의 청소가 필요합니다. 마음에 맞는 친구나 의지할 수 있는 멘토와 좋은 시간을 보내십시오.

세 번째는 망상 타입의 분노입니다. 현실에 존재하지 않는 머릿속에밖에 없는 생각, 이 망상이 실로 귀찮게 합니다. 타인과 비교하거나 우열 승패의 고집도 심리적 망상입니다. 작은 것에 화내는 것도 그 뿌리에 있는 것은 망상입니다. 사실은 망상과 다르다는 걸 이해하십시오. 현실은 자신의 뇌 밖에 있는 객관적인 실재(實在)입니다. 눈앞의 현실, 상대방이나 가족이나 동료나 물건이나 직장은 자신의 망상 밖의 현실입니다. 꽤 어려운 일입니다. 하지만 망상을 버려야 많은 분노가 사라집니다. 당신이 싫어한다면, 다른 사람은 어떤 피해도 입지 않았지만, 그로 인하여 피해가 깊어질 것입니다. 즉, 싫어할수록 자신을 다치게 하고 상대방의 술수에 갇히게 됩니다.

사람은 자신을 사랑할 수 있는 만큼 다른 사람을 사랑할 수 있습니다. 그리고 자신을 사랑할 수 있는 만큼만 다른 사람들에게 사랑받을 것입니다.

상처를 받을지 말지 결정하는 건 나 자신이다

불쾌한 말뿐만 아니라 상처를 주는 것은 사실 우스운 일입니다. 대부분 자신을 해치는 것은 다른 사람이 아니라 자신이기 때문입니다. 목적론에 따라 생각하면, 다른 사람들이 말하는 것은 사실일 뿐입니다. 사실, 불쾌하고 역겨운 의미를 부여하여 자신을 해치는 것은 바로 자기 자신입니다. 또한 상처를 입는 것은 성장에 큰 걸림돌이 됩니다. 피해의식이 확대되면 상대방만 탓하고 자신에 대한 반성도 소홀히 하기 때문입니다.

인간관계에서 하나가 일방적으로 나쁜 경우는 거의 없습니다. 손뼉도 마주쳐야 소리가 난다고 하지 않습니까? 그러므로 반성이 필요합니다. 그러나 상대를 가해자, 자신을 피해자로 하고 일방적으로 상대를 미워하는 사람도 있습니다. 사실, 여기에는 숨겨진 목적이 있을 수 있습니다. "나는 자신을 부정하고 싶지 않다.", "나는 비난받고 싶지 않다.", "나는 동정을 원한다.", "나는 더 많은 동맹과 지지자를 원한다.", "나는 미움받고 싶지 않다." 등 여러 가지 이유가 있습니다.

피해자의 입장으로 도피함으로써 그들은 이러한 본능적인 목적을 달성하려고 할 수 있습니다. 그러나 이런 태도로 살아간다면 성장을 바랄 수 없습니다. 그렇다면 우리는 어떻게 아프지 않은 모습으로 다시 태어날 수 있을까요? 권장하는 방법은 "나는 결코 다치지 않을 것"이라고 스스로에게 선언하는 것입니다. 당신이 상처를 받을지 말지를 궁극적으로 결정하는 사람은 당신 자신이기 때문입니다.

이것은 자신을 자신으로 받아들이기를 거부하는 자기확인과 다릅니다. 마치 "폭음하고 과하게 먹지 말라."는 말처럼 나에게 유익하지 않은 일은 절대 하지 않겠다는 선언입니다. 상처를 입는 것은 실제로 당신이 선택한 쉬운 길일 뿐입니다. 그러므로 상처를 입으려고 할 때, 상처를 입히려는 미성숙한 자신과 씨름하십시오.

피해자가 아닌
주인공으로 살기

피해의식, 당신은 피해자가 아니다

피해의식이 강해지는 이유 중 하나는 인과이론 때문입니다. 인과이론은 과거, 타인 및 환경과 같은 현재의 자아와 결과에 대한 원인이 있다는 생각입니다. 예를 들어, 부모님이 나쁘기 때문에, 교육 배경이 낮기 때문에, 또는 과거에 비극적인 경험을 했기 때문에, 이외에도 많은 이유로 피해의식이 쌓여 갑니다.

피해의식에 사로잡힌 사람들은 자신이 나쁘다고는 생각하지 않는 것 같습니다. 나는 나쁘지 않은데 상대방은 나쁘다는 것입니다. 상대의 탓으로 돌리는 것입니다. 그러므로 문제를 해결하기 위해서는 자신이 바뀌어야 합니다.

피해자의 의식이 강화되면 사고의 기능이 둔해지기 때문에 다음의 세 가지 부작용을 고려합니다. 첫 번째는 앞서 언급했듯이 성장에 방해가 되는 것입니다. 두 번째는 종종 다른 사람에게 무례하고 성가신 존재가 됩니다. 셋째, 판단력이 부족하고 속기 쉽습니다. 이 중 세 번째 부작용에 대해 좀 더 세밀하게 살펴보겠습니다.

피해의식이 심해지면 상대방에 대한 증오가 커지고 다른 모든 것은 보이지 않는 경향이 있습니다. 피해의식은 자신을 의존의 상태에 둡니다. 그러므로 그저 입에서 나오는 말을 "그"가 주어가 되는 경우가 많고, 언어 사용도 능동형보다 수동형이 많습니다. "그"가 먼저 나오고 다음에 "나"가 나옵니다. 결과적으로 다른 중요한 문제는 무시됩니다. 객관성이 손상되고 냉철한 판단이 불가능해집니다.

세상에는 이 재산을 이용하여 남을 속이려는 사람들이 있습니다. 예를 들어 의도적으로 "당신은 피해자가 아닙니까?"라고 물을 수 있습니다. 또한 "○○가 당신에 대해 나쁜 말을 합니다."와 같이 의도적으로 사기적 언사를 전달할 수 있습니다. 또한 그 사람에게만은 절대 질 수 없다는 경쟁심을 자극할 수도 있습니다. 다른 사람들이 서로 싸우도록 강요하고 어부지리로 이익을 얻으려는 것입니다.

피해의식이 강하면 그러한 음모의 희생양이 될 가능성이 더 큽니다. 피해의식은 해롭고 유익하지 않습니다. 목적론을 이해하고 우리 자신 안에서 피해자라는 생각, 희생자라는 의식을 철저히 추방해야 합니다. 이제는 이런 관계는 싫다고 선언해야 합니다. 이제는 바뀌고 싶다고 선언해야 합니다. '내 인생의 주인공은 나'라는 의식을 되찾아야 합니다.

한 인간으로서 독립적으로 살아가기

아들러 마음학습을 실천하는 사람들은 새로운 자신의 삶을 열기 위해 목적론을 사용합니다. 목적론에서 우리는 우리 자신 안에서 원인을 찾고 그것을 개선하기 위해 노력합니다. 자각과 각오가 중요합니다. 가장 먼저 바꿔야 할 것은 자신이라는 신념을 바탕으로 인생의 독립성을 되찾는 것입니다. 따라서 아들러 마음학습의 실천자들은 피해의식과 거의 관련이 없습니다.

아들러 마음학습은 그래서 독립을 위한 심리학입니다. 현재의 자신이 만족스럽지 않더라도 다른 사람이나 과거를 탓하지 않고 자신의 선택의 결과로 생각합니다. 또한 자신의 문제를 해결하기 위해 최선을 다하기 위해 다른 사람의 개입을 거부합니다. 그렇다면 다른 사람들의 문제를 자신의 삶에서 분리하는 목적은 무엇입니까?

자신의 삶을 밝게 하기 위한 것이고 또한 자신의 삶에서 다른 사람의 독립성을 존중하는 것이기도 합니다. 문제를 분리함으로써 서로를 존중하는 독립적인 인간관계가 형성됩니다. 정신적 독립은 자신의 행동을 다른 사람의 의지에 맡기지 않는 상태를 말합니다.

또한 공동체 의식이 있습니다. 여기서 공동체는 가족이나 직장만을 의미하지 않습니다. 오히려 작은 것에 대한 집착에서 벗어나기 위해 존재하는 사고방식입니다. 예를 들어, "함께 외식하자."는 요청을 받았을 때 정신적으로 독립한 사람은 "당신과 함께 식사하면 재미있을 것 같으니 같이 갑시다."라고 생각해서 동행할 수도 있고 "다른 할 일이 있다."고 거절할 수도 있습니다. 그러나 좁은 관계를 고수하면 그 안에 갇히게 되어 거절하기가 어려워지고 정신적 독립을 방해하는 주원인이 됩니다. 이로부터 벗어나기 위해서는 공동체의 범위를 더 넓혀야 합니다.

아들러 마음학습에서 공동체는 사회, 지구, 우주 등을 의미합니다. 이러한 커뮤니티에 대한 기여 감각을 계속 유지하면 결국 좋아하는 것과 싫어하는 것을 넘어서는 가치에 직면하게 될 것입니다. 의식을 '자신을 위해서'에서 '공동체를 위해서'로 전환함으로써 사람들은 사회성을 향상시킬 준비를 할 수 있습니다. 사회성은 자립에 필수적이지 않습니까?

칸트는 인간 안에서 가장 큰 혁명은 소수에서 벗어나 독립하는 것이라고 말했습니다. 즉, 정신적 독립을 촉진하는 아들러 마음학습은 인체 내에 큰 혁명을 일으키는 심리학이라고 할 수 있습니다.

성공으로 이끄는
반성의 힘

감정적인 자책보다는 합리적인 반성을

당신이 무엇을 생각하고 어떠한 방식으로 생각하든 그것은 100% 당신의 자유입니다. 그러나 그것은 당신의 생활 방식, 심지어는 삶 전체를 바꿀 수 있습니다. 따라서 생각하는 것과 생각하는 방식을 스스로 책임감 있게 통제할 필요가 있습니다.

태초에 아담은 금단의 열매를 먹은 이브를 비난했습니다. 그리고 이브는 자신을 부끄러운 존재로 대우한 아담을 비난했습니다. 이처럼 자신의 행동이나 잘못이 아니라는 생각은 천지창조로까지 거슬러 올라갑니다. 오늘날에도 이 세상에는 불평, 비난, 소문, 비판, 타인과의 비교가 존재하지 않는 날이 없습니다. 이런 상황에서 인과적으로 생각해 보면 지금의 자신이 된 것은 과거, 주변 사람, 외모, 학력 때문이 됩니다.

대신, 목적론에 따라 자신의 삶을 자신의 선택의 결과로 생각해 보세요. 그러면 인과론에서처럼 피해자는 자신이 되지만, 다른 한편으로는 가해자도 자신이 됩니다. 이 시점에서 당신은 당신이 나쁜 사람이라는 것을 깨닫게 되겠지만, 비관적일 필요는 없습니다. 모든 인류가 이런 시기를 겪었기 때문입니다. 그리고 앞으로 변해야 할 큰 요점이 있습니다. 자신을 비난하지 마십시오. 실패에 필요한 것은 감정적으로 후회하는 것이 아니라 합리적으로 반성하는 것입니다. 자신을 탓하는 것은 후회만 남길 뿐입니다.

인간은 한 번에 한 가지만 생각하고 행동할 수 있습니다. 따라서 후회하는 동안에는 반성할 수 없습니다. 또한 후회는 과거에 관한 것이기 때문에 미래로 이어지는 발전을 기대할 수 없습니다. 반면에 반성은 원인을 파악하고 미래의 삶을 개선하는 데 사용하는 것입니다. 자신을 행동에 책임을 질 것인가 아니면 다른 사람을 탓으로 돌릴 것인가 선택하는 것입니다. 후회와 반성을 멈추기 위해서는 자신의 잘못을 인정하는 것, 즉 목적론적 태도가 필수적입니다.

실패와 반성, 성공의 선순환

후회만 알면 잘못을 인정하는 것이 고통스러울 수 있습니다. 게다가 자책만 계속하면 정신적으로 지쳐 긍정적으로 살 수 없게 됩니다. 이처럼 자책과 불평이 강력한 자기방어 메커니즘이 되기도 합니다. 그러나 후회는 해롭고 동시에 유익합니다. 후회하기 쉬운 사람들은 많은 심적 고통을 겪고, 마음을 열고 난 이후에 더 이상 후회하지 않을 수 있기 때문입니다. 그러나 후회하지 않는다는 것만으로는 무책임한 사람으로 끝날 것입니다. 따라서 필요한 것은 반성입니다.

반성은 과거의 결과를 객관적으로 분석하고, 원인을 파악하고, 미래의 삶에서 활용하는 것입니다. 따라서 반성하는 습관을 가진 사람들은 실패에 직면하는 것에 대한 두려움이 없습니다. 오히려 미래의 삶에서 실패한 경험을 활용하기 위해 실패를 적극적으로 분석합니다. 우리 모두는 실수를 하지만 같은 실수를 또다시 저질러서는 안 됩니다. 또한 실패한 경험을 반영함으로써 패자부활전에서 좋은 결과를 얻을 수 있습니다.

우리는 적극적으로 도전에 맞서고 실패한 순간에도 논리적이고 합리적인 생각으로 반성해야 합니다. 그 후 적극적으로 다시 시도하고, 실패와 반성을 거듭한다면 언젠가는 성공에 도달할 것입니다. 이것이 바로 인생의 선순환 아닐까요? 반성은 성공을 위해 반드시 필요합니다.

두려움을 넘어
용기로

용기의 의미와 필요성

인간이 지녀야 할 덕목 중의 하나인 용기는 두려움을 이겨 내고 옳다고 여기는 일을 실천하는 마음입니다. 한마디로 용기는 의지의 작용이며 두려움을 이겨 내는 것입니다. 용기는 세상의 역경을 이겨 낼 수 있는 빛입니다. 많은 성공한 사람들의 삶의 고비 고비마다 큰 역할을 한 배경을 살펴보면, 항상 거기에는 용기가 있었습니다.

그중에서도 가장 중요한 것은 아마도 사리를 분별해서 성장하는 용기일 것입니다. 그것은 당신의 삶을 크게 바꿀 것이기 때문입니다. 요점은 다른 사람을 의식하는 것이 아니라 미성숙한 자아와 싸우는 것입니다. 성장할 용기는 두 부분으로 나뉩니다. 하나는 당신이 누구인지를 정확히 알아서 바꾸는 용기이고, 다른 하나는 당신의 강점을 강화하는 용기입니다.

우선, 당신이 누구인지를 알고 자신의 실체를 바꿀 용기입니다. 바꿔야 할 자아는 당신의 가치, 감정적 움직임, 행동, 진술, 습관 등입니다. 아들러는 "사람들로부터 미움받을 용기에는 약간의 용기가 필요하다."고 말합니다. 예를 들어, 미움받을 용기가 필요한 사람은 미움을 받는 것이 편한 사람이 아닙니다. 이들은 미움받는 것을 두려워하고 미움받기를 원하지 않는 사람들입니다.

그런 사람에게는 용기를 내어 예전의 자신을 변화시킬 필요가 있지 않을까요? 용기가 필요한 사람은 평범한 사람으로 주어진 인생을 즐기는 사람이 아닙니다. 이들은 자신이 특별해야 한다고 믿고 특별해지는 것을 목표로 하는 사람들입니다. 그런 사람에게는 용기를 내어 부끄러워 망설여지던 예전의 자신을 변화시킬 필요가 있지 않겠습니까?

다른 사람들을 방해하는 사람들은 과제나 일을 분리할 수 있도록 이전의 자신을 바꿀 용기를 가져야 합니다. 고통스럽고 위험하며 불확실한 자신의 현재 상황을 남의 탓으로 돌리는 사람은 목적론으로 생각할 수 있도록 예전의 자신을 바꿀 용기를 가져야 합니다. 행동을 취할 수 없는 사람들은 용기를 내어 과감하게 첫걸음을 내딛고 자신을 변화시키십시오. 후퇴에 능숙하지 않다면 용감하게 자신을 변화시켜 용감하게 철수할 수 있습니다.

살다 보면 사람에게 여러 가지 용기가 필요할 수 있습니다. 그러나 대부분의 용기는 그 시점까지 자신을 변화시키는 용기로 요약될 수 있습니다. 자신을 변화시키는 이 용기의 존재 여부는 성격이나 기질 때문이 아닙니다. 그 사람이 자신의 삶에서 얼마나 많은 독립성을 찾고 있는지, 즉 어떻게 생각하는지에 따라 결정됩니다. 옳은 신념을 가질 수 있도록 자신의 처지에 대해 신중하게 생각하고 항상 숙고하기 바랍니다.

용기를 방해하는 '두려움'

사람의 성장에는 항상 변화가 수반됩니다. 그러나 인간은 변화에 대한 두려움을 가지고 있습니다. 두려움은 종종 용기를 방해합니다. 이 두려움을 없애기 위해 우리는 무엇을 할 수 있을까요? 정답은 본질을 정확하게 아는 것입니다. 이것은 칸트라는 철학자가 말한 것입니다.

예를 들어, 길에서 권총을 든 남자를 만납니다. 당신이 만일 괴한이 총기 미치광이이고 그것이 가짜라고 확신한다면, 두려움은 크게 줄어들 것입니다. 또 이 괴한을 제대로 대처하는 방법을 안다면, 그것이 진짜일지라도 전혀 모르는 것보다 덜 무서워할 것입니다. 번개가 전기라는 것을 안다면 자신과 주변에 있는 금속을 제거할 것입니다. 이것을 모른다면 천둥의 신(神)에게 돈을 내야 할 것입니다. 지진이 지각운동이라는 것을 안다면 관측기술을 연구하겠지만, 모른다면 부적을 붙여야 할 것입니다. 이처럼 두려움을 극복하는 방법은 무지에서 벗어나는 것입니다.

오늘날 세상에는 터무니없는 일들이 많이 벌어지고 있고, 그것이 불합리한 일이라 할지라도 눈을 감는다고 해서 불안이 사라지는 것도 아닙니다. 내가 세상을 제대로 알 때, 나는 세상에서 집과 같은 편안함을 느낄 수 있습니다. 무지는 자신의 삶을 망치는 가장 큰 원인입니다. 이것은 헤겔이라는 철학자의 말입니다.

일과 대인관계와 같은 피할 수 없는 삶의 도전에서 벗어나기 위해 만들어진 감정이 불안감이고, 본질적으로 삶의 목적이 없는 곳에 공포가 있습니다. 도망가면 불안과 공포가 강화됩니다. 분석하고 질문하고 학습해야 합니다. 상대방과 인간의 본질을 잘 이해하면 다른 사람들과의 관계에서 느긋하게 시간을 보낼 수 있게 됩니다. 따라서 세상을 더 많이 알수록 삶에서 더 많은 두려움이 사라집니다.

또한 인생에는 알고 있느냐 없느냐에 의해서만 장점과 단점이 결정되는 것들이 많이 있습니다. 결국에는 꾸준한 독서가 두려움을 해소시켜 줄 거라고 믿습니다. 생각할 시간이 있으면 뭔가 할 수 있습니다. 아무것도 하지 않는 것은 낭비입니다.

그 사람은 왜 용감한가?
....

자신이 할 수 없다고 믿는 일을 침착하게 대응해서 마침내 성취하는 사람들이 있습니다. 당신은 그가 틀림없이 용기 있기 때문이라고 생각할지 모릅니다. 나도 사실 과거에는 그렇게 생각하곤 했습니다. 그러나 그것은 실수였습니다. 사실 침착하게 실행할 수 있었던 것은 결과를 미리 볼 수 있었기 때문이었습니다. 즉, 올바른 결과를 예측하고 계획대로 실행했기 때문에 성취해 낸 것입니다.

누구나 결과를 미리 알면 두려움이 최소화됩니다. 이제 경계를 늦추지 않고 침착하게 계획을 따르고 차질 없이 실행하는 일만 남게 됩니다. 요점은 물론 정확하게 아는 것입니다. 사물의 이치를 잘 알고 있다면 높은 확률로 결과를 정확하게 예측할 수 있습니다. 그러기 위해서는 지식과 경험을 늘려야 합니다. 또한 조작된 정보가 난무하는 오늘날, 매일 사람과 사물의 본질에 대해 생각하는 습관을 가져야 합니다.

보통 사람들은 일상에서 두려움과 불안에 대한 끊임없는 무의식을 가지고 살면서 습관적으로 그것을 바탕으로 생각을 쌓아 버리고 꿈과 희망을 포기하거나 삶에 대한 태도가 좁아지는 경향이 있습니다. 이것이 계속되면 극단적인 경우 정신질환에 걸리거나 욕망을 표현할 수 없어 자신을 계속 억압할 수 있습니다.

예를 들어, 누군가의 말과 행동에 매우 기분이 나쁘고 두렵다고 가정해 봅시다. 다른 사람들이 자신이 느끼고 있는 감정을 알게 될까 봐 두려워하는 것은 2차적인 두려움을 만듭니다. 그리고 이를 피하기 위해 그는 다른 사람을 공격하거나 험담을 함으로써 자신을 정당화하는 행동을 취합니다. 이처럼 현대인이 느끼는 불안에는 경제적 불안, 사회적 지위 상실에 대한 불안, 자신의 평가에 대한 불안 등이 있지만 이는 피상적인 불안일 뿐입니다.

많은 사람들이 할 수 없다고 생각하는 일을 침착하게 성취하는 사람이 있습니다. 그의 성공의 주된 원인은 용기가 아닙니다. 지식과 경험을 바탕으로 본질을 꿰뚫어 보고 결과를 정확하게 예측할 수 있기 때문입니다. 중요한 것은 먼저 당신 안에 근본적인 두려움이나 불안이 있다는 것을 깨닫는 것입니다. 그리고 이제 당신이 그 감정에 따라 생각하고 행동하고 있는지 살펴보십시오. 이것은 당신의 삶을 변화시킬 것입니다. 결론적으로 두려움이 아니라 생각과 행동의 기초가 되는 기쁨입니다.

영웅이 되기 위해서는 마지막에 높은 장애물을 극복해야 합니다. 즉, 행동을 취하는 것입니다. 사물의 결과를 정확하게 예측할 수 있다고 해도 행동이 없다면 영웅이 될 수 없습니다. 행동을 취할 때 사전에 실패를 예상하고 다각적인 예측을 할 필요가 있습니다. 그럼에도 불구하고 예상치 못한 상황이 발생하여 즉각적인 판단이 필요할 수 있습니다. 이러한 극한 상황에서 우리는 직관에 의존할 수밖에 없습니다. 비상시에 직관을 올바르게 사용하려면 매일 훈련하는 것이 좋습니다. 그렇다면 어떠한 훈련을 통해 직관을 향상시킬 수 있을까요?

우선, 사회에 대한 관심을 넓히십시오. 또 그런 일이 생기면 어떻게 해야 할지 생각하는 습관을 들이십시오. 행동을 취하기 위해서는 동기부여도 필요합니다. 이것은 공동체 의식과 목적론이 작용하는 곳입니다. 공동체 의식을 통해 사회에 공헌하겠다는 의식이 있다면 무관심하지 않을 것입니다. 낯선 사람이 피해자일지라도 국가와 지역 사회의 일원으로서 마음속에 무언가가 끓어오르는 것이 있어야 합니다. 목적론을 마스터하면 인생에서 독립성을 되찾을 수 있습니다.

인생에서
용감해지는 방법

○

●

무모함의 값

용기란 긍정적이고 과감한 행동을 하기 위한 의지입니다. 이것에는 적지 않은 숙고의 시간이 필요합니다. 그러나 올바른 결과를 예측하지 못하고 무모한 행동을 취하는 사람들이 있습니다. 이것을 용기가 아니라 분별이 없는 만용이며 무모함이라고 합니다. 무모함에는 숙고가 없습니다. 일순간의 판단으로 움직여 버립니다. 스스로에 대한 과신이나 오인도 포함됩니다.

그러나 무모함이 반드시 나쁜 것은 아닙니다. 어떤 경우에는 무모함이 긍정적인 결과로 이어질 수 있습니다. 예를 들어, 대부분의 새로운 발견과 발명은 상식의 관점에서 불가능한 것으로 간주됩니다. 그러나 수년 동안 골몰하여 그 주제에 성공한 사람들이 있습니다. 일반적으로 성공은 좋지만, 그들의 삶의 방식은 무모한 것이라고 할 수 있습니다. 사실, 이러한 무수한 무모함 덕분에 오늘날의 풍요로운 사회가 실현될 수 있었습니다.

이렇듯 사회라는 더 큰 공동체에 공헌하는 인식이 있다면, 평생을 보내더라도 국가와 사회를 개선하고 싶다면 어쩌면 우리는 그것을 '무모함'이 아닌 '용기'라고 불러야 할 것입니다.

용감해지는 또 다른 방법

용감해지기 위한 방법이 있습니다. 그것은 더 큰 공동체적 관점에서 생각하는 것입니다. 미움받는 용기도 이와 관련 있습니다. 대인관계에 갇히면 더 큰 공동체의 목소리에 귀를 기울이십시오. 좁은 관계와 작은 공동체에 집착하는 사람들은 그 세상의 기준만 가지고 있습니다. 바깥세상에서는 효과가 없기 때문에 우리는 그것을 두려워하고 내면의 자기 세계로 축소화시키는 경향이 있습니다. 어디를 가든 성공하기 위해 바깥세상으로 나갈 용기가 필요합니다.

또한 자신과 가족의 행복만 생각하는 사람들은 작은 마음과 두려움을 안고 살아갑니다. 이는 궁극적으로 다른 사람들을 적으로 인식하기 때문입니다. 반면에 사회 전체를 생각하는 사람들은 용기를 가지고 살아갑니다. 사회 전체를 동반자로 인식하고, 사회를 위해 어느 정도 희생을 해도 괜찮다고 믿기 때문입니다.

내가 파산법원 근무 시절, 법정관리 회사의 노조가 회사의 인수

합병과 구조조정에 반발한 사건이 있었습니다. 당시 나는 반발하는 회사를 "파산시키겠다."고 선언한 상황이었습니다. 사실, 당시 나에게 큰 힘이 된 것이 하나 더 있었습니다. 그것은 나는 누구보다도 많은 지식을 가졌으며, 법정관리 회사가 아니라 국가와 사회를 위해 일하고 있다는 인식이었습니다. 면담을 신청한 노조위원장은 당신 자신의 이익을 위해서였지만, 나는 "사법제도하에서 공정하고 사심 없는 일을 하고 있다."며 양보를 하지 않았습니다. 결국 회사는 파산하고 말았습니다.

나 자신과 가족만 생각했다면 무서웠을지도 모릅니다. 더 큰 공동체에 기여한다는 감각을 갖는 것은 이렇듯 더 큰 용기로 이어집니다.

작은 용기부터 시작하라

우리 주변에는 비슷한 예가 많이 있습니다. 예를 들어, 가족, 회사, 학교, 클럽 등에 문제가 있거나, 잘못되거나, 어려운 것이 있다고 가정해 봅시다. 그 결과 조직 내부의 인간관계는 조직으로서 점점 더 불쾌하고 불안해졌습니다. 우리는 우리 자신과 소수의 사람들만을 공동체로 인식합니다. 즉, 당신은 당신이 국가와 사회의 일부라는 사실을 깨닫지 못합니다.

용기에는 독립이 필요합니다. 우리의 독립성의 대부분은 국가와 지역사회에 대한 공헌 의식에서 비롯됩니다. 더 큰 공동체에서 무엇을 하면 좋을까를 생각하고 행동으로 옮기는 단계에서는 용기가 필요합니다. 당신이 속한 공동체의 분위기가 어둡다면 어떻게 해야 합니까? 스스로 빛이 되어 주변을 밝게 비추는 것이 해결책 아닙니까? 다른 사람에게 같은 일을 요구하지 않고 혼자서 하면 서서히 효과를 볼 수 있습니다. 작은 일이지만 큰 용기가 필요한 일입니다.

오늘부터 아기 걸음(baby step)을 밟아 보세요. 올바른 발걸음을 내딛으면 누구나 자유로워질 수 있지만, 갑자기 큰 발걸음을 내딛으려고 하면 소용이 없다는 저항을 느끼거나 큰 발걸음을 내딛기 위해 취해야 할 행동을 생각하면 깜짝 놀랄 것입니다. 그래서 중요한 것은 오늘부터 작은 발걸음을 내딛는 것입니다(千里之行 始於足下). 한 걸음의 동작은 '점'이고 이 동작은 계속 내딛으면 '선(연속 점)'입니다. 마침내 당신을 변화시키고 당신이 속한 공동체를 변화시킬 것입니다.

자기애와
통제로부터 벗어나기

아들러의 삶의 방식을 거부하는 자들의 특징

아들러적인 삶의 방식을 거부하고 자기애(나르시시즘)로 가득 찬 삶을 사는 사람이 있습니다. 그들은 매우 강한 나르시시즘을 가지고 있어 가족조차도 행복하게 사는 도구로 생각하는가 하면, 강한 피해의식 때문에 사람들이 다른 사람들에게 원한을 품는 것은 드문 일이 아닙니다. 또한 다른 사람들이 성공할 때, 그들이 축복을 받은 것에 대해 질투할 때가 많습니다. 그들 중 일부는 미움을 당하는 것조차 신경 쓰지 않고 교활하고 비열한 행동을 통해 다른 사람들을 함정에 빠뜨리기도 합니다. 그래서 우리는 그것을 미움받을 용기가 아니라 강렬한 자기애에서 오는 병적 증오라고 불러야 합니다.

언뜻 보기에는 보통 사람처럼 보이면서도 아무렇지 않게 거짓말을 하고, 사람을 모함하고, 주위에 불행을 퍼뜨리는 "양심이 없는 사람"은 "사이코패스"입니다. 양심은 다른 사람들에 대한 감정적 애착에 기초한 의무감이며 양심이 있으면 결코 사랑하는 능력이 결여되지 않습니다. 하지만 감정이 결여된 사이코패스들은 항상 삶을 지루해하며, 그 지루함을 달래기 위해 강한 자극을 필요로 합니다. 그래서 자극을 찾아 위험한 행위를 반복하거나 알코올이나 마약에 의존해 자멸하는 비율이 높습니다.

나르시시즘이 강한 가족이 있는 사람

아들러의 생활 방식을 거부하고 나르시시즘으로 가득 찬 삶을 사는 사람들이 있습니다. 이러한 유형의 부모는 자녀보다 자신을 더 병적으로 사랑합니다. 따라서 아이들은 애정이 부족한 경향이 있습니다. 이것은 자녀들의 마음에 깊은 상처를 남길 수 있습니다. 결국 성인이 되어 자녀가 자발적으로 아들러 생활 방식으로 나아가는 유형이 되면 부모를 포기하고 자신만의 세계를 구축하게 됩니다.

당신이 부모와 같은 유형이라면 당신은 결국 부모와 같은 길을 걷게 될 것입니다. 상처를 오랫동안 안고 있는 순종형이라면, 아들러의 생활 방식을 거부하지도, 나아가지도 않은 유형으로 어떻게든 자신을 바꾸고 싶으나 미움받을 용기가 없는 사람입니다. 예를 들어, 대인관계는 두렵고 정신적으로 불안정합니다. 당신이 희생자라면, 다시 태어나는 것을 허용하는 아들러 마음학습이 당신의 구세주가 되어 줄 것입니다.

통제된 삶에서 벗어나기

우리 인생의 99%는 가정(~이었다면 ~일 텐데)입니다. 통제된 삶에서 벗어나십시오. 왜 우리는 중요할 때 실패하고, 왜 우리의 행복이 스스로 무너지도록 내버려 둘까요? 사실, 이 모든 것은 가정으로 구성된 '인생극본(대뇌의 명령)' 때문입니다. '인생의 99%는 가정'이라고 합니다. 당신을 괴롭히는 현재의 생활은 종종 이미 어린 시절에 구성되었으며, 그 뿌리에는 '금지'가 있습니다. 학자들은 어린 시절의 금지(~하지 마라)가 장래의 삶에 지대한 영향을 미친다고 설명합니다. 이러한 금지의 영향을 많이 받는 사람들은 부정적인 인생극본을 갖는 경향이 있습니다. 당신이 어떤 영향을 받았는지 생각하면서 계속 읽으시기 바랍니다.

- **"~하지 말라."**

부모가 자녀에 대한 징계가 엄격하고 과잉보호하며 사소한 일에도 주의를 기울이는 가정에서 자란 사람에게서 발생하는 경향이 있는 금지입니다. 누군가가 "나무에 오르는 것은 위험해, 그만둬.", "더 이상 그 아이랑 놀지 마.", "다칠 테니까 이제 축구는 그만해."라고 말하며 행동을 제한할 때마다 자녀는 스스로 "아무것도 하지 말아야 한다"는 금지령을 만듭니다.

이 금지령을 가진 사람들은 순종적인 어린이가 되려고 계속 노력한 결과, 성장해서는 덜 적극적이고 다른 사람들의 의견을 따르는 경향이 있습니다. 어렸을 때부터 부모님의 소원에 따라 행동했을 뿐이므로 스스로 행동하는 방법을 생각하는 습관이 없습니다. 따라서 상사나 선배의 지시를 받지 않으면 어떻게 해야 할지 모릅니다.

• **"너는 ～다워야 한다."**

자신의 성별과 정체성에 대한 부정을 경험한 사람들, 예를 들면 정말로 여자다운 사람이 되기를 원한다는 말을 듣고 자란 소년들이나 어머니로부터 종종 "여자는 순종해야 한다."라고 말한 소녀들이 받고 자란 금지령입니다. 이 금지는 당신의 성별과 자신에 대한 자신감을 덜 느끼게 만듭니다. 이성 친구만 있고 동성 친구가 거의 없거나 동아리 활동이나 서클과 같은 동성 그룹에 잘 어울리지 않는 사람들은 이 금지의 영향을 받았을 가능성이 높습니다. 또한 자신에 대한 자신감이 없기 때문에 주변 사람들의 평가, 상식, 세상의 영향을 받기 쉽습니다. 사소한 말 한마디에도 충격을 받고 심하게 반응합니다.

• **"어린애가 되지 마세요."**

동생이 있는 경우, "언니니까 단호해져라.", "네가 형이니까 울지 마라!"와 같은 금지령을 받았을 가능성이 큽니다. 이러한 금지령을 가진 사람들은 일찍부터 독립하도록 격려받았고 어린 시절 자유롭게 살 수 없었기 때문에 소위 성격상 완고한 경향이 있습니다. 사교 모임이나 파티에서 음식을 나눠 먹거나, 술이 다 떨어질 때 주문하거나, 모든 사람을 돌보고도 자신은 전혀 즐기지 않는 사람들은 이 금지령에 구속될 수 있습니다. "내가 해야 한다!"는 책임감이 너무 강해서 방해가 될 수 있습니다.

- **"자라지 마라.", "부모로부터 독립하지 마라."**

위의 "어린애가 되지 마세요."라는 금지령과는 반대로, "어머니가 다 해 준다."라는 과보호 환경에서 자란 사람이나, 막내라서 달콤하게 자란 사람에게 나타나기 쉬운 금지령입니다. 이 금지령 하에서 자란 사람들은 "아이로 남기 위해 아무것도 할 수 없는 것이 낫다."고 생각합니다. 소위 '마마보이'도 이 범주에 속합니다. 최근에는 부모가 아이를 대신해 결혼을 결정하고, 자녀의 결혼을 중매로 결정해 버리는 경우도 있는 것 같습니다. 많은 사람들이 성인이 되어서도 "성장하지 마라"는 금지에서 벗어날 수 없다는 것은 그리 놀라운 일이 아닙니다.

- **"느끼지 마라.", "감정을 나타내지 마라."**

쓰러지거나 넘어져서 고통스러워 울부짖지만 부모에게 무시당하거나, "바보같이 넘어지기는, 쯧쯧.", "이것도 못 참아? 참아라!"라는 금지령으로 억압된 사람들은 자신의 욕망이나 감정을 솔직하게 표현할 수 없는 사람이 되기 쉽습니다. 이 금지령으로 인해 감정을 억누르는 습관이 생기면 사물에 무관심하고 냉담해집니다. 진짜 아프거나 고통스러워도 울거나 화를 내지 않고, 목소리에 억양이 없고, 표정이 좋지 않은 사람들은 이 금지령의 영향을 받았을 수 있습니다.

- **"네 맘대로 생각하지 마라."**

　자녀를 응원하는 대신 "부모님한테 그렇게 말하지 마!" 또는 "그냥 닥치고 들어!"라고 위협적인 태도를 자녀에게 말하는 부모들이 많이 있을 것입니다. 항상 히스테리하게 소리를 지르는 부모 밑에서 자란다면 이 금지령은 쉽게 올 수 있습니다. 그들은 스스로 생각하는 것을 포기합니다. 이 금지령을 가진 사람들은 논리적으로 생각하거나 침착하게 결정을 내릴 수 없습니다. 점술과 미신을 맹목적으로 믿는 사람들은 "네 맘대로 생각하지 마라."는 금지령의 적용을 받은 것일 수 있습니다.

- **"내게 가까이 오지 마."**

　"바쁜데 제발 좀 나한테 떨어져 있거라.", "조용히 좀 해 줘."와 같이 부모와 떨어져 있거나 서로 교류할 기회가 별로 없는 사람들이 갖기 쉬운 금지입니다. 이 금지령은 자녀가 부모와 이야기하는 것을 피하고 부모의 감정을 살피고 듣기만 하려고 합니다. 그러다 보면 어른이 되어서도 주위 사람들에게 사생활이나 진심을 털어놓을 수 없게 됩니다. 직장에서 고민이나 문제가 있어도 상사나 동료와 상의하지 않고 스스로 결정하려고 하는 사람이나, 싫어해도 참을 수 있다고 생각하는 사람은 이 금지의 영향을 받았다고 할 수 있습니다.

- **"나는 절대 성공하지 못해."**

　잘하더라도 칭찬을 받지 못하고 실패해도 위로와 격려를 받지 못하는 경험을 반복하면 "나는 절대 성공하지 못한다."는 금지가 내려지기 쉽습니다. 부모가 자녀의 성공에 신경 쓰지 않고 실패할 때만 "이것도 못하느냐?"며 질책하고 "다음에는 반드시 성공하라."고 말한다면, 아이들은 자신은 성공해서는 안 된다고 생각할 것입니다. 또한 부모가 한숨을 쉬며 "넌 남들처럼 돈도 잘 벌지 못하는구나."라고 말한다면, 자식은 자신이 성공할 수 없는 사람이라고 믿게 됩니다. 몇 번이나 창업해도 파산하는 패턴에 빠진 사람들은 '성공하지 못하는' 금지령에 묶일 수 있습니다.

• "너 자신을 위해 그것을 원하지 않는다."

어렸을 때 병이나 부상으로 부모에게 재정적 부담을 지우는 사람 등 한 부모 가정이나 자신을 위해 계속 고군분투하고 견디는 부모를 본 적이 있는 사람에게 생기기 쉬운 금지령입니다. 이 금지령을 가진 사람들은 자신의 욕망을 정직하게 표현할 수 없을 뿐만 아니라 다른 사람들에게 행운을 포기하고 행복을 파괴하는 방식으로 행동합니다. 급여를 적게 받고 생활에 어려움을 겪지만 여전히 연인에게 경의를 표하도록 강요하거나 친구가 돈을 빌려 달라고 요청할 때 거절할 수 없는 사람들은 이 금지령의 영향을 받았을 가능성이 큽니다. 또한 "사실 나도 그 사람을 좋아한다."고 말하면서 같은 사람을 좋아한다고 고백한 친구를 지지하는 사람들도 이 금지를 받았을 수 있습니다.

• "건강하지 마십시오."

아플 때만 원하는 만큼 과자와 주스를 먹도록 허락받았거나 부모가 약한 형제자매만 돌보았던 사람들이 공통적으로 갖게 되는 금지령입니다. 이 금지령으로 그들은 질병이나 부상으로 동정을 얻으려고 하거나 이상한 행동과 재미있는 말로 다른 사람들의 관심을 끌려고 합니다. 약간의 감기나 가벼운 부상에도 증상을 과장하는 사람들은 이 금지령의 영향을 받았다고 할 수 있습니다. 또, 폭식을 반복하면서 과식하고, 회사의 건강검진에서 조심해야 한다고 말해도 생활습관을 바꾸지 않던 사람이, 건강이 안 좋다고 허풍쟁이처럼 말하는 경우도 이 금지에 해당합니다.

- **"중요한 사람이 되지 말라."**

아이가 시험에서 좋은 점수를 받거나 교사로부터 칭찬을 받으면 기쁜 마음으로 부모에게 이야기할 것입니다. 이 경우 부모의 반응이 약하면 아이는 자신이 부모에서 인정받지 않을 것이라는 충격을 받게 됩니다. 반복적으로, 금지령은 "나는 중요하지 않아야 한다."고 말하면서 이 기제가 발동됩니다.

이 금지령을 가진 사람들은 항상 낮은 프로필을 유지하고 책임을 싫어합니다. 극도로 절제된 패션을 선호하거나, 부드럽고 작은 목소리로 말하는 사람들은 이 금지령을 갖고 있을 수 있습니다. 또한 부하나 팀원으로서 훌륭했지만 리더나 대장이 되자마자 자신의 능력을 발휘하지 못하는 사람도 이 금지령의 영향을 받았다고 봅니다. 남보다 우월한 입장에 서게 되면 "나는 중요한 사람이 되어서는 안 된다."고 말하면서 스스로 멈추기 때문에 마음대로 힘을 발휘할 수 없게 됩니다.

• "~에 속하지 마세요.", "그냥 혼자 있거라."

"저 아이에게 말하지 마라."고 말하면서 친구를 지목하는 부모나 "이 아이는 수줍음이 많다."고 말함으로써 자녀의 마음을 대변하는 부모가 있을 수 있습니다. 그러면 무의식적으로 아이들은 같은 나이의 아이들 사이에 참여할 기회가 줄어들 것입니다. 이 금지령을 받은 사람들은 종종 직장이나 그룹에 통합될 수 없고 혼자 행동할 수밖에 없습니다. 동아리 연수원이나 회사 여행 등 많은 친구들과 함께 여행을 가지만 항상 자신도 모르게 혼자 행동하거나 술자리나 사교 모임 초대를 항상 거부하는 사람은 이 금지령의 영향을 받았을 수 있습니다.

• "너는 존재하지 않는다."

이것은 가장 고통스러운 금지가 될 것입니다. 어린 나이에 학대를 당하거나 엄마가 "네가 아니었다면 아빠랑 이혼했을 것"이라고 말하면서 자란 부모의 불행의 원인이 된 아이들은 이 금지령을 작동시킵니다. 당신이 살아서는 안 된다는 믿음은 당신이 당신의 몸과 삶을 돌보는 것을 방해합니다. 알코올, 마약 등에 중독된 사람들은 이 금지령의 영향을 받았을 수 있습니다.

스스로를
위로하고 격려하기

자신보다 어려운 위치에 있는 사람 상상하기

사람은 진짜 마음이 아플 때가 있습니다. 그것은 인간이라는 증거, 살아 있다는 증거이지만, 그 안에 있을 때는 진짜 고통스럽습니다. 이것들을 제거하는 것은 불가능하지만 줄이는 것은 어렵지 않습니다. 그렇다면 어떻게 줄일 수 있을까요?

사물에 대해 부정적으로 생각하면 인생이 나쁜 방향으로 갈 가능성이 큽니다. 예를 들어, 선의의 사람들조차도 의심한다면, 당신은 당신에게 중요한 사람을 잃을 것입니다. 그러나 반대로 모든 것을 긍정적으로만 생각하면 미성숙하게 될 것입니다. 즉, 좋고 나쁨과 같은 단순한 생각은 잘 대처할 수 없습니다. 해결책은 현실적으로 생각하는 것입니다. 현실적으로 생각할 때, 우리는 마음의 움직임보다 구체적인 해결책에 더 관심이 있습니다. 결과적으로 삶 자체가 잘 펼쳐집니다.

현실적으로 생각하기 위해서는 현실 세계를 잘 알아야 합니다. 그러기 위해서는 사회 구조, 인간 본성, 자신의 본성에 대한 폭넓은 관심이 필요합니다. 어렸을 때는 인식하는 세계가 너무 작기 때문에 자신만의 세계에 갇히기 쉽습니다. 당신이 인식하는 세계를 확장하면, 당신은 사물을 더 현실적으로 볼 수 있을 것입니다.

특히, 고통스러운 감정을 없애고 싶을 때, 당신보다 더 어려운 위치에 있는 사람을 상상해 보십시오. 난치병을 앓고 있는 사람, 그런 아이를 둔 부모, 분쟁이나 빈곤 지역에 사는 사람 등을 상상하십시오. 이 사람들과 자신을 비교하면 자신이 가진 문제가 중요하지 않다는 것을 알게 될 것입니다.

그 사람이 겪고 있는 고통에 공감할 수 있다면, 당신은 그 사람을 국가와 지역사회의 일원으로 인식하는 것입니다. 결과적으로, 당신은 당신이 인식하는 공동체를 당신이 살고 있는 세계로 확장했습니다. 이렇게 함으로써 우리 마음의 고통을 덜어 줄 수 있다고 생각합니다. 이 방법을 사용하면 자신감에 따라 누구에게나 빠르고 쉽게 대처할 수 있습니다.

너 스스로 할 수 있다고 격려하라

당신보다 더 어려운 위치에 있는 사람들은 현재뿐만 아니라 과거에도 존재했습니다. 역사에서 지식을 얻으면 인식하는 공동체의 범위를 더욱 확장할 수 있습니다. 미래에도 어려운 위치에 있는 사람들이 있을 것입니다. 다양한 사회문제가 해결되지 않은 채로 방치된다면 앞으로 살아갈 사람들은 어떻게 될까요? 그러면 내가 뭘 할 수 있을까요? 이렇게 생각하면 구도자에서 주는 자(giver)로 다시 태어날 수 있습니다.

건전한 용기는 '나를 내어 주는 사람'만이 가질 수 있는 것입니다. 어려운 상황에 처한 사람들에 대한 공감은 용기의 원천이 될 수 있습니다. 다음으로, 그 욕망을 실현하기 위해서는 먼저 독립해야 합니다. 살기 위해서는 스스로 살 수 있는 능력을 습득해야 합니다. 또한 다른 사람들에게 도움이 될 수 있도록 업무를 처리하는 기술을 향상시켜야 합니다. 당신의 능력이 성장함에 따라, 당신은 많은 사람들에게 도움이 될 수 있습니다.

그러나 처음부터 중요한 결과를 기대할 수는 없습니다. 이 때문에 당신이 가진 열등감은 다른 사람들과 비교하는 것과는 달리 성장에 필요합니다. 오히려, 당신이 성장하고 있다는 신호로 그것을 환영하십시오. 그리고 자신을 격려하면서 계속 앞으로 나아가십시오.

아들러 마음학습을 연습할 때, 당신은 자신과 진실하게 대면해야 합니다. 무력한 자아, 미성숙한 자아, 역겨운 자아에 갇히지 않기 위해서는 국가와 사회의 더 큰 공동체에 관심을 갖고 공헌과 기여에 대한 강한 연대감을 유지할 필요가 있습니다.

"누구에게도 미움받고 싶지 않은 나"를 졸업하고 "사회에 공헌할 수 있는 나"를 목표로 향해 나아갑시다. 당신보다 더 어려운 위치에 있는 사람들이 있다면, 항상 당신이 해야 할 일이 있을 것입니다. 더욱이 어려운 위치에 있는 사람은 영원히 존재할 것입니다. 즉, 당신 앞에는 더 용감한 자아로 성장할 수 있는 기회가 많이 있습니다. 이것이 스스로 하도록 당신을 격려하는 마지막 방법입니다.

스스로를 위로하고 격려하는 방법

- 당신의 과거는 현재 순간을 지배하지 않습니다.
- 지루함, 분노, 슬픔, 두려움은 당신의 것이 아닙니다. 그것들은 오고 가는 인간 마음의 상태입니다. 변하지 않는 것은 '당신'입니다.
- 불행의 주요 원인은 상황이 아니라 그것에 대한 당신의 생각입니다.
- 고통 속의 사랑과 기쁨, 마음의 번잡함 속의 침묵, 위대한 사상가 아래에서도 자신을 진정한 존재로 아는 것은 자유, 구원, 깨달음입니다.
- 항상 현재의 순간을 받아들이십시오. 되돌아오지 않는 과거를 붙잡는 것보다 더 터무니없는 일이 어디 있겠습니까? 당신의 삶을 긍정하십시오.
- 영적인 것은 당신의 믿음과 아무 관련이 없습니다. 오히려, 그것은 당신의 의식 상태와 많은 관련이 있습니다.
- 당신이 얻는 유일한 것은 지금입니다.

- 당신의 현존재를 받아들이고 행동하십시오. 현재 순간에 포함된 것이 무엇이든, 마치 자신의 선택인 것처럼 받아들이십시오. 그러면 당신 주변의 우리는 항상 반대 없이 함께 행동할 것입니다.
- 좋은 사람이 되려고 노력한다고 해서 좋은 사람이 되는 것이 아닙니다. 당신 안에 이미 존재하는 좋은 부분을 찾아 빛을 발함으로써 당신은 좋은 사람이 됩니다. 그러나 근본적인 무언가가 당신의 의식에서 변하지 않는다면 아무것도 나타나지 않을 것입니다.
- 현재의 순간을 축하하자마자 모든 불행과 어려움이 사라지고 인생은 기쁨과 평온으로 흐르기 시작합니다. 당신의 행동에서 현재 순간에 대한 당신의 인식을 보여 주는 것은 당신이 애정을 갖고 하는 모든 일에 우아함, 배려, 사랑의 감각을 가져다줍니다.
- 사랑은 인체의 물리적 조건 중 하나입니다. 당신의 사랑은 외적인 것이 아니라 당신 안에 깊숙이 있습니다. 당신은 사랑을 잃지 않을 것이며, 사랑은 당신을 버리지 않을 것입니다. 그것은 다른 사람의 몸이나 외부 세계의 모양에 의존하지 않습니다.

6부

진정한 가치

행복에 이르는
다양한 방법

'미움받을 용기'의
진짜 의미

행복하게 사는 방법을 이야기하다

아들러의 가르침에 대해 담고 있는 여러 저서 중 가장 많은 이들의 사랑을 받은 베스트셀러로 꼽히는 작품이 있습니다. 앞서 여러 차례 언급하였던 『미움받을 용기』입니다. 제목만 읽으면 이 책이 좋아하는 것과 싫어하는 것에 관한 책이라고 생각할 수 있습니다. 물론 저자들은 "미움받을 용기를 가지라."고 말합니다. 그러나 그것은 작은 부분일 뿐입니다. 더 중요한 주제가 있습니다. 그것은 바로 '행복하게 사는 방법'입니다.

사실, 우리는 어떤 것들에 조금만 주의를 기울이면 많은 사람들이 행복하고 자신의 방식으로 살 수 있을 것입니다. 자신을 좋아하지 않거나, 자신감이 없거나, 자신이 인정받는 사람이 될 수 없다는 것에 대해 걱정할 필요가 없습니다. 그것은 주변 사람들과 관계를 맺는 방법이 아닙니까? 나는 직장에 들어가서 2~3년이 지난 후에야 이 사실을 알게 되었습니다. 자유로이 날아갈 수 없지만 바다를 향해 펄럭이는 깃발처럼 아우성치던 나의 삶은 코페르니쿠스적 전환을 하게 된 것입니다.

알버트 아인슈타인 박사의 말은 나에게 많은 영감을 주었고, 삶의 방식을 완전히 바꾸어 주었습니다. 당시 나는 삶의 애증으로, 그렇다고 제대로 자학하지도 못하며 회오(悔悟)의 늪에서 허우적거렸습니다. 그 이후로 시행착오를 통해 구축한 나의 인생행로는 이 책의 내용과 거의 일치합니다.

자신의 삶의 방식을 되찾아라!

『미움받을 용기』는 전형적인 쉬운 자기계발서가 아닙니다. 그것은 아들러의 심리학을 기반으로 합니다. 구체적으로는 자신감이 없는 청년과 오늘도 사람은 행복할 수 있다고 설교하는 철학자의 대화 형식을 취합니다. 덕분에 누구나 소설처럼 쉽게 읽을 수 있습니다. 34년 동안 그의 조언을 연습하고 수행해 온 사람으로서 많은 사람들에게 아들러의 삶의 방식을 추천합니다.

자신의 삶의 방식을 되찾으면 자유, 해방감, 성취감, 책임감, 자신과 타인에 대한 존중, 사회 공헌의 정신을 얻을 수 있습니다. 그 결과 같은 세대의 사람들에 비해 삶의 피로가 훨씬 적은 것을 느낄 수 있을 것 같습니다. 또한 아들러의 조언을 일상생활의 고비마다 생각하고 실천함으로써 직업적으로나 개인적으로 더 많은 성과를 거두었다고 생각합니다.

아들러가 옹호하는 삶의 방식과 다른 삶의 방식의 차이는 피상적인 것에서 비롯된 것이 아닙니다. 그것은 사고의 근본적인 차이에서 비롯됩니다. 이 책에서 어떻게 작동하는지 볼 수 있습니다. 나는 여러분이 이 책의 내용을 숙독하고 원래 자신의 삶의 방식을 발견하기를 바랍니다.

한국에서 미움받을 용기를 갖기 어려운 이유
···

결국 미움받는 용기는 사람들이 당신에 대해 어떻게 생각하는지에 얽매이지 않고 사는 것입니다.

그런데 일반적으로 아이들은 자신이 생각하는 것에 갇혀 있습니다. 혼자 살 수 없고 어른들에게 버림받으면 인생이 끝나기 때문입니다. '사람들이 나를 어떻게 생각할까?'에 갇혀 있습니다. 이것의 뿌리에는 자기집착과 자기중심성이 있습니다. 그러므로 우리는 아이들이 자기중심적이고 자기만을 사랑하는 존재라고 말할 수 있습니다.

서양에서는 이 불완전한 존재를 교육을 통해 엄격하게 교정하려는 생각이 있습니다. 그러나 한국은 어린이를 순수하고 순진한 존재로 취급합니다. 천사 같은 존재로서 그들을 귀엽게 여깁니다. 그렇게 대하다 보니 요즘은 성인이 되어도 버릇이 없습니다. 서양과 동양 사이에 왜 그런 차이가 있을까요? 유대인의 지혜에는 흥미로운 교훈이 있습니다.

한국이 모계사회라면 서양은 부계사회입니다. 또한 한국에서 가장 좋은 신은 아마테라스 같은 여성이지만, 서양에서는 예수 그리스도와 같은 남성입니다. 세계에서 경이로운 성과를 내는 유대인의 경우, 교육은 아버지가 담당하고 육아와 가사는 어머니가 처리합니다. 그렇다면 어머니의 교육과 아버지의 교육 사이에는 어떠한 차이점이 있을까요?

어머니는 똑똑하든 어리석든 구별 없이 자녀를 사랑합니다. 아버지는 아이를 객관적으로 바라보고 판단을 내리며 빠진 것 같은 부분을 채우도록 엄격하게 요구합니다. 그리고 자신의 손으로 자신의 운명을 개척할 수 있는 능력을 갖추라고 요구합니다.

한국 사회는 점점 서구화되고 있습니다. 사람들이 미움받을 용기에 열광하게 된 이유는 사회가 이런 토대를 요구했기 때문일 것입니다. 하지만 사회가 변했음에도 불구하고 한국의 가정교육은 예나 지금이나 그대로입니다. 이것이 많은 젊은이들이 고통받는 이유 중 하나입니다.

행복은 의미에 의해
결정된다

과거를 다시 쓰는 것의 의미

과거를 다시 쓰는 것은 사실 자체를 바꾸지 않습니다. 그것은 과거 사실의 의미를 바꾸는 것에 관한 것입니다. 비슷한 경험을 했다면, 당신이 얻는 의미는 남은 인생을 바꿀 것입니다. 따라서 어떤 의미가 주어지는가가 매우 중요합니다. 그러나 한 번 이해하지 못한다고 해서 그것이 끝이라는 의미는 아닙니다. 그런 의미에서 과거는 당신이 원하는 만큼 언제든지 의미를 다시 쓸 수 있습니다. 오히려, 당신이 성장함에 따라 과거의 사실은 자연스럽게 그 의미를 바꿀 것입니다.

바둑과 비슷한 오델로 보드게임처럼 부정적인 과거는 점점 더 뒤집힐 것입니다. 한번 판 위에 돌을 놓으면 움직일 수 없기 때문입니다. 사실, 행복하게 살기 위해서는 여기에 숨겨진 힌트를 발견할 수 있습니다. 어떤 사람들은 행복이 어딘가에 있다고 생각하는가 하면, 또 어떤 사람들은 특별한 경험이 있어야 한다고 생각합니다.

백두산을 오르기 위해 길을 나서는 사람은 많지만, 천지를 구경하고 나서 그 후 삶의 변화에 대해서는 들어 본 적이 없습니다. 행복은 실제로 지금 우리에게 주어진 환경에서 발견되어야 하는 것입니다. 방법은 다양한 사실의 의미를 변경하는 것입니다. 인생의 의미 만들기를 바꾸기 위해서는 사고방식과 가치관을 키워야 합니다.

그것이 무엇이든 절대적인 것은 없다

성장하지 않고 의미를 바꾸면 자신에게 거짓말이 될 것이며, 결국 헛된 결과를 낳을 것입니다. 예를 들어, 확신하지 못하지만 긍정적인 의미를 부여하도록 강요하는 사람들이 있습니다. 이것은 자신의 약점을 인정하지 않고 자신이 강하다고 말하는 '자기긍정'과 동일하며 일종의 '도피'입니다. 자신에게 정직한 사람은 그렇게 거짓말을 하지 않습니다. 옳은 말을 하기 위해서는 능동적으로 행동하고 인생 경험을 쌓고 자신을 개발하십시오.

사람은 누구나 몇 가지 결함이 있으며 완벽하지 않습니다. 자신이 잘못한 것이 없다고 생각하더라도 인간관계에서 문제가 발생할 수 있으며, 때로는 모든 것이 잘될 수도 있지만 때로는 그렇지 않을 수 있습니다. 이러한 사건 자체가 당신의 가치를 부정하는 것은 아니지만, 사건에 대한 자신의 해석에 따라 "나는 별로 쓸모가 없다."고 판단할지도 모릅니다. 이 시간에, 내 마음속에서, 나 자신을 평가절하하고 있는 것입니다.

당신이 어떤 사람에게 사랑받지 못했다고 해서 당신이 덜 가치 있게 되는 것은 아닙니다. 당신이 무언가에 실패한다고 해서 당신의 가치가 감소한다는 것을 의미하지는 않습니다. 누군가가 당신을 얕잡아 본다고 해서 당신이 그 경멸을 받을 자격이 있다는 데 동의하지 않는 한 당신의 가치가 떨어질 것이라는 의미는 아닙니다.

만일 당신이 당신의 마음을 깊이 파고들어 당신의 마음속 심연에 어떤 생각이 있는지 꿰뚫어 본다면, 무엇이 나올까요? 그것이 무엇이든 절대적인 것이 아니라 스스로 결정할 수 있다는 것을 깨닫는다면, 당신은 한 걸음 더 나아간 것입니다.

인생에서 어떤 패를
활용할 것인가

인생은 카드놀이와도 같다

다섯 명이 카드놀이를 한다고 가정해 봅시다. 이 카드놀이에는
두 가지 특별한 규칙이 있습니다. 첫째, 바닥에 도달하면 패하는 매
우 가혹한 게임을 해야 합니다. 둘째, 카드가 처리된 후 세 가지 게임
(Poker, Baba Away 및 7 Rows) 중에서 선택할 수 있습니다.

예를 들어, 처리된 모든 카드가 에이스(1)와 킹(13)이라고 가정해
보겠습니다. 7 연속을 선택하면 처음부터 잃고 싶어집니다. 포커 또
는 바바 제거를 선택할지 여부는 좀 더 고민한 후에 결정되어야 합니
다. 그러나 어느 것을 선택하든 반드시 바닥을 피할 수는 있습니다.
사실, 인생은 이 카드 게임과 비슷합니다.

당신은 어떤 가정에서 자랐습니까? 어떤 외모로 태어났습니까?

어떤 학교를 다녔습니까? 왜 직장을 그만뒀습니까? 여기에는 물론 수많은 이유가 있을 것입니다. 그러나 이러한 문제는 이미 처리된 카드와도 같아서 더 이상 변경할 수 없습니다.

따라서 반성해야 할 점이 있을 수 있지만, 그것에 대해 걱정하는 것은 완전한 시간 낭비입니다. 왜냐하면, 아직은 게임을 계속할 여력이 있기 때문입니다. 대신 가지고 있는 카드로 어떤 게임을 선택할지 생각해야 합니다. 아들러는 이것을 '사용의 심리학'이라고 불렀습니다. 반면에 프로이트의 원인이론에 따르면, 게임의 결과는 처리된 카드에 의해 결정됩니다. 그래서 우리는 그것을 '소유권의 심리학'이라고 부릅니다.

사용의 심리학과 자기발견의 여정

첫 번째는 어떤 카드를 가지고 있는지를 아는 것입니다. 그러나 성격검사나 적성검사 등 모두를 위한 것을 취하면 결코 찾을 수 없을 것입니다. 논리가 머릿속에서만 선행한다면 자기발견의 여정은 실패로 끝날 것입니다. 따라서 경험을 쌓고 그중에서 큰 공통분모를 찾으면 가지고 있는 카드가 됩니다.

다음으로 가지고 있는 카드를 최대한 활용하는 방법에 대해 생각해 보겠습니다. 나이 든 남성 고객을 위한 캐릭터가 있다면, 가능하면 나이 든 남성에게 어울리는 고객의 직업을 선택해야 합니다. 직업을 바꿀 수 없다면 지금 어떻게 하면 최대한 시간을 유익하게 활용할 수 있을지 생각해 보십시오.

　연구원 타입의 사람이 영업직을 맡게 된다면 고객에게 도움이 되는 데이터로 경쟁해 보는 것은 어떨까요? 학생이 학교를 자퇴하고 택배사 배달원이 된다면 어떨까요? 인생에는 수많은 게임의 패가 있습니다. 이기기 위해서 어떤 패를 언제 어떻게 활용해야 하는지가 중요한 문제입니다.

모방하는 삶에는
'이상'이 없다

'이상적인 자아'에 걸림돌이 되는 것

아들러 마음학습은 누구나 학습을 하면 다시 태어날 수 있는 심리학이며, 학습의 주된 진행 방법은 다음과 같습니다.

- 인과론에서 목적론으로 바꾸고, 지금 스스로 책임을 지고, 삶의 독립성을 되찾는다.
- 다른 사람의 문제를 분리하고, 자신의 문제를 해결하는 과제 분리를 한다.
- 공동체 의식을 통해 자신의 자리를 확보하고, 사회 공헌 의식을 통해 행복감을 얻는다.

나는 여기에 드러커의 주장을 통합하고 싶습니다. 이를 '용량의 향상'이라고 합니다. 능력을 향상시킴에 따라 더 많은 사람들과 더 어려운 문제를 가진 사람들에게 기여할 수 있기 때문입니다. 이것은 당신의 사회 공헌 감각을 더욱 강화하고 당신의 삶 자체를 풍요롭게 할 수 있습니다.

이러한 삶의 방식을 촉진하기 위해서는 목표 설정이 필수적입니다. 당신의 목표는 당신의 이상적인 자아여야 합니다. 그러나 자신을 다른 사람과 비교하는 습관이 있는 사람은 타인을 표적으로 삼아 자신을 폐쇄하는 경향이 있습니다. 이것은 이전에 이야기했듯이 건강에 해로운 열등감의 원인 중 하나이기도 합니다.

다른 사람을 쉽게 모방하는 삶

이상적인 자아가 없고 가까운 다른 사람들을 위한 목표를 설정한다면 더 나쁠 수 있습니다. 즉, 그 사람에 대한 모든 것을 모방하는 지점에 당신의 목표를 설정한다면 당신은 그 사람의 인생을 사는 것입니다. 물론 다른 사람을 모방하는 것이 반드시 나쁜 것만은 아닙니다. 인간은 다른 사람의 영향을 받아서 점차 자신의 것으로 만듭니다. 실제로 많은 사람들이 다른 사람을 모방합니다. 내가 우려하는 것은 당신이 그것을 당신 자신의 것으로 만들지 않는 것을 우려하는 것입니다.

상대가 아무리 위대하더라도 항상 강점과 약점이 있습니다. 최악의 경우, 다른 사람의 단점을 모방하고 자신의 강점을 잃는 결과를 초래할 것입니다. 아들러 마음학습은 자신의 삶에 대한 강렬한 독립심, 긍정성, 책임감을 회복하는 것입니다. 따라서 항상 스스로 생각할 필요가 있습니다. 다른 사람을 쉽게 모방하는 것은 아들러 마음학습과 정반대의 삶의 방식을 목표로 하는 것입니다.

어떤 능력을 개발해야 하고 어떻게 향상시켜야 하는지는 삶의 방식과 마찬가지로 사람마다 다릅니다. 누군가의 모방으로 가득 찬 삶은 무너지기 쉽습니다. 친구가 명품 가방을 들고 다닌다고 나도 그렇게 살아야 할 필요는 없습니다. 우리는 이러한 문제를 진지하게 다룰 필요가 있습니다. 이것은 매우 어려울 수 있지만, 프로세스 자체는 실제로 중요한 역할을 합니다. 이 점을 이해하면 누구나 실패에서 큰 가치를 찾을 수 있습니다.

스스로에게
정직한 사람

말과 행동의 일치

당신이 건강한 사람이라면, 정직하게 살고 싶어 할 것입니다. 정직하게 살지 않은 거짓의 삶은 기분이 좋지 않기 때문입니다. 그러나 다른 한편으로는 거짓말은 불가피하다는 것을 인식하고 있습니다. 때때로 우리는 그것이 다른 사람들을 구하는 거짓말, 즐겁게 하는 거짓말 등이고 무해하다면 어쩔 수 없다고 생각합니다.

표현력의 문제도 있겠지만, 당신이 말하는 것을 당신의 행동과 항상 일치시키는 것은 어렵습니다. 따라서 말하는 것과 행동 사이에 약간의 차이가 있어도 그리 큰 문제는 아닙니다. 그러나 말과 행동이 너무 멀리 떨어져 있으면 위험합니다. 그것은 당신이 의도했든 의도하지 않았든 다른 사람들에게는 거짓말이 되기 때문입니다.

당신이 거짓말하는 사람은 다른 사람들에게만 국한되지 않습니다. 사실, 가장 나쁜 것은 자신에게 거짓말하는 것입니다. 자신에게 거짓말을 하기 시작하면 다른 사람의 거짓말을 꿰뚫어 볼 수 없습니다. 자신의 기준점이나 받침대를 움직이는 것은 상대방의 위치를 정확하게 측정할 수 없는 것과 같습니다.

자신에게 하는 거짓말 = 인생의 거짓말

자신에게 거짓말을 하는 익숙한 예로 "A라는 사람의 단점을 용서할 수 없다."고 가정해 봅시다. 아들러의 목적론에 따르면 A의 결점을 용서할 수 없기 때문이 아닙니다. A와 어울리지 않겠다는 목적이 먼저 내 안에 존재했기 때문입니다. 나중에야 목적에 부합하는 단점을 발견했을 뿐입니다. 즉, 다른 사람은 변하지 않았고 단지 당신의 목적이 변한 것입니다. 책임은 다른 사람이 아니라 자신에게 있음을 알아야 합니다. 사람들은 마음만 먹으면 다른 사람을 신이나 악마로 만들 수 있는 극도로 이기적인 존재입니다.

100% 거짓이 없는 삶은 없지만, 자신의 거짓말을 알고 있어야 합니다. 우리는 편리한 이유를 찾고 고달픈 인생의 일을 피하려고 노력합니다. 아들러는 이것을 '인생의 거짓말'이라고 불렀습니다. 인생의 거짓말은 매우 중요한 거짓말입니다. 자신의 거짓말을 인식하는 것이 자신의 삶이 악화되는 것을 막는 데 큰 지렛대라는 점을 기억하여야 합니다. 정직하면 떳떳하고, 떳떳하면 무슨 일이든지 성공할 수

있기 때문입니다.

　부정적인 뉴스나 불공정한 사건을 듣거나 보게 되면 화가 나지 않을 수 없습니다. 그때는 객관적으로 보고 있는데 분노가 나타난다고 생각할 것입니다. 그러나 사건을 객관적으로 보면 결코 분노가 나타나지 않습니다. 그렇다면 뉴스쇼를 보면 왜 분노가 나타날까요? 그것은 '자신 나름의 정의감'이라는 주관으로 사건을 보고 있기 때문입니다.

승인 욕구와
기여감의 상관관계

내면의 자아에 강한 관심을 갖는 것은 위험하다

사람들 사이의 가장 큰 불행은 자신을 좋아할 수 없다는 것입니다. 그렇다면 우리는 어떻게 우리 자신을 좋아할 수 있을까요? 방법은 하나뿐입니다. 아들러는 기여감, 즉 공헌 감각을 갖는 것이라고 말합니다. 기여감은 '나는 국가와 지역 사회에 유용하다' 또는 '나는 누군가에게 유용하다'는 느낌입니다. 이러한 기여감은 자존감을 불러일으킵니다. 결과적으로, 자존감을 높인다면 스스로를 좋아할 수 있습니다.

나의 경우에는 사실 좋아하는 것과 싫어하는 것에 대한 생각이 별로 없습니다. 나의 부모님은 한국전쟁 전 일제 시대에 태어나셔서 교육의 혜택을 받지 못해서 교육에 강한 열망을 가진 마지막 세대입니다. 덕분에 어렸을 때부터 "세상과 사람과 나라를 위해 공부해라."
는 말을 자주 들으며 자랐습니다. 그래서 나는 내면의 자아에 거의 관
심이 없었고, 항상 내 밖의 세계에 강한 관심을 가졌습니다.

사람, 사물(돈), 사건(이치, 사태) 중에서 우리는 압도적으로 돈
에 관심이 많습니다. 그러나 제국주의 강점기 시대에 태어난 일부 부
모와 한국전쟁 후에 태어난 부모들은 자신보다는 자식들을 위해 살고
있다고 생각했습니다. 자식들을 위해 당신들의 온 인생을 희생하셨습
니다.

10여 년 전, 나는 정신과 의사가 쓴『내면의 자아에 강한 관심을
갖는 것은 위험하다』는 책을 읽었습니다. 그 책에서 저자는 "당신이
자신 안으로 깊이 들어가면 미로에 들어갈 것이고, 당신은 그 미로에
서 자발적으로 빠져나올 수 없을 것이다."라며 내면의 자아에 강한 관
심을 갖는 것이 위험한 이유에 대해 설파했습니다.

승인의 욕구에 갇힌 사람

앞서 언급한 부모들의 온 인생이 희생으로 점철되었음에도, 이
런 말을 한다면 기분이 나쁠지도 모르겠지만, 나는 그분들이 자녀들
을 궁지에 몰아넣을 수도 있겠다고 생각합니다. 왜냐하면, 오로지 자
식들의 출세만 생각하며 온 생애를 바쳤기 때문입니다.

자식으로서 이런 부모의 바람을 저버린다면 불효막심한 자식이
될 수밖에 없습니다. 이것은 "우리가 기여의 감각을 얻기 위해 다른

사람들의 승인을 구해야 하지 않는가?"라는 중요한 질문을 던집니다. 이 책에서 나는 다음과 같이 이 질문에 대한 답을 할 수 있을 것 같습니다.

다른 사람에게 승인을 구하면 다른 사람의 욕구를 충족시키려는 삶의 방식으로 살기 때문에 거기에는 자유가 없습니다. 나 자신의 삶이 아니라 부모님이 원하는 삶을 살아야 하기 때문입니다. 나 또한 대학 진학 시 학과 결정에 부모님과 갈등이 매우 심했습니다. 자유로운 영혼(문사철학)을 선택하지 못하고 부모님의 의견(법학)을 따랐습니다. 부모님 말씀을 거역할 용기가 없었기에 영혼이 자유롭지 못하고 현실적인 직업 선택에 유리한 공부를 했던 것입니다.

자유가 없는 행복은 행복이 아닙니다. 또한 제도적 자유는 국가, 시대, 조직, 문화 등에 따라 다르지만 대인관계의 자유는 보편적입니다. 나는 수시로 누군가를 돕고 있습니다. 거기에 행복이 있다면 다른 사람의 인정이 필요하지 않습니다. 승인의 욕구에 갇힌 사람들은 여전히 공동체 의식, 자기수용, 다른 사람에 대한 신뢰를 획득하지 못한 채 다른 사람에게 기여하지 못합니다. 이런 삶은 절대로 행복할 수 없습니다.

자율성은
신뢰에서 비롯된다

신뢰가 가장 문제인 관계, 부모-자식

아마도 문제의 분리를 실현하는 데 가장 어려운 부분은 부모-자식 관계일 것입니다. 세상에는 '당신을 위해서'라는 단어를 자주 사용하는 많은 부모들이 있습니다. 그러나 정말로 그것은 당신을 위한 것이 아니라 '나를 위한 것'입니다.

업무의 분리는 그들을 내버려 두지 않고 다른 사람의 행동을 알고 지켜보는 것을 의미합니다. 예를 들어, 공부는 개인의 문제이기 때문에 "공부하고 싶으면 도와줄게."라고 말하면 됩니다. 다른 사람들이 강요하는 행동은 아이들이 거의 획득하지 않습니다. 타율성 대신 자율성을 중시하는 것을 의미합니다.

문제의 분리를 달성하기 위해서는 다른 사람을 믿어야 합니다.

당신이 그들을 신뢰할 수 없다면, 당신은 문제를 분리할 수 없습니다. 예를 들어, 자녀를 믿는다면 자녀의 과제를 분리하고 조용히 지켜볼 수 있습니다. 반면에 당신이 자녀의 일을 방해한다면, 그것은 당신이 그들을 믿지 않는다는 증거입니다.

부모의 간섭을 받아들이는 아이가 위험하다

자녀들이 부모의 간섭에 반항하는 것은 언제나 이기심 때문만은 아닙니다. 그것은 자신을 믿지 않는 부모에 대한 분노의 표시일 수 있습니다. 또는 자녀가 스스로 성장하려는 욕구를 부모가 방해하는 것에 대한 분노의 표시일 수도 있습니다. 어쨌든, 부모의 간섭에 반항하는 아이는 오히려 건강합니다.

반대로, 부모의 간섭을 계속 받아들이는 아이들을 훨씬 더 걱정해야 합니다. 자녀는 영원히 부모의 보호를 받지 못합니다. 당연해 보일지 모르지만, 부모가 돌아가신 후에는 부모의 도움 없이 혼자 살아야 합니다. 그들은 부모와 다른 능력을 가지고 있고, 다른 시대와 환경에서 살아남아야 하기 때문에, 부모와 같은 사고방식은 통하지 않습니다.

풍부한 삶의 경험을 가진 부모의 관점에서 볼 때, 아이가 미성숙하다는 것이 분명합니다. 부모로서 자녀의 일을 방해하는 것은 당연할 수 있습니다. 그러나 자녀를 믿지 않고 과제 분리를 수행하면 자녀는 영원히 독립적일 수 없습니다. 부모에게 필요한 것은 자신의 아이들을 믿는 용기입니다. 중요한 것은 아이를 무조건 믿어 주는 신뢰입니다. 조건이 충족되어야 신뢰할 수 있다는 것은 매우 위험합니다.

조건이 따르는 신뢰는 진정한 신뢰가 아니다

각 가정마다 자녀 양육에 대한 생각이 있습니다. "자녀 양육에 꼭 필요한 것은 무엇입니까?"라고 묻는다면, 어떻게 대답하겠습니까? 이 질문에 나는 '신뢰'라고 대답합니다.

아이들은 태어나는 순간부터 부모의 신뢰를 확인합니다. 당신은 당신의 자녀를 신뢰합니까? 어떤 사람들은 당연하다고 생각했을지 모르지만 실제로는 상당히 어렵습니다. 신뢰는 무조건적인 믿음입니다. "시험에서 100점을 받았기 때문에 좋은 아이입니다." 또는 "늦잠 자기 않고 깨우기 전에 일찍 일어났기 때문에 좋은 아이입니다." 이 문장에는 조건이 있으므로 신뢰라고 할 수 없습니다.

왜일까요? 이 말은 "좋은 자녀가 되기 위해서는 몇 가지 조건을 충족시켜야 한다."는 것을 내포하고 있기 때문입니다. 이것은 아이들에게 좋지 않습니다. 이런 식으로 조건을 계속 부과하는 경우, 아이들은 "내가 조건을 충족시키지 못하면 좋은 아이가 되지 못할 것"이라는 생각에 두려워하게 될 것이며, 앞으로 다양한 도전을 피하는 방식으로만 살아갈지도 모릅니다.

무조건적인 신뢰가 필요한 이유

자녀의 양육에 있어서는 무조건 아이에 대한 신뢰감을 갖는 것이 중요합니다. 여기서 신뢰감은 '사랑'으로 번역할 수 있습니다. 아이가 태어나는 순간부터 아이에 대한 신뢰가 중요합니다. 신생아는 약 2세가 될 때까지 부모의 신뢰를 확인합니다. 가장 가까운 부모(보통 어머니)의 행동을 통해 "이 세상에서 나는 살 가치가 있다."는 것을 확인합니다.

아기는 스스로 아무것도 할 수 없습니다. 아기의 어머니는 모든 면에서 그를 돌봅니다. 그렇게 함으로써 아이는 있는 그대로의 자신이 부모에게 받아들여진다고 생각합니다. 자녀가 "어떤 가치를 창출하지 않더라도 부모에게 자녀는 이미 있는 그대로의 가치를 가지고 있다."는 것을 확인시켜야 합니다. 이것은 자녀가 남은 생애 동안 살아가는 데 필수적인 정서적 원동력을 갖추는 것으로서 중요한 단계입니다.

과도한 부모의 기대가 미치는 영향

과도한 부모의 기대는 신뢰를 감소시키고 반항을 증가시킵니다. 물론 거의 모든 부모들은 아이가 태어나는 순간 "네가 이 세상에 태어나서 기쁘다!"며 감동을 받고, 아이를 있는 그대로 받아들이고 신뢰합니다. 그러나 시간이 지남에 따라 그들은 자신의 자녀를 다른 자녀

및 자신의 이상적인 자녀와 비교하기 시작합니다. 우리는 부모가 "너는 장차 이렇게 자라라."라는 부모의 욕구에서 솟아난 조건을 아이들에게 부과하게 되는 순간부터 신뢰의 비율은 점차 감소한다는 것을 알아야 합니다.

앞서 언급했듯이 이것은 아이들이 도전을 피하는 방식으로만 살 수 있다는 단점이 있습니다. 신뢰에 조건을 계속 부과하는 경우, 아이들은 "내가 조건을 충족시키지 못하면 좋은 아이가 되지 못할 것"이라는 생각에 두려워하게 될 것이며, 앞으로 다양한 도전을 피하는 방식으로만 살 수 있습니다.

또 다른 단점은 부모-자식 관계를 악화시킨다는 것입니다. 대부분의 부모는 "내 아이도 이렇게 자랐으면 좋겠다."고 아이에게 지나치게 기대하기 때문에 그 이후에는 항상 낙담이 따르게 마련입니다. 낙담은 의사소통의 주요 장애물인 과민성과 분노를 유발하는 주요 감정입니다. 이것은 필요 이상으로 더 많은 좌절과 분노로 이어질 것이며, 그 결과 부모와 자식 관계가 악화될 것입니다.

신뢰를 구축하는 두 가지 방법

아이에 대해 굳게 신뢰하는 방법 중 하나는 먼저 아이의 감정에 공감하는 것입니다. 자녀의 말과 행동에 동의하지 않더라도 먼저 공감하십시오. 그렇게 하면 더 나은 부모-자녀 관계, 부모-자녀 의사소통 및 신뢰 구축으로 이어질 것입니다.

아이들을 신뢰하는 또 다른 방법은 '업무 분리'라고 하는 것입니다. "말도 안 듣고 공부도 하지 않는다". 또는 "형제자매 간 틈만 나면 싸움을 한다."와 같은 자녀의 말과 행동에 짜증이 났을 때, 관계를 새로 조직하고 부모와 자녀의 과제를 적절하게 나누십시오. 이 경우 좌절하는 것은 부모입니다. 즉, 이것은 부모의 도전입니다. 반면에 "공부해야 한다."와 "형제자매와 사이좋게 지낸다."라고 하는 것은 아이들의 의무이기 때문에 이것은 아이들의 문제입니다. 이런 식으로 그들을 분리함으로써 부모는 자녀의 일을 방해하지 않아야 합니다.

개인주의가 강해 어린아이를 어른과 똑같은 인간으로 대하는 유럽이나 미국에 비해, 아시아에서는 아이를 부모가 도와야 할 대상이라고 생각하는 경향이 있습니다. 따라서 자녀의 문제가 부모의 문제이기도 하다고 생각하여 개입하고 싶은 유혹이 있습니다. 부모와 자식 한 사람 한 사람의 문제를 명확히 해야 할 것입니다. 물론 자녀가 정말로 곤경에 처해 도움을 요청한다면, 당신은 그를 도울 필요가 있습니다. 그러나 그렇게 될 때까지 자녀를 믿고 돌봐야 합니다.

자기계발서 읽는 데도
방법이 있다

자기계발서를 읽는 목적

독자 여러분은 이미 많은 자기계발서를 읽어 보았을 것이라 생각합니다. 데일 카네기의『인간관계론』이나『미움받을 용기』를 읽거나 매슬로우의 5단계 욕망이론에 대해 배우고 나면 현재 수준에 비해 절망감을 느낄 수 있습니다. 어쩌면 어떤 사람들은 자신의 인격 전체가 부정당했다고 느끼고 그것을 거부할 수도 있습니다. 그러나 그렇게 절망할 필요는 없습니다. 세상의 다양한 분야에서 최고로 성공한 사람과 자신을 비교하면 한없이 초라해질 뿐입니다. 이런 식으로 생각하면 영원히 앞으로 나아갈 수 없습니다.

나의 견해는 다음과 같습니다. 과거는 중요하지 않습니다. 미래가 그보다 훨씬 더 중요합니다. 과거보다 미래를 더 소중히 여기는 사람만이 성장할 수 있습니다. 그리고 무엇에 집중할지 결정하는 것은 지금 여기 당신에게 달려 있습니다. 그러므로 가장 중요한 점은 지금 여기에서 어떻게 생각하느냐 하는 것입니다.

미래를 소중히 여긴다면 평생 어떻게 시간을 사용할 것인가라는 입장에서 자기계발서를 읽어야 합니다. 앞으로 자신을 성장시키기 위해 어떤 방향을 목표로 삼아야 하는지, 어떻게 노력해야 하는지를 결정하는 데 도움이 됩니다.

매슬로우의 5단계 이론으로 보는 목적 지향의 삶

예를 들어, 앞서 설명한 바 있지만 매슬로우의 5단계 욕망이론을 다시 한 번 이야기해 보겠습니다. 인간의 욕구는 다음 5단계 순으로 증가합니다. ① 생리적 욕구, ② 안전의 욕구, ③ 소속감과 사랑의 욕구, ④ 존중과 승인의 욕구, ⑤ 자아실현에 대한 욕구 순입니다. 그러나 이 이론은 학자들에 의해 제안된 것으로 이론일 뿐입니다. 실은 ⑤ 자아실현에 대한 욕구에 도달해도 ① 생리적 욕구에서 ④ 존중과 승인의 욕구에 대한 욕망은 사라지지 않습니다. 즉, 우리는 이 세상에 100% 존경받는 사람은 없다고 믿습니다.

또 순서도 ① 생리적 욕구부터 ⑤ 자아실현에 대한 욕구까지 그대로 지켜지는 것도 아닙니다. 또한 인생의 중간에 ① 생리적 욕구의 방향으로 다시 돌아갈 수 있습니다. 즉, 중년까지는 존경받을 만했지만 사업에 실패해서 말년에 비참한 처지가 된 사람들이 많았을 것입니다. 건강을 잃고서 ② 안전의 욕구가 인생 최고의 목표가 된 사람도 있습니다. 그래서 바로 지금, 어떤 욕망이 가장 강한가와 같은 현재 상황을 분석하는 데 사용해야 합니다.

다음으로, 수준을 올리기 위해 해야 할 일을 고려하고 다음 단계를 구현하면 됩니다. 궁극적인 목표는 ⑤ 자아실현이라는 것을 항상 기억해야 한다는 점에 유의하는 것이 중요합니다. 마지막 단계인 자아실현에 도달하면, 다시는 돌아가지 않겠다는 강한 믿음으로 계속해서 발전하고 싶다고 확신해야 합니다.

자기계발 이외의 목적으로 자기계발서를 읽지 말라

이 책에서 말씀드리고 싶었던 것은 인생의 목적입니다. 무엇을 하든지 사전에 명확한 목적을 가지고 그에 따라 행동하십시오. 당신은 이것을 습관으로 만들 수 있습니다. 예를 들어, 자기계발서를 읽을 때 당신은 무엇을 인생의 목적으로 삼아야 합니까? 즉, 자신을 이전보다 향상시키려는 명확한 목적을 갖는 것입니다. 이 목적에 따라 책을 선택하고, 책을 읽고, 책의 내용을 이해하고, 연습을 반복하십시오.

나는 자기계발 이외의 목적으로 자기계발서를 읽지 않습니다. 자신을 발전시키고 싶은 사람들에게는 대화가 자연스러운지 부자연스러운지는 중요하지 않습니다. 작가가 전달하고자 하는 것이 내 목적과 일치했기 때문에 돈과 시간을 투자한 것입니다. 그래서 '내 눈에 들어오는 딱 한 가지 핵심적인 주장을 얼마나 흡수할 수 있을까?' 이 외에는 아무것도 없습니다.

모든 것이 그렇듯이 목적이 명확해지면 다른 모든 것이 당신을 괴롭히지 않습니다. 명확성을 위해 사물의 중요성과 우선순위를 알아야 합니다. 반면에 목적이 불분명하면 우선순위를 알 수 없으며 요점을 볼 수 없습니다. 요점이 무엇인지 모르는 방식으로 살면 지루한 일에 좌절감을 느낄 것입니다. 또한 다른 사람을 비판하거나 부정하더라도 그로부터 성장할 사람은 다른 사람이 될 것입니다.

과거에서 벗어나
미래를 건설하는 현재

내 힘으로 바꿀 수 있는 건 미래뿐이다

　　현재 우리나라 남성의 평균수명인 80년을 가정하면 사람의 일생을 다음 네 가지 기간으로 나눌 수 있습니다. ① 0~20세, ② 21~40세, ③ 41~60세, ④ 61~80세. 각 기간에 대해 25점을 부여하면, 총 100점의 등급이 있고, 각 기간을 자체 채점한다고 가정합니다. 이것은 평생 동안 삶을 개선하기 위한 것이므로 몇 살을 살았든 상관없습니다. 기간 ①의 끝, 즉 20세라고 가정해 보겠습니다.

　　학교 성적이 좋지 않았고, 잘못된 행동을 하였으나 애정을 가지고 채점하더라도 25점 만점에 10점만 받는다고 가정해 보겠습니다. 그러나 중요한 점은 얼마나 많은 골을 넣었는지가 아니라 어떻게 생각하는지입니다. 이것은 당신의 남은 생애 동안 당신의 점수를 바꿀 것입니다. 당신이 자신에게 실망하고 남은 생애 동안을 포기하고 물러났다고 가정해 봅시다. 그러면 다음 후속 기간인 ②에서 ④까지 점수가 더 떨어질 수 있습니다.

각 기간의 점수가 5점이면 전체 수명의 점수는 다음과 같습니다. (10점 × 1) + (5점 × 3) = 25점. D학점을 받을 수도 없는 점수입니다. 사회생활을 하면서 공부할 수 있는 사람은 없다고 말하면서 자신을 정당화하는 사람들도 있습니다. 이 경우는 과거에 갇혀 있다는 점에서 다르지 않으며, 그 이후로 같은 수준의 점수로 끝납니다. 10점 × 4 = 40점으로 인생은 끝납니다.

성장하기 위해서는 자신을 부정할 수 있는 용기가 필요합니다. '과거의 자신은 나쁜 사람이었지만 이제부터 과거를 잊고 다시 태어나자.' 이렇게 미래를 내다보고 열심히 일하기 시작하면 인생이 오르막길을 갈 것입니다. 10점 + 15점 + 20점 + 25점 = 70점을 얻을 수 있습니다. 평균점수가 50점이면 꽤 좋은 삶을 살 수 있을 것입니다.

가장 중요한 것은 전체 점수를 높이는 것입니다. 이런 맥락에서 과거는 바꿀 수 없기 때문에 좋은 과거와 나쁜 과거를 모두 잊어버리는 것이 중요합니다. 자신의 힘으로 바꿀 수 있는 것은 미래뿐입니다. 그러므로 우리는 유일한 기회가 인정되는 미래에 노력을 집중해야 합니다.

성장하는 사람과 성장하지 않는 사람의 차이

성장하는 사람과 성장하지 않는 사람의 차이는 어디에 나타납니까? 앞으로 나아가기 위해 두 가지 잠정적인 전제 조건을 설정해 보겠습니다. 하나는 현재의 자아가 과거의 정점이라는 것이고, 다른 하나는 성장이 더 나은 것을 위한 변화라는 것입니다.

우선은 성장을 목표로 하는 사람은 자신의 삶의 여정에서 미래의 자신이 현재의 자신보다 더 나은 방향으로 변화해야 한다고 생각합니다. 이를 위해서는 현재의 자아의 일부(= 과거의 정점)를 갱신하고, 새로운 미래의 자아로서 다시 태어나려고 노력해야 합니다. 즉, 성장하면서 집중하는 것은 과거가 아니라 미래입니다.

이에 반해, 성장을 거부하는 사람들은 자신의 미래의 자아가 현재의 자아와 같기를 원합니다. 그러기 위해 우리는 현재의 자아(= 과거의 정점)를 지키려고 노력합니다. 즉, 성장하지 않는 사람들은 미래에 초점을 맞추지 않고 과거에 초점을 맞추고 있습니다.

예를 들어, 누군가가 당신의 현재 단점을 지적한다고 가정해 봅시다. 성장을 목표로 하는 사람들은 현재의 자신의 일부(= 과거의 정점)를 바꾸려고 합니다. 따라서 적절하다면 단점을 지적하는 것을 환영합니다. 반면에 일정 시점 이후에 성장하지 않은 일부 사람들은 자신의 전체 인격이 거부되었다고 느끼고 격렬하게 반항합니다.

이렇듯 성장하지 않는 사람들은 이처럼 과거에 갇혀 살고 있습니다. 그래서 현재의 자아를 부정당하면 지금까지 살아온 모든 것이 부정된 것처럼 느낄 수 있습니다.

성장하기 위해 필요한 것은 미래의 자아와 미래의 삶을 보는 것입니다. 동시에 과거의 자아와 과거의 삶에서 눈을 떼십시오. 그러면 현재의 의미도 과거에 묶인 현재에서 미래를 건설하는 현재로 바뀔 것입니다. 이 과정에서 인생을 보는 입장도 인과론에서 목적론으로의 전환은 필수 불가결한 것으로 여겨집니다.

나의 길(My Way)을
스스로 결정하라

인생에는 두 가지 삶의 방식이 있다

과제 분리의 유무에 따라 누구든지 두 가지 삶의 방식 중 하나를 선택할 수 있습니다.

첫 번째는 자유롭지만 힘든 삶의 방식입니다. 이러한 삶의 방식을 선택하는 사람들은 과제 분리를 가지고 있기 때문에 항상 자신이 취해야 할 길을 스스로 결정합니다. 그렇게 함으로써 고민과 자유를 동시에 얻을 수 있습니다. 실수하면 다른 사람을 비난할 수 없기 때문에 고민은 더욱 증가합니다. 이 걱정의 본질은 내 문제가 아닙니까? 그래서 고난을 겪으면서 이런 고민(이슈)을 스스로 극복하다 보면 결국 새로운 삶이 열리게 됩니다. 사실, 이 과정을 거치면(도전을 진지하게 받아들이면) 큰 사람으로 성장할 수 있습니다.

두 번째는 절름발이이지만 쉬운 삶의 방식입니다. 이런 삶의 방식을 선택하는 사람들은 일(과제)의 분리가 없으며 주변 사람들에게 자신의 길을 결정하도록 요청합니다. 이때 결국 스스로 결정을 내리고 주변 사람들이 바라는 길을 가는 사람은 첫 번째 삶의 방식을 따릅니다. 오히려 주위 사람들의 기대에 부응하는 것을 중심으로 자신의 길을 선택하는 사람들은 이 두 번째 삶의 방식에 속합니다. 그러다가 실수하면 주위의 사람들을 탓하기 때문에 자신의 책임으로 의식하지 않게 됩니다. 또한 스스로 어려움을 극복하는 습관을 기르지 않기 때문에 어려움을 피하는 경향이 있습니다.

자신이 원하는 방식대로 살아야 하는 이유

결과적으로 두 번째 삶의 방식을 선택한 경우, 사람으로서의 성장이 멈추고 반대로 퇴보할 수 있습니다. 회귀는 어린아이 같은 저개발 상태로 돌아가는 것을 의미합니다. 퇴행이 진행됨에 따라 무력감이 커지므로 더 많은 보호자를 찾고 주변 사람들을 미워하지 않습니다. 그들은 할 수 없는 일을 할 수 있다고 약속하고, 심지어 감당할 수 없는 책임도 떠맡습니다. 이 시점에서 당신은 당신이 누구인지 또는 누구의 삶을 살고 있는지 모를 수 있습니다. 결국 거짓말이 폭로되고 신뢰를 잃고 삶이 더욱 고통스러워집니다.

'주위 사람들에게 미움을 받지 않아야 한다. 주위 사람들의 기대에 부응하지 않으면 안 된다.' 이런 생각을 가지고 있다면 결국 자신을 나쁜 방향으로 밀어붙일 것입니다. 이러한 일이 발생하지 않도록 우리는 과제 분리를 촉진하고 우리 자신의 문제에 대한 책임을 져야 합니다. 나는 지금 당신이 원하는 방식으로 당신의 삶을 살지 말아야 할 이유가 없다고 말하는 것입니다.

7부

더 큰 자유

넓은 세상을 향해
나아가기

관심사를 타인의 평가에서 사회로 돌려라

타인의 평가에 의존하는 삶

때때로 우리는 자신감을 얻기 위해 다른 사람들을 칭찬합니다. 그러나 아들러는 우리가 사람들을 칭찬해서는 안 된다고 합니다. 즉, 다른 사람을 평가해서는 안 된다고 말합니다. 칭찬의 행위는 수직적 관계에서 유능한 사람이 무능한 사람에게 주는 것입니다. 그러므로 사람들이 칭찬받을 때마다 잠재의식에 자신이 능력이 없다는 것을 각인할 것이라는 두려움이 있습니다.

이를 피하기 위해서는 수직적 관계가 아닌 수평적 관계의 관점에서 상대를 대하는 방식을 재검토할 필요가 있습니다. 수평적인 관계라면 감사, 존경, 기쁨 등의 감정을 말로 표현해야 합니다. 구체적으로 "고맙습니다.", "행복합니다.", "큰 도움이 되었습니다." 등입니다. 과장하지 말고 솔직하게 말하십시오.

다른 사람으로부터 감사의 말을 받으면 자신은 공헌할 수 있는 사람으로서 가치가 있다는 것을 깨달을 수 있습니다. 나는 가치가 있다는 인식(자신감)이 자신의 삶에 직면할 용기를 불러일으킵니다.

칭찬이 없으면 다른 사람은 '나는 능력이 없다'는 잠재의식을 형성하게 되고 그 결과 타인의 평가에 의존하게 됩니다. 이에 반해, 고마워하면 상대방은 내가 소중하다고 느낍니다. 그러면 인생을 마주할 용기를 가지게 됩니다.

인생에서, 특히 성인기에서 가장 필요한 것은 다름 아닌 용기입니다. 미성년자일 때엔 정해진 레일을 달릴 수 있지만, 그 후에는 자신의 삶을 개척해야 합니다. 일, 결혼, 자녀, 건강, 부모 등 많은 의무가 생깁니다. 이 모든 결정은 스스로 내려야 하므로 항상 선택할 용기가 필요합니다. 그렇다면 궁극적으로 당신이 합당하다거나 또는 무가치하다는 느낌을 결정하는 것은 무엇입니까? 그것은 바로 '열등감 콤플렉스'입니다.

열등감 콤플렉스는 나의 주관적인 문제이지, 다른 사람들의 평가 때문이 아닙니다. 그러므로 당신이 다른 사람들로부터 얼마나 높은 평가를 받았는지에 상관없이, 그것은 당신이 자신에 대해 어떻게 생각하는지에 의해 결정됩니다. 자존감이 낮으면 자신에 대한 가치를 수용하지 못하고 용기가 없으며 자신감이 없습니다.

그러한 사람들이 진정한 힘을 발휘하면 자신과 가족뿐만 아니라 사회 전체가 풍요로워질 것입니다. 그러기 위해서는 우리의 목표를 타인의 평가에서 사회 공헌으로 바꿔야 하지 않을까요? 나보다 약자에게 관심과 배려가 필요하지 않을까요?

방관자 효과
·······················

방관자 효과라는 현상이 사회심리학계에 보고되었습니다. 어떤 심리적 과정이 우리를 '단순한 구경꾼'으로 만드는 걸까요?

사회심리학은 우리가 살고 있는 사회의 다양한 문제를 다루고 연구하는 분야입니다. 이러한 이유로 일부 연구는 실제로 발생한 사고와 사건에서 영감을 받았습니다. 1964년 3월 13일, 미국 뉴욕주 퀸즈 카운티의 큐 가든(Kew Gardens) 지역에서 발생한 살인사건은 일반적으로 '키티 제노비스 사건'으로 알려져 있으며, 방관자 효과에 대한 연구를 촉발시켰습니다.

이 지역에 사는 캐슬린 제노비스(일명 키티)가 집으로 가는 길에 큐 가든스 역 근처에서 깡패들에게 살해당했을 때, 뉴욕 타임즈는 나중에 그녀가 도움을 청했지만 이웃 중 누구도 경찰에 신고하지 않았다고 보도했습니다.

깡패들이 칼로 그의 등을 찔렀을 때, 제노비스는 비명을 질렀습니다. 그때 아파트 창문에 불이 들어왔고, 한 주민이 창문을 열고 제노비스를 놓아 달라고 소리쳤습니다. 따라서 범죄자는 주민들을 올려다보며 어깨를 으쓱하고는 제노비스에서 멀어지고 차를 향해 걸어 갔습니다. 그러나 창문의 불이 꺼지자, 범인은 몸을 돌려 제노비스를 또다시 찔렀습니다. 제노비스가 다시 소리치자, 건물의 불이 켜지고 범인은 차에 올랐습니다. 그러나 이윽고 제노비스에게로 돌아와 그의 목을 찔러 치명상을 입혔습니다. 나중에 같은 아파트에 사는 한 남자가 경찰에 신고했지만 그녀는 이미 사망한 후였습니다.

이 사건은 이후 2015년 《38명의 침묵하는 증인》이라는 제목의 다큐멘터리 영화로 개봉되었는데, 이 영화에서 키티의 형제는 당시 증인에게 묻기 위해 돌아다녔습니다. 증인은 38명으로 다양한 증언이 나오지만 실제 경찰 기록과 다른 점 등 많은 문제를 제기했습니다.

그렇다면 왜 38명의 증인 중 누구도 그녀를 직접 돕지 않았을까요? 심리학자 라탄(Ratane)과 달리(Darley)는 이 현상을 실험실 실험으로 조사했습니다. 그들은 많은 사람들이 다른 사람들이 도움을 청하는 비상사태(예: 키티가 깡패들에게 공격당하는 것)에 직면하는 것을 목격했음에도 불구하고 개입이 일어나지 않은 이유를 찾으려고 노력했습니다. 그중 다음과 같은 요인이 방관자 효과를 일으키는 것으로 나타났습니다.

• **책임의 분담**

여러 사람이 사건에 책임이 있는 경우 책임은 각 사람에게 분배되며 각 사람이 느끼는 책임은 한 사람이 책임질 때보다 가볍습니다. 도움이 필요한 상황에 여러 사람이 있다는 것을 인식하면, 개입에 대한 책임과 비개입에 대한 책임이 각 사람에게 분산되고 상황에 직면했을 때와 비교하여 개입이 억제됩니다.

• 다중 무지

집단이나 사회의 구성원이 자신의 공적 행동이 자신의 감정과 의견과 일치하지 않는다고 가정하지만, 다른 사람들의 공적 행동이 자신의 감정과 의견을 반영한다고 가정하는 현상입니다. 모든 사람이 서로의 사적인 감정과 의견을 모르기 때문에 발생하는 인지 상태라고 합니다. 어떤 방관자는 먼저 과잉반응하고 당황할 것이라는 두려움 때문에 개입하지 않지만, 다른 사람들이 개입하지 않으면 상황을 개입이 필요 없는 상황으로 해석합니다.

• 평가 관련 사항

다른 사람의 평가에 대해 걱정할 때 발생하는 심리적·행동적 현상입니다. 방관자 효과에서는 경찰에 신고하거나 피해자와 가해자 사이에 개입하고 의식적으로 행동을 바꾸는 것을 부정적으로 평가(예: 과장, 각별한 주의 등)하는 것을 꺼리는 것을 말합니다.

이처럼 방관자 효과는 살인을 목격하는 것과 같은 극단적인 예가 아니라 우리의 일상생활에서 일어날 가능성이 높습니다. 그리고 무섭게도 키티 제노비스 사건의 가해자는 사건 이전에도 비슷한 범죄를 반복하면서 방관자 효과를 감각적으로 이해한 듯 보였고, "발견자가 즉시 창문을 닫고 잠자리에 들 줄 알았는데 그랬다."고 증언했습니다. 범죄자들이 심리학자들이 실험실 실험에서 밝힌 것을 이미 이해하고 범죄에 사용했다는 것은 매우 흥미롭습니다.

회복력 있는
공생사회의 건설을 위해

자유롭고 포용적인 사회를 꿈꾸며

이타주의, 연민, 동정심 많은 행동은 고귀한 이상(理想)에 의해 뒷받침되는 특별한 사람들에게만 국한된 것이 아니라 특정 환경의 모든 사람들도 실천할 수 있습니다. 강제되는 것이 아니라 자발적이고 긍정적으로 드러나는 연민과 자비로운 행동이야말로 다양한 문제를 안고 있는 현대사회를 지탱하는 이타적인 공생사회로 이어지는 공동체의 원동력이 될 것입니다.

세상 살기가 더 힘들다는 것을 알기 때문에 공감과 연민과 같은 내면의 힘을 믿고 싶습니다. 그리고 부모와 성인으로서 또 교육자로서 나는 아이들과 다음 세대가 '자비롭고 포용적인 사회'에서 살 수 있도록 지금 할 수 있는 일을 하고 있습니다.

인구 감소와 고령화, 농촌의 인구 감소, 빈번한 재난 발생, 아동 빈곤, 감염병, 각종 차별 등 다양한 어려운 문제에 직면한 한국 사회에서 모든 사람이 인간으로서의 존엄성을 갖고 같은 시대와 세대를 넘어 다양한 어려움으로부터 회복력 있는 공생사회를 건설하는 것이 바람직합니다.

이를 위해서는 우선 사람들이 다양한 협력과 노력을 통해 가치관의 갈등을 극복하는 것을 경험하는 것이 중요합니다. 친구와 동료 집단에서만 피상적으로 어울리고 미리 결정되고 조화로운 방식으로 얼굴을 보면서 상대방을 마음의 바닥에서 바라본다면, 상대방의 입장을 존중하고 돌볼 수 없습니다. 진정한 이타적인 행동은 이런 것에서 나오지 않습니다.

이상주의자라고 조롱받더라도, 즉각적인 결과가 보이지 않더라도 지속하고 계속하는 것이 중요합니다. 서로를 지지하는 이타적이고 공생적인 사회를 만들기 위해서는 자신이 있는 곳에서 자신만의 방식으로 사회에 공헌해야 합니다. 사회는 각 개인의 인식에 따라 변화하여 개인들의 일상생활에서 작은 관행을 축적할 것입니다. 세상이 변화하기를 원한다면 그렇게 바꿔야 합니다.

타인에 대한 공헌을 실천하는 열쇠

사회 공헌과 타인에 대한 공헌을 실천하는 열쇠는 너무 골똘히 생각하지 않아도 아주 작은 것에서부터 시작할 수 있습니다. 예를 들어, 당신이 작은 중국식당의 주인이라고 가정해 봅시다. 물론, 그는 별로 알려지지 않은 사람이며, 그의 요리 솜씨는 특별하지 않습니다. '나 같은 사람이 남에게 공헌할 수 있는 방법은 없다.'고 생각하면 인생은 더욱 나빠질 것입니다. 그 일의 목적이 단지 생계를 유지하는 것이 될 가능성이 높기 때문입니다.

자꾸 몸을 굽히고 돈을 위해 고개를 숙이면 결국 비굴한 사람이 될 수 있습니다. 당신은 당신의 일에서 기쁨을 느끼지 못할 수도 있고, 당신은 당신의 가난한 삶의 끝을 기다리게 될 것입니다. 하지만 마음가짐을 바꾸면 사회 공헌 의식을 높이고 삶을 풍요롭게 할 수도 있습니다. 또한 이것이 식당 매출의 향상으로 이어질 가능성이 있습니다.

우선은 현재 당신의 가게를 방문하고 있는 고객을 정성으로 돌봅시다. 음식 자체를 개선하는 것도 중요하지만, 사실 맛의 미묘한 차이를 모르는 고객이 많습니다. 그보다는 오히려 손님으로 존중되는지 여부에 대해 민감합니다. 따라서 음식 메뉴가 같더라도 계속 웃고, 예의 바르고, 각 고객의 상황과 선호도를 기억하십시오. 이러한 목적을 위해 특별한 재능이 필요하지 않으며, 단 1원을 지출하지 않고도 연습할 수 있습니다.

예를 들어, 손님에게 자장면 요리에 사용된 재료를 친절하게 설명해 보세요. 혹은 오늘의 추천 요리를 이유와 함께 제시해 보세요. 게다가 깊이 생각해 보면 중국식당 주인이 이웃의 손님에게 음식을 대접하는 것 이외에 어떻게 공헌하는 것이 가능할까요? 당신과 당신의 중식당만이 중국요리를 통해 매일 이웃에게 기여할 수 있습니다.

다시 말해, 나는 내가 누구인지 알기 때문에 이러한 기회에 맛있는 중국음식의 공급이라는 축복을 받았습니다. 현재 환경에서 가장 먼저 해야 할 일은 어떤 종류의 공헌을 할 수 있는지 즉, 어떤 기회가 축복받았는지 생각하는 것입니다. 그렇게 한다면 우리는 전 세계 어디에서나 기여할 수 있는 기회를 찾을 수 있을 것입니다.

　다른 사람들이 사회에 대한 자신의 공헌을 통해 행복하다고 느끼는지 여부는 다른 사람들의 일이지만, 이로 인해 자신의 행복감을 높일 수 있습니다. 더욱이 우리가 능력을 향상시키기 위해 노력한다면 삶의 톱니바퀴가 더 나은 방향으로 회전하기 시작할 것입니다.

큰 자유를 원한다면
작은 자유에 얽매이지 말라

○
●

권리와 의무 사이의 관계

자녀의 출산 시 사회로부터 가족이라는 공동체가 보호를 받는 대신 행동의 자유가 제한됩니다. 그러나 그들이 성장함에 따라 행동의 자유를 찾기 위해 주변 환경과 마찰이 발생하게 됩니다. 공공장소에서 타인에게 피해를 주는 자녀의 행동은 단호하게 바로잡고 교육해야 합니다. 이러한 자립의 과정에서 우리가 배워야 할 것은 권리와 의무 사이의 관계입니다.

사회 구성원으로서 자유의 권리를 보장받으려면 사회 구성원으로서의 의무를 이행해야 합니다. 아이들이 이웃에게 피해를 주어도 요즘 부모들은 그들의 행위를 교정하지 않습니다. 매우 잘못된 부모들입니다. 자녀들의 사회화를 잘못시키는 것이고, 청소년 비행이나 일탈로 발전할 가능성이 농후합니다. 자녀들이 법과 규칙을 준수하는 것은 사회 구성원으로서 귀하의 의무입니다.

법과 규칙을 지켜야 하는 이유

내가 법과 규칙을 따르는 또 하나의 이유가 있습니다. 지켜야 할 것을 지키면 더 큰 자유를 실현할 수 있기 때문입니다. 이 사실을 알고 있는 사람은 놀랍게도 거의 없을 것입니다.

일단 법과 규칙을 지킨다는 평판이 확립되면, 인생은 놀라울 정도로 순조롭게 진행되기 시작합니다. 예를 들어, 나는 법을 가르치는 선생이지만 세금신고에 대해서는 돈을 거의 절약하지 않습니다. 국가가 부과한 세금을 제대로 납부하고, 손수 전세권 설정 등기를 마칩니다. 덕분에 세무조사 횟수가 적고, 경찰과 검찰 등 수사기관에 불려갈 일이 없으며, 주요한 업무에 더 많은 시간을 할애할 수 있습니다.

또한 사람, 자전거, 자동차는 각각 지정된 지역을 통과하면 자유롭게 이동할 수 있습니다. 신호등도 초록색으로 표시되고, 노란색으로 바뀌면 통과하고, 빨간색으로 바뀌면 정지하기 때문에 무리 없이 거리의 통과가 허용됩니다. 전 세계를 운전하려면 전 세계 각국의 교통법규와 규칙을 따라야 합니다. 이것이 질서이고 법이 예정한 세상의 운영 규칙입니다.

큰 자유를 얻기 위해서는 작은 자유에 얽매이지 말아야 합니다. 사회의 규칙은 게임이나 스포츠의 규칙과 같지 않습니까? 이를 준수

하지 않을 경우 퇴장당할 수 있습니다. 정치와 정부가 스스로 규칙을
바꾸는 일을 담당하기 때문에 과제 분리에 의해 차단됩니다. 당신이
사회의 일원이라면, 먼저 사회의 규칙을 이해하고 적극적으로 준수하
고 이를 활용하려고 노력해야 합니다.

더 큰 공동체의
목소리에 귀를 기울이자

작은 커뮤니티에 머무른다면

의식이 있는 공동체가 작을수록 성장이 더 빨리 멈출 것입니다. 예를 들어, 가족과 사회만 알 수 있는 사람이 그러합니다. 이들 중 일부는 가족의 생계를 보호하기 위해 범죄를 저지르기도 합니다. 성인이 사회의 규칙을 지키는 것은 당연한 일이기 때문에, 이들의 경우 미성년자 때 성장이 멈춘 것으로 추정됩니다.

더 작은 커뮤니티는 항상 더 큰 커뮤니티에 포함됩니다. 따라서 작은 공동체의 규칙과 관습은 더 큰 공동체의 규칙과 관습에 가까워야 합니다. 예를 들어, 국가와 같은 큰 공동체에는 헌법과 법률 같은 좋은 규범과 규칙이 있습니다. 그러나 우리가 실제로 상호작용하는 소그룹 중 일부는 매우 낮은 수준의 회칙들이 적용됩니다.

어떤 경우에는 따돌림, 차별, 편견, 착취 등이 차분하게 수행됩니다. 또한 법을 완전히 무시하는 소그룹이 있을 수 있습니다. 그래서 아들러의 철학을 기반으로 한『미움받을 용기』에서는 이런 집단을 경계하라고 쓰여 있습니다.

큰 공동체인 사회의 존재를 잊어서는 안 되는 이유

작은 공동체에서 대인관계에 갇혀 있다면 더 큰 공동체의 목소리에 귀를 기울이십시오. 정신적으로 미성숙한 일부 사람들은 나이에 관계없이 다른 사람들에 의한 보호와 공감을 강력하게 추구합니다. 아들러 마음학습의 관점에서, 우리는 보호와 승인에 대한 강한 욕구가 있다고 말해야 합니까? 인정에 대한 욕구가 강하면 다른 사람의 안색, 발언, 평가에 대해 걱정하게 되어 정서적 불안정을 초래합니다.

어떤 사람들은 불안정한 마음을 안정시키기 위해 소그룹, 더 작은 그룹으로 서로를 정당화하는 것을 좋아합니다. 편 가르기 하는 것입니다. 그러한 구성원들로 구성된 작은 공동체에 집착하는 사람들은, 더 큰 공동체의 눈에는 그것이 분명히 틀렸을지라도 그것이 옳다고 믿습니다. 객관성이 없고 반성이 없기 때문에 성장은 반대 방향으로 움직일 수 있습니다. 따라서 개인이 아닌 작은 커뮤니티의 구성원 일부일 때 더 조심해야 합니다.

우리에게 중요한 도전은 우리 자신을 성장시키는 것입니다. 성장하기 위해서는 자신이 알고 있는 커뮤니티를 확장해야 합니다. 작은 공동체에 속해 있다면 큰 공동체인 사회의 존재를 잊지 마시기 바랍니다.

미래를 위해 알아야 할
돈의 본질

아들러와 돈

『미움받을 용기』만 읽으면 아들러와 돈은 결코 연결되지 않습니다. 그러나 아들러는 돈에 정통한 유대인이었음에 틀림없습니다. 또 다른 오스트리아계 유대인인 아인슈타인 박사도 보수가 좋은 대학에서 일하기를 원했습니다. 아무리 위대한 사람이라도 그는 여전히 살아 있는 사람이며, 돈과의 관계에서 별도로 떼어 내어 생각할 수 없습니다. 사람이 살아가는 데 있어 자급자족의 생활을 하는 것이 아닌 한, 돈과 관련될 필요가 적지 않습니다.

『미움받을 용기』 외에 내가 추천하는 책이 또 있습니다. 『용기의 심리학』이라는 책입니다. 이 책이 좋은 이유는 『미움받을 용기』가 베스트셀러가 된 것을 전제로 다른 각도에서 집필되었기 때문입니다.

사실 내가 이 책을 집필하는 데 『용기의 심리학』이 많은 도움이 되었습니다. 이 책은 또한 그 강점을 최대한 보여 줍니다. 『미움받을 용기』에 기술되지 않은 것 중 하나는 아들러가 미국에 온 이후의 삶입니다.

1929년 아들러는 미국에 영구적으로 살기로 결정했습니다. 나중에 아들러 마음학습은 미국에서 매우 큰 인기를 얻었습니다. 1930년대 중반, 그는 미국에서 가장 높은 보수를 받는 연사였으며, 운전사가 딸린 고급 자동차를 타고 여행했습니다. 아들러의 강의 비용이 치솟는 것이 아들러 자신의 바람을 강하게 반영했다는 것은 의심의 여지가 없습니다.

돈은 더럽지 않고 삶에 매우 중요합니다. 그래서 나는 돈과 자유의 관계를 올바르게 이해하고 그것을 우리 삶에서 유용하게 활용해야 한다고 생각합니다. 명심할 사항은 돈으로 얻을 수 있는 자유가 동시에 부자유를 초래하기도 한다는 점입니다. 또 돈으로 자유를 얻을 수 있지만, 자유를 희생해야 돈을 얻을 수 있습니다.

심리학과 돈의 본질
·······························

심리학과 돈은 서로 아무 상관이 없다고 생각할 수도 있습니다. 그러나 옛날부터 인간의 마음은 돈의 영향을 많이 받았습니다. 또한 돈은 사람과 어떻게 상호작용하느냐에 따라 좋은 약 또는 치명적인 독이 될 수 있습니다. 그래서 돈에 대해 잘 알고 있어야 합니다. 그런 면에서 유대인들은 매우 훌륭합니다. 그들이 일생 동안 배우는 것은

10,000페이지가 넘는 『탈무드』라는 책입니다. 이것을 숙달함으로써 유대인들은 생활에 대한 다양한 지혜를 얻은 것 같습니다.

물론 돈의 본질도 거기에 쓰여 있습니다. 즉, "돈은 사람의 결점을 숨긴다."거나 "돈은 무자비한 주인이지만 동시에 이보다 더 좋은 종은 없다.", "돈은 좋은 사람이 좋은 일을 하고 나쁜 사람이 나쁜 일을 하게 한다.", "돈은 무엇이든 살 수 있어 사람들에게 전능하다는 착각을 준다."는 것입니다.

『탈무드』는 또한 저축에 대해서도 다룹니다. 저축한 사람이 벌어들이는 사람을 이긴다고 합니다. 자신의 미래가 걱정되는 사람은 저축하십시오.

돈이 가져다주는
자유의 힘

아들러, 아인슈타인, 피터 드러커의 공통점

　나는 심리학자 알프레드 아들러(1870~1937), 물리학자 알버트 아인슈타인(1879~1955), 경영학자 피터 F. 드러커(1909~2005)와 같은 3명의 유명인에게 공감했습니다. 그들의 공통점은 오스트리아에서 태어났다는 점입니다. 그러나 그 외에도 큰 공통점이 있습니다. 그것은 바로 유대인이었다는 사실입니다. 그들은 또한 나치의 박해를 피해 미국에서 말년을 보냈습니다.

　우연히도 나는 『유대인의 지혜』라는 책을 읽게 되었습니다. 이 과정에서 나는 사고의 중요성을 진정으로 깨달을 수 있었습니다. 당신이 성공하든, 당신이 우수하든, 행복할 수 있는지, 부자인지, 현명한지의 판단에 대한 사고방식은 인종, 유전학, 출신성분보다 인생에서 중요한 것들에 더 큰 영향을 미친다는 것이 밝혀졌습니다.

아시다시피 유대인들은 아마도 세계에서 가장 능력 있는 사람들일 것입니다. 수많은 노벨상 수상자 외에도 정치, 경제, 과학, 예술 등 다양한 분야에서 경이로운 성과를 거두었습니다. 그렇다면 유대인은 어떤 사람일까요?

유대인의 탁월성은 어디에서 비롯됐나?

유대인은 유대교의 가르침에 따라 사는 사람들입니다. 즉, 인종(race)이 아닙니다. 유대교는 유대민족이 가진 민족종교입니다. 유대인은 유일하게 절대의 신 야훼만을 믿고, 다른 어떤 신도 존재를 인정하지 않는 일신교를 만들었습니다. 그들은 야훼에 의해서 선출된 백성(선민사상)이며 하느님으로부터 주어진 율법(토라)을 엄격히 지켜서 구제된다고 생각했습니다(율법주의).

유대 국가는 서기 70년에 로마군대에 의해 멸망했고, 이후 유대민족은 전 세계로 흩어졌습니다(디아스포라). 그들은 나중에 전 세계에서 온갖 인종의 사람들과 결혼했으며 지금은 다양한 언어, 피부색 및 외모를 가지고 있습니다. 그러나 그 우수성은 아직 줄어들지 않았습니다. 그들의 탁월함을 결정한 것은 유대교의 사고방식과 교육, 생활 방식이었습니다.

물론 유대인의 탁월성은 비유대인의 유대인에 대한 박해와 관계가 있다는 주장이 있습니다. 박해받은 유대인은 집단으로 거기에 맞서야 했고, 또 대항하기 위해서는 지적 탁월성이 큰 무기가 되었다고 생각합니다. 유대인으로서 살아남기 위해서는 지적으로 탁월한 인간 집단이 될 수밖에 없었을 것입니다.

그렇다면 유대인들은 어떻게 생각하고 생활할까요? 이를 위해서는 돈과 자유의 관계에 대해 알아볼 필요가 있습니다.

돈과 자유의 상관관계

돈은 종종 우리에게 자유를 줍니다. 요금을 지불하고 버스나 기차를 타면 쉽게 돌아다닐 수 있습니다. 그동안 책을 읽거나 백일몽을 꾸거나 더위와 추위를 이겨 내며 졸 수도 있습니다. 걷는 것에 비해 차를 타면 도보로 보내는 시간이 적기 때문에 자유시간이 늘어나고 더 멀리 갈 수 있습니다. 비행기나 선박은 효용이 더 큽니다.

그러나 돈이 생명보다 중요할 때, 생명은 짧아집니다. 돈이 다른 사람들보다 더 중요할 때, 당신은 다른 사람들을 이용하거나 다른 사람들을 신뢰할 수 없을 것입니다. 자유를 얻기 위해 어느 정도의 자산과 소득이 필요합니다. 돈에 관한 벌어들이기, 모으기, 늘리기, 지키기, 사용하기 등이 잘 훈련되어 있어야 합니다. 자, 그렇다면 유대인들은 돈에 대해 어떻게 생각했을까요?

불교와 기독교에서 사람들은 원래 돈이 더럽다고 생각했습니다. 그 결과, 과거 한국에서는 순수한 가난(경제적으로 가난하더라도 마음의 순결한 상태)을 존중했습니다. 성리학이 통치 이데올로기로 작동했던 조선 시대엔 가난이 오히려 미덕이었습니다. 1980년대, 검소함으로 유명한 H대학 설립자는 저녁 식사로 3가지 반찬만을 먹었습니다.

그러나 유대교에서는 가난이 좋은 것으로 간주되지 않습니다. 돈에 대한 욕망을 부정하지 않기 위해 유대인들은 돈을 버는 것을 낮게 생각하지 않고, 돈 자체를 매우 소중히 여깁니다. 또한 그들은 가족과 시간을 보내고, 돈에서 벗어나 자신과 자신의 삶에 대해 생각하기 위해 일주일 중 하루를 따로 떼어 놓습니다.

유대인들이 일주일을 7일로 정하고, 휴일을 정하고, 지폐를 발명했다고 합니다. 알고 보니 유대인들은 돈에 대해 잘 알고 있었습니다. 돈이 가져다주는 모든 이익과 해악을 알고 있으며 그것을 삶에 사용할 줄 알았던 것입니다.

돈은 인생에 좋은 약이 될 수도 있고 치명적인 독이 될 수도 있습니다. 어떤 일을 하고 싶은지 그리고 얼마나 많은 돈을 잘 유지할 수 있는지 결정하는 것은 전적으로 당신에게 달려 있습니다.

돈의 활용,
주종 관계에서 벗어날 때

돈 벌기, 돈 쓰기, 돈 모으기

돈과 잘 지내면 육체적으로나 정신적으로 많은 자유를 누릴 수 있습니다. 그러나 돈에 너무 얽매이면 주종 관계가 역전되어 돈의 노예가 되어 버립니다. 건강한 관계를 유지하려면 돈에 직면하여 강한 독립성을 보여 줄 필요가 있습니다.

즉, 돈에 익숙해지고 돈을 잘 사용하십시오. 이를 위해서는 먼저 돈 벌기, 돈의 사용, 저축 등 세 가지 점에서 자신의 현재 상황을 객관적으로 평가해 볼 필요가 있습니다. 이때, 돈은 금액과 내용으로 나누어 조사해야 합니다. 거기에서 파생된 방법을 연습하고 결과와 상황에 따라 계속 개선해야 할 것입니다.

금액 측면에서 돈을 고려하면 공식은 매우 간단합니다. '버는 돈

≧ 쓰는 돈'이면 평생 동안 괜찮을 것입니다. 그러나 노년기에 소득이 줄어들기 때문에 '버는 돈 ≦ 쓰는 돈'의 등식이 됩니다. 따라서 경제활동 연령에는 '버는 돈 − 쓰는 돈 = 저축할 돈'의 등식으로 자금을 늘릴 필요가 있습니다.

돈에 대한 집착은 부족함에서 비롯된 것이 아닐까요? 실제로 부족하다면 유일한 옵션은 버는 액수를 늘리거나, 쓰는 액수를 줄이는 것입니다. 수입 통제가 어려운 주부와 직장인은 후자의 방법으로 편향되는 경향이 있습니다. 어쨌든, 당신의 실제 상태와 자아 감각이 거의 동일하다면, 당신은 건강합니다.

그러나 현실에서는 부족함이 없는데도 돈에 대한 애착이 강한 사람들이 많이 있습니다. 과도한 낭비벽을 가진 사람 중에는 스스로 사용하기 위해, 타인으로부터 빼앗는 것에 열심인 사람도 있습니다. 과도한 저축 습관을 가진 사람 중에는 마음속에 인간 불신이 있고, 다른 사람들보다 돈이라는 대상에 신념을 명확하게 가진 사람도 있습니다. 둘 다 자기애적 유형이며 정신적으로 건강에 해롭고 돈과 거꾸로 된 주종 관계를 지니고 있습니다.

돈 벌기, 돈의 사용, 저축 등 우리는 위 3자의 좋은 균형을 이루고 싶지만 모든 인간은 편향되어 있거나 둘 중 하나를 잘하지 못합니다. 우선 자신을 잘 알고, 실제로 돈이 부족하다면 삶에 대한 태도를 검토하십시오. 돈이 부족하다면 생각을 재고해야 합니다. 실천 방법으로 주택, 자동차, 통신비, 보험료, 광열비, 세금 등 지출 규모가 큰 항목을 줄이십시오.

그리고 기부나 선물을 함으로써 마음의 풍요를 느껴 보는 것도 추천합니다. 지출을 10% 줄여 저축을 해 보십시오.

돈을 벌어들이는 방법

　　돈이 벌리는 곳이 수동적인 소득일 뿐이라면 인생은 보장되지만, 인생의 성취감은 여전히 낮습니다. 공동체에 대한 기여와 소속감을 갖기가 어렵기 때문입니다. 이런 이유로 나는 수동적인 소득에 관심이 없습니다. 반대로, 국가와 지역사회에 대한 공헌감과 소속감을 얻을 가능성이 더 높은 것은 '노동'입니다. 특히 소규모 작업장에서는 근로자 한 사람의 존재가 매우 중요합니다. 또한 노동에 종사할 때 사람은 다양한 성장 기회를 만날 수 있습니다.

　　돈을 벌어들이는 방법으로 다른 사람을 속이거나 반사회적인 일을 하는 것은 좋지 않습니다. 금액이 크든 작든 만일 당신이 그렇게 돈을 벌어들이고 있다면 당장 그만하십시오. 그러한 일은 국가와 지역사회에 해롭습니다.

올바른 지출과 저축 팁

　　지출 금액의 분할의 경우, 사용처 내용을 분류해야 합니다. 돈을 사용하는 방법에는 투자, 소비, 낭비의 3가지가 있습니다. 투자는 미래에 유익하거나 마음을 풍요롭게 하는 지출입니다. 소비는 생활필수

품에 대한 지출이고, 낭비는 피해야 할 지출입니다. 젊었을 때는 저축할 돈에 대해 걱정하지 말고 점점 더 자신에게 투자해야 합니다.

나는 이제 60대 들어가지만 지난 몇 년 지출 항목을 돌아보면 매월 20만 원에서 45만 원 범위의 금액으로 책을 구입하고 있습니다. 서예 물품의 구입과 운동화 구입에도 지출을 하고 있습니다. 8자리 숫자로 구성된 기본 연 소득의 약 1%는 기부를 하고 있습니다. 나는 걸어 다니는 한 노동을 지속할 계획입니다.

일반적으로 저축이 있으면 비상사태에 대비하는 데 도움이 될 수 있습니다. 또한 낭비를 방지하고 돈의 중요성을 가르치는 데 도움이 됩니다. 그러나 저축은 목적이 아니라 생명과 생계의 수단이라는 사실을 잊지 말아야 합니다. 나는 연금을 확보해 두고 있지만, 추가 노후 자금을 40살부터 조금씩 마련하기 시작했습니다. 이 자금은 앞으로 등장할 손자 손녀와 가까운 친구들을 위해 쓸 생각입니다.

당신은 혹시 천 원에
집착하십니까?

○

●

작은 돈에 집착하는 사람들

미움받지 않으려는 강한 욕망이 있을 때, 우리는 상대방과 더 가까워지려고 노력합니다. 그러나 상대방과 너무 가까워지면 자신의 정체를 알기 어려워집니다. 따라서 미움받을 용기에는 당신과 다른 사람 사이에 적절한 거리가 필요합니다. 이는 돈에 대해서도 마찬가지입니다.

돈도 중요하지만 작은 돈에 집착하면 더 큰 돈이나 더 중요한 것을 볼 수 없습니다. 나는 공직자로 20년, 교육계에서 20년 일해 왔습니다. 그동안 작은 돈에 집착하고 육체적으로나 정신적으로 풍요로운 삶을 보내는 사람을 아직 만나지 못했습니다. 반면에, 복사 용지의 뒷면을 사용하는 것과 같이 검소한 생활 태도에서 작은 돈으로 눈의 색깔을 바꾸는 많은 사람들을 만났습니다.

왜 우리는 천 원에 집착합니까? 즉, 왜 돈에 대한 관심은 높지만 그 내용에 대한 관심은 적습니까? 이것은 아마도 금액이 '원'이라는 단위로 정량화되어 초등학생도 금액의 크기를 알 수 있기 때문일 것입니다. 반면에 돈의 본질과 내용은 이해하기 어렵습니다. 그것은 또한 당신의 성격과 삶에 영향을 미치지만, 보고 이해하기가 어렵습니다. 돈에 정통하고 싶다면 이 혼란스러운 부분에 주의를 기울여야 합니다. 게오르크 짐멜의 명저『돈의 철학』을 일독하시기를 권합니다.

이해하기 어려운 것을 이해하기 위해서는 부지런히 학습과 경험을 통해 지혜를 습득해야 합니다. 예를 들어, 돈의 노예가 된 사람들은 돈을 잃고 후회를 얻는다고 말합니다. 이것은 단기적인 작은 이익을 포기하고 더 큰 이익을 목표로 한다는 의미일까요? 아닙니다. 반대입니다. 정말로 큰 것을 잃어버리는 악수(惡手)를 두고 있습니다. 그리고 역사를 돌이켜 보면 돈에 대한 수많은 교훈이 있으며, 그로부터 많은 것을 배울 수 있습니다.

또한 과거를 되돌아보면 돈에 대한 사람의 성향을 찾을 수 있습니다. 지속적으로 돈을 벌기 위해서는 건전한 방법이어야 합니다. 그러기 위해서는 건전한 마음을 가진 사람들의 눈에 좋은 사람이 되어야 합니다. 당신이 자기애적인 존재라면, 당신은 아마도 언젠가는 기피당할 것입니다. 돈벌이에만 몰두하는 동호회에 가입하여 활동할 시간이 있다면, 인생에서 더 중요한 것들에 관심을 기울이시기 바랍니다.

눈에 보이지 않는 가격도 생각해야 한다

돈에 익숙해지려면 돈이 어떻게 작동하는지 알아야 합니다. 즉, 세상이 어떻게 돌아가는지 아는 것이라고 해도 과언이 아닙니다. 다음은 내가 일상에서 자주 보는 사람들의 몇 가지 실수입니다.

첫 번째는 복사용지의 뒷면을 사용하는 것입니다. 단기적인 손익만을 고려하면 복사용지의 뒷면을 다시 인쇄하는 것이 이상하지 않습니다. 그러나 뒷면 용지를 사용하면 용지가 달라붙기 쉽습니다. 이 프로세스의 비용은 얼마입니까? 임금 외에도 직원이 부담하는 인건비에는 출퇴근 수당, 사회보험료 및 기타 많은 비용이 포함됩니다. 이를 포함하여 연간소득이 4,500만 원인 직원은 초당 약 1.44원의 비용이 듭니다. 복사하는 데 10분이 걸리면 비용이 6,000원 증가합니다. 이는 한 장에 5원으로 1,200장의 용지가 손실되는 것과 같습니다.

또한 뒷면 용지를 사용하면 복사기의 수명이 단축됩니다. 한 번의 수리비용이 200,000원이면 40,000장의 종이를 잃게 됩니다. 또한 수리하는 동안 사용할 수 없기 때문에 인건비가 손실됩니다. 교체 시간이 빨라지면 더 큰 손실이 발생합니다.

물론 종이를 절약하기 위해 뒷면 종이를 재사용하는 것은 자원 및 에너지 관점에서 나쁜 것이 아닙니다. 그러나 비용 관점에서 볼 때 정답은 아닙니다. 인건비 등에서 더 많은 손실이 발생할 가능성이 높기 때문입니다. 또한 이 수준의 만족은 효과적인 비용 절감으로 이어지지 않습니다.

오늘날 한국 경제에서 가장 비싼 것은 인건비입니다. 따라서 인건비를 무시하고 단일성으로만 생각하는 것은 완전히 잘못된 것입니다. 또한 인건비의 기본 계산 방법은 '시간당 임금 × 근무 시간'입니다. 즉, 눈에 보이는 상품 가격보다 보이지 않는 노동 시간이 더 중요합니다. 합리적인 의사결정이 필요합니다. 돈에 관한 한 합리적인 생각을 해야 합니다.

가난보다 더
조심해야 할 것은

갑자기 엄청난 큰돈을 갖게 된다면

　　가난을 두려워하는 대부분의 사람들이 많은 돈을 갈망합니다. 그러나 한국 사람들은 놀라울 정도로 가난함에 대한 두려움이 강합니다. 그러나 사실 그보다 더 두려워해야 할 것이 있습니다. 엄청난 수입, 특히 많은 액수의 보수를 약정한 경우 조심해야 합니다. 많은 돈은 과거에 한 번도 가져 본 적이 없는 큰돈입니다. 큰 금액에는 항상 독이 들어 있습니다.

　　돈을 많이 벌면 판단력을 잃게 됩니다. 갑자기 눈앞에 다가온 풍요로움에 어려웠던 시절을 곧 잊어버립니다. 그 결과, 당신은 곧 곤경에 처하게 될 것입니다. 구체적으로 어떤 행동 때문에 더 곤경에 처하게 되는 걸까요? 생활 수준이 높아지고 낭비가 심화됩니다. 다른 사람들은 자신이 위대해졌다고 잘못 생각하고 놀리기 시작합니다. 당신이 선택하게 되는 최악의 행동은 겸손하게 노력하는 것을 멈추는 것입니다.

큰 성공에는 반드시 성찰이 필요하다

그렇다면 사람은 온전함이나 정상을 유지하기 위해 얼마나 많은 돈을 감당할 수 있을까요? 이것은 사람마다 다릅니다. 어떤 사람들은 연간 5,000만 원의 수입으로도 미쳐 버리는 반면, 영국의 전설적인 록 밴드 비틀즈의 아티스트 겸 작곡가인 폴 메카트니(Paul McCartney)와 같은 사람들은 연간 100억 원의 수입으로도 정상적인 감각을 유지할 수 있습니다.

그렇다면 돈을 많이 벌 때 무엇을 주의해야 할까요? 금전적 가치 측면에서 볼 때, 그것은 단지 추가 수입일 뿐이며 결코 지속되지 않을 것임을 깨닫는 것이 중요합니다. 인생에는 기복의 주기가 있고 나쁜 시기가 올 수 있습니다. 갑자기 높아진 생활 수준에 주의를 기울이고, 가능한 한 많은 돈을 남겨 두십시오. 반드시 매서운 겨울이 당도할 것입니다.

성공에는 반드시 반성이 필요합니다. 성찰은 과거의 경험을 객관적으로 분석하여 미래에 적용하는 목적입니다. 한 번의 성공에 속지 말고 철저히 반성하고 힌트를 찾아 그 성공을 계속하시길 바랍니다.

아들러 마음학습,
인간과 기업의 동반 성장으로

아들러의 사람 vs 반아들러의 사람

이번에는 아들러 마음학습을 실천하는 사람을 아들러의 사람 (Adlerian), 실천하지 않는 사람을 반아들러의 사람이라고 부르고 이야기를 진행하고자 합니다.

아들러의 사람들과 아들러가 아닌 사람들은 그들이 인식하는 공간이 다르다고 느낍니다. 이 차이가 기업 경영의 진행 방식에 적지 않은 영향을 미치게 됩니다. 특히 중요한 것은 경영정책을 수립하는 방법입니다. 기업에 대해서는 '무엇을 팔 것인가? 어떤 서비스를 제공할 것인가? 어떤 인재를 확보할 것인가?'가 기업의 운명을 결정할 매우 중요한 문제입니다.

아들러 사람들이 인식하는 공간은 무엇보다도 우주, 지구, 사회입니다. 그 안에는 각 사람이 존재하고 자신의 삶을 영위합니다. 그들의 궁극적인 목표 중 하나는 우주, 지구, 사회의 일원으로서 기여하는 것입니다. 그 결과, 당신은 당신이 사회와 직접 연결되어 있다는 것을 알게 됩니다.

반면에 반아들러 사람들이 인식하는 공간에서는 자신과 주변 사람들의 존재가 큰 위치를 차지합니다. 우리는 사회가 우리 주변 사람들의 연장선(외부)이라고 상상하지만, 실제 사회는 우리 주변 사람들과 우리 자신과는 독립적으로 존재합니다. 즉, 우리는 사회를 거의 볼 수 없다는 것입니다.

인간이 성장하면 그가 속한 조직도 성장한다

아들러 사람들은 사회를 직접 인식하고 있으므로 먼저 사회의 규칙과 추세를 읽고 정책을 결정하려고 합니다. 사회는 큰 시장이기 때문에 사회의 요구에 부응하는 것이 사회 공헌으로 이어지고 결과적으로 성공 확률이 높아진다고 생각합니다.

반면에 반아들러 사람들은 주변 사람들을 보고 판단하는 경향이 있습니다. 그들에게 있어 중요한 것은 동료, 직원, 가족, 친구, 지인 등에게 인정받는 것입니다. 그러나 이는 분명히 잘못된 것입니다. 그들은 또한 자신의 욕망과 생각에 따라 행동하는 경향이 있는데, 이 또한 실수입니다.

반아들러 사람은 일을 시작하면 친척, 친구 및 지인에게 의존합니다. 그 결과 일정 기간이 지나면 고객 트래픽이 중단되고 비즈니스 성과가 저하됩니다. 상호작용하는 대부분의 고객, 직원 및 비즈니스 파트너는 낯선 사람입니다. 그러니까 '그것과 무관한 사람(사회)은 어떻게 하면 좋을까?'의 관점에서 경영목표를 구축해야 합니다. 익명의 고객을 목표로 사업을 해야지, 지인을 대상으로 사업을 하면 사업은 곧 한계에 봉착하고 말 것입니다.

사람의 성장은 기업이나 조직의 성장에 없어서는 안 될 필수 요소입니다. 아무리 훌륭한 전략이나 시스템을 구현하더라도 그것을 실천에 옮기는 것은 사람이기 때문입니다. 또 인간적 성장이 이루어지면, 기업이 스스로 성장할 수 있습니다. 따라서 인간 성장은 기업의 주요 과제입니다.

평생 공부해야 하는 이유

지금까지 나는 많은 사람들과 교류해 왔습니다만, 성장에는 개인차가 있는 것 같습니다. 그들 중 일부는 학창 시절까지 우수했지만 20대 초반에 성장을 멈췄습니다. 반면에 학교 성적에 관계없이 60세 이후에도 계속해서 눈에 띄게 성장하는 사람들이 있습니다. 이 차이는 어디에서 오는 것일까요? 성장에 필요한 공부에 대한 인식이 다르기 때문이 아닐까요?

학생으로서의 수험을 위해 공부하는 것과 학교생활을 마치고 취업을 위해 공부하는 것의 차이는 '입시 공부'가 실은 별로 쓸모가 없는, 주위 사람들에게 누구나 부과되는, 목표가 바로 눈앞에 있는 통과의례일 뿐입니다. 학교에 입학하고 나면 입시 공부는 끝입니다.

하지만 평생 동안 수행해야 할 일을 위한 공부는 실제로 유용하고, 독립적으로 일할 수 있으며, 스스로 주제를 찾는다는 점에서 차이가 있습니다. 취업 직후까지 당분간은 주위 사람들에게 등 떠밀려 공부를 합니다. 그러나 그 후에는 성장을 목표로 독립적으로 일하지 않으면 안 됩니다. 계속 성장하기 위해서는 두 가지 공부의 차이점을 명확하게 인식해야 합니다.

우리는 다른 사람들에 의해 우리에게 부과되는 것과 진실로 유용하지 않은 것에서 자발적으로 그리고 유용한 공부로 바뀌어야 합니다. 두 가지 공부의 차이를 모르는 경우, 사회인이 된 후에도 필요하지 않은 분야에서 공부할 수 있습니다. 학생이라면 칭찬을 받지만, 일하는 사람으로서는 취미로 여겨지고, 즐기는 것과 같습니다.

아들러 마음학습은 사람들이 독립적으로 성장하는 데 필수적인 아이디어를 체계적으로 확립합니다. 지금까지 소개한 목적론, 미움받을 용기, 과제 분리가 모두 유용하다고 생각합니다.

맺음말

세심개안(洗心開眼)을 기대하며

아들러 마음학습은 우리가 어떻게 사는지 묻습니다. 또한 과제 분리에 의해 다른 사람들의 문제와 업무를 나에게서 분리합니다. 자신의 방식대로 행복하게 각자의 인생을 사는 것이 아주 좋은 사고방식이 아닐까요? 또한 주변의 모든 사람들이 아들러 마음학습의 실행자라면 편안하게 시간을 보낼 수 있습니다.

그러나 세상에는 다양한 사람들이 많이 있습니다. 여기에서 아들러 마음학습의 한계가 있습니다. 당신은 당신의 마음과 행동을 통제할 수 있지만, 당신은 자기중심적인 상대방의 마음과 행동에 대해 거의 무력합니다. 이 점을 바탕으로 우리는 다른 지식과 지혜도 흡수해야 합니다.

아무리 훌륭한 아이디어라도 좁은 범위에 국한되어 있으면 큰 사회 공헌으로 이어지지 않습니다. 사회 공헌의 일환으로 나는 중앙정부, 지방정부, 기초자치단체 등 나의 지식과 경험이 필요한 어디든지 자문에 응하고 있습니다.

나는 새로운 지혜와 지식을 찾기 위해 젊은 시절부터 많은 책을 읽었습니다. 40년 전 처음 공직에 입직했을 때부터 손에서 책을 놓지 않았습니다. 이 과정에서 누구든 올바른 방식으로 계속 노력하면 일정 수준에 도달할 수 있다는 것을 배웠습니다. 요점은 '누구를 위한 노력인가'에 달려 있습니다.

자신을 위한 노력에만 머물러 있는 사람들은 오래 노력하지 않습니다. 계속 노력해도 주변 사람들과의 이해 상충 때문에 자신과 가족을 위하는 수준에서 머물 뿐, 성공은 오래가지 않을 것입니다. 장기적인 성장과 성공을 원한다면, 국가와 사회라는 큰 공동체를 위한 목적이 중요한 역할을 합니다. 궁극적인 목표는 국가와 사회를 위해서 초점을 맞추는 것입니다.

자신의 방식대로 삶을 살고 공동체 구성원으로서 국가와 사회에 기여하도록 노력하십시오. 그렇게 하면 자연스럽게 행복한 생활을 하게 됩니다. 세심개안(洗心開眼: 마음을 씻고 눈을 뜨다)을 기대합니다.

2024년 11월 8일
성불사 새벽 종소리를 들으며

아들러 학습 70가지 방법

마음학습

초판 1쇄 인쇄일 2024년 11월 06일
초판 1쇄 발행일 2024년 11월 18일

지 은 이 김종호
펴 낸 이 양옥매
기　　획 최자랑
디 자 인 표지혜
마 케 팅 송용호
교　　정 조준경

펴낸곳 도서출판 책과나무
출판등록 제2012-000376
주소 서울특별시 마포구 방울내로 79 이노빌딩 302호
대표전화 02.372.1537　팩스 02.372.1538
이메일 booknamu2007@naver.com
홈페이지 www.booknamu.com
ISBN 979-11-6752-541-3 [03190]